U0910079

国家自然科学基金资助

# Climate Disaster of Expansive Soils Roadbed

# 膨胀土路基的气候性灾害

丁加明　丁力行　著
王永和　主　审

人民交通出版社

## 内 容 提 要

本书在分析了气候对膨胀土路基水毁影响的基础上,应用通过大型模型试验探究得到的不同气候条件下膨胀土路基中含水量、土压力、温度、胀缩变形等的规律,系统地将粗糙集理论引入膨胀土胀缩等级分类及膨胀土路基水毁灾害预测,并全面解决了应用中的系列关键技术问题,建立了极端气候条件下膨胀土路基水毁预测模型并很好地处理了网络预测结构和仿真中存在的问题,根据灾害学原理对膨胀土路基的水毁属性特征、等级划分和灾害特征进行了分析。本书可供从事膨胀土路基及其灾害研究的科技、教学和勘察设计人员参考,也可供从事极端气候条件下灾害预测研究的人员参考,同时可作为相关专业研究生的参考用书。

**图书在版编目(CIP)数据**

膨胀土路基的气候性灾害/丁加明,丁力行著 .—北京:人民交通出版社,2009.5

ISBN 978-7-114-07734-0

Ⅰ.膨… Ⅱ.①丁…②丁… Ⅲ.膨胀土地基:公路路基-气象灾害 Ⅳ.U416.1

中国版本图书馆CIP数据核字(2009)第069059号

书　　名:膨胀土路基的气候性灾害
著 作 者:丁加明　丁力行
责任编辑:曾　嘉
出版发行:人民交通出版社
地　　址:(100011)北京市朝阳区安定门外外馆斜街3号
网　　址:http://www.ccpress.com.cn
销售电话:(010)59757969,59757973
总 经 销:北京中交盛世书刊有限公司
经　　销:各地新华书店
印　　刷:北京牛山世兴印刷厂
开　　本:787×980　1/16
印　　张:11.75
字　　数:236千
版　　次:2009年6月第1版
印　　次:2009年6月第1次印刷
书　　号:ISBN 978-7-114-07734-0
定　　价:30.00元

# 序

膨胀土路基的水毁失稳灾害是危害道路建设与运营的重大痼疾之一,也是交通工程领域长久以来的科技攻关难题。在极其复杂的致灾因素中,最主要的内因和外因分别是路基土体胀缩特性和气候变化扰动。前者受到膨胀土形成历史、矿物成分、初始含水量等因素的影响并反映在膨胀土的分级分类,是一个典型的复杂非线性科学问题。而后者包括干旱、降雨在内并随全球变暖出现诸多极端与异常现象,是一个典型的随机过程并具有明显的不确定性。本书作者敏锐地把握膨胀土路基灾害及其成因的非线性与不确定性特征,首次系统地引入粗糙集理论与方法,并娴熟地运用灾害学知识以及概率论和神经网络等工具,通过长期扎实的工作和新颖巧妙的思路,全面解决了关于膨胀土路基气候性灾害机理与预测的系列关键技术问题。全书从膨胀土、路基和气候这三者的相互关联出发,系统论述了膨胀土路基在气候作用下水毁灾害发生与预测的各个主要相关问题,逻辑明晰,体系完整,是一本具有很高的理论学术层次和工程参考价值的好书。

本书是在第一作者丁加明的博士学位论文和博士后出站报告基础上加工补充完成。丁加明博士具有良好的学历教育背景,自 1999 年至 2008 年分别师从湖南大学赵明华教授、中南大学王永和教授和中南大学陈治亚教授完成了硕士、博士学业和博士后研究工作。这三位名师是我多年的同事和好友,他们作育英才、奖掖后进的精神和对丁加明博士的倾力培养是我亲眼得见的。我也高兴地得知,我本人多年前创立的随机介质理论及其应用对丁加明博士的研究工作以及本书的成型起到了极其良好的启发和引导作用,特别高兴看到非线性理论方法等理论前沿在交通工程领域不断得到新的应用。

丁加明博士同时具有十分丰富的工作经历和工程经验,从主管铁路修筑施工到参与大型工程招投标,从执教中南大学到主持国家自然科学基金和中国博士后科学基金项目,先后获得工程师、讲师、高级工程师、注册咨询工程师(投资)、注册造价工程师和交通运输部甲级造价工程师等技术资格和执业资格。正是设计、施工、教学、研究和管理等各方面的全面历练,造就了丁加明博士宽阔的学术视野和深刻的工程洞察力,既能创造性地展开研究又具有脚踏实地的精神。同时,丁加明博士的学习和工作经历也表明,国家和社会为青年优秀人才的成长和发展提供了广阔而自由的环境和条件。

值得一提的是,本书中极其重要的粗糙集理论的创立者、华沙理工大学 Z. Pawlak 教授与我本人同为波兰科学院院士。本书第二作者丁力行教授曾担任中南大学土木建筑学院学术委员,在建筑环境与能源等领域已做出许多有影响的工作,2004 年作为国家公派访问学者赴波兰华沙理工大学留学前已经注意到粗糙集理论的重要性，临行约请我写信向 Pawlak 教授推荐，我自然欣然同意。后来高兴地得知丁力行教授受到 Pawlak 教授热情接待和指点，并获赠许多有价值的资料，为本书的完成提供了最权威的技术支持。

本书及相关的研究工作建立在“非线性”、“不确定”和“粗糙”等理论的基础上，但我以为，本书作者的研究思路是明晰的，创新精神是确定的，工作态度是精细的。

是为序。

波兰科学院外籍院士
中国工程院院士
刘宝琛
2009 年 4 月

# 前　言

膨胀土是一种具有超固结性、多裂隙性和显著胀缩特性的高塑性黏土，其吸水膨胀软化、失水收缩开裂的特性导致了工程问题或地质灾害频繁发生。随着我国交通运输事业的迅速发展，交通建设工程对原始地质条件的可选择性大为降低。作为浅表层轻型构筑物，修筑在膨胀土地区的路基水毁破坏受到了降雨和干旱等气候作用的直接影响。而近年来全球变暖导致的气温升高和干旱使蒸发和降水速率加快，大气中富含的水蒸气和能量使高温、风暴等极端事件的发生越来越频繁，旱涝等灾害的出现机率大为增加。当膨胀土地理分布与严重旱涝耦合时，将会使膨胀土路基水毁破坏更加严重和频繁。

本书在综合分析了国内外对膨胀土水毁研究现状的基础上，通过理论分析、室内试验、大型模型试验和粗糙神经网络预测等方法，对膨胀土的水毁机理和灾害预测进行了广泛而深入的研究。本书是在广泛参阅前人研究成果的基础上，根据作者几年来在膨胀土路基水毁灾害预测方面的研究成果和应用实践而完成的。全书从膨胀土、路基和气候这三者的相互关联出发，从理论到应用实践自成体系地完成了膨胀土路基发生水毁灾害的预测研究，系统地论述了膨胀土路基在气候作用下发生水毁灾害及其预测理论和技术的各个主要相关问题。全书共8章，第1章、第2章、第4章、第5章、第7章由丁加明执笔，第3章、第6章、第8章由丁力行执笔，丁加明负责全书统稿。

本书的研究与出版得到国家自然科学基金“极端气候条件下膨胀土路基水毁灾害预测研究”(50808179)资助，得到了国家自然科学基金“高速铁路无碴轨道高密集度过渡段路基的动力特性与变形控制研究”(50678177)、中国博士后科学基金“降雨异常对膨胀土路基水毁的粗糙神经网络预测”(20070410993)、中南大学博士后科学基金“基于粗糙集理论的青藏铁路后评价指标体系定量分析及评价方法研究”(748190000)和交通运输部西部交通建设科技项目“膨胀土地区公路修筑成套技术研究－子题4：膨胀土地区公路排水设计的研究”(20023180015)的支持。

衷心感谢波兰科学院外籍院士、中国工程院院士刘宝琛教授拨冗为本书作序，感谢王永和教授仔细审阅全书并提出修改意见。本书的研究工作得到陈治亚教授、赵明华教授、杨果林教授、王孟钧教授、李夏苗教授等名师的悉心指导，本书的完成也得到诸位同事和朋友的大力支持和帮助，在此一并表示深挚的谢忱。

本书在撰写过程中参考了大量有关膨胀土、粗糙集、气候学、灾害理论和概率论等方面的专业文献，谨向文献的作者表示感谢。人民交通出版社综合图书中心张征宇主任的选题视野、敬业精神和业务水平，保证了本书顺利出版，特此致谢。

由于膨胀土、极端气候和粗糙集等研究所具有的科学前沿性质，又由于本书所具有的探索和尝试的特点，加上作者学术水平的限制，书中的不完善之处在所难免，作者诚恳地希望读者提出批评和建议，愿共同探讨。

# 目　录

# 第一章 绪 论

## 1.1 膨胀土路基与气候的关系

### 1.1.1 膨胀土的胀缩特性及其危害

在我国,膨胀土地区分布广泛,随着高速铁路和公路建设的发展,在铁路、公路修建过程中必将要遇到更多的膨胀土问题。作为一种典型的浅表层轻型工程,膨胀土路基在正常的自然气候条件下会对建设在其上(中)的路基和构筑物产生较大的危害,如不进行有效处治,还会对路面的质量和边坡的稳定性产生长期影响,导致膨胀土路基工程的安全性难以得到保证[1]。

在膨胀土地区,无论是路堑或是路堤,其中存在的极其普遍而严重的边坡变形与基床变形都是在其他土质路基中罕见的。目前,我国在膨胀土地带修筑的铁路、公路工程已有不少,铁路部门每年都要花很大代价对穿越膨胀土地区的铁路线路进行维护,路基边坡工程整治费用惊人。比如襄—渝铁路由于膨胀土的原因,每公里造价提高了91.64万元。我国高速公路的大规模修建始于20世纪90年代,过去由于公路等级低,在定线设计时,对地质不良地段尽量绕避,公路路基受膨胀土破坏的问题不太突出。随着我国交通运输事业的迅速发展,交通建设工程对原始地质条件的可选择性大为降低,其中修筑在膨胀土地区的路基发生水毁的情况也越来越多,膨胀土对路基的危害和破坏也越来越受到重视[2,3]。由于膨胀土路基水毁失稳而导致交通工程不能及时发挥效益或使用被迫中断,将对国民经济和国家形象造成无法估量的损失。

膨胀土对水非常敏感,只要土中含水率有1%的变化就会引起土体胀缩变形,从而导致路基失稳。作为膨胀势的主要媒介[4],气候条件对膨胀土的胀缩特性起到了促进作用,对工程建设具有很大的危害。降雨、干旱、气温、地温、湿度、日照、风等气候因素是影响膨胀土胀缩性的重要外因。湿胀、干缩、变形大是膨胀土的典型特征。在降雨过程中,由于降雨入渗土体,膨胀土产生膨胀变形,导致路基路面的破坏。而且,导致膨胀土地区路基最严重的破坏不是路基的胀缩变形,而是路基由于干旱积蓄了巨大的膨胀潜势在降雨时的集中释放。

天气的晴雨转化促使并加强了膨胀土路基土体的干湿循环。在大气营力(主要是降雨、蒸发和温度)作用下,膨胀土反复胀缩,产生的内应力导致膨胀土原生裂隙的扩展和新裂隙的产生,最终形成了错综复杂的裂隙网络。裂隙网络破坏了膨胀土体的完整性,降低了路基强度,造成了路基边坡溜坍和滑坡等病害。

在正常年份,受到气候周期性变化作用,在大气风化营力作用深度范围内,气候对膨胀土胀缩性的影响自地表向下逐渐减弱。而在气候异常时,大气影响深度往往超过了原来的设计标准,会对膨胀土路基的稳定性产生极大的危害,导致更为严重的工程事故[5]。

### 1.1.2 气候对膨胀土路基水毁的影响

气候条件作为膨胀势的主要媒介,对膨胀土的胀缩特性起到了促进作用,对工程建设具有很大的危害。当某一段时间气象突然或偶然急剧变化,大气影响深度超过了原来的设计标准,就会对膨胀土路基的稳定性产生极大的危害,可能导致更为严重的工程事故[6]。

气候特征对膨胀土裂隙发育程度的影响是极其复杂的[7]。在雨天,降雨和地表径流的渗透使土的含水率增加,降雨量越大,渗入土中的水量越多,土体的湿度也越大[8]。在阴天或微雨天气,土中水分蒸发减少或停止,裂隙发展受阻,张开速度缓慢,甚至还将导致土体吸水,裂隙两壁产生部分微膨胀,造成裂隙暂时缩小的现象[9]。而在晴天,气温和地温升高,则土中水分蒸发散失,土体收缩,裂隙张开加宽;若连日晴天,蒸发加剧,裂隙张开更快。温度的热力作用和风的吸扬作用使土中水分损失,当蒸发量超过降雨量时,土中水分也被蒸发散失,土体处于干燥状态[10]。土体的这种一湿一干造成土中水分的迁移变化,从而导致土体产生膨胀与收缩变形[11]。

实践表明,气候对膨胀土胀缩性的影响,在正常年份受到气候周期性变化的作用,在大气风化营力作用深度范围内,其影响的程度自地表向下逐渐减弱。而在气候异常时,这种作用对膨胀土路基等浅表构筑物的危害更大。在特大干旱年月,土中水分将被强烈蒸发散失,土体收缩达到极限(入缩限状态),并伴随着严重开裂,这将造成建筑物基础或填土路堤的不均匀下沉和破坏[12]。膨胀土地区土体的收缩变形大小,不仅与地区旱季干燥温度(气温与地温)的绝对值有关,而且还与旱季干燥持续时间的长短、温差的大小有着密切关系。大量工程实践表明,即使地区的干燥温度不是最高,但只要干燥持续时间长,土体产生的实际收缩变形也有可能相当严重[13]。

长期以来,人们一直以为全球变暖只会导致气温升高和干旱,却没想到由于升温导致蒸发和降水速率加快,大气中含有更多水蒸气和更多能量,高温、风暴等极端事件越来越频繁,旱涝等灾害的出现几率增加[14]。如我国创纪录的暖年2006年就是气候异常、登陆台风和超强台风异常以及特大干旱频发的一年。2008年初中国南方遭遇的罕见冰雪灾害天气更是让人们对极端气候有了深刻而直观的认识。

受气候变暖影响,我国的日最高和最低气温都在上升,极端高温、热浪、干旱等气象愈发频繁,气候变暖可能使黄河及内陆河地区的蒸发量增加15%左右,水资源的不稳定性与供需矛盾进一步加剧。以降雨为代表性指标的气候条件及其异常表现使更多的降水发生在更短的时段内。大雨日数和降水量有显著增加,气候有呈恶劣化的趋势。未来4~5年,黄淮海地区出现30~50年一遇的极强降雨事件的概率将比20世纪80年代和90年代增加4~6倍。长江流域出现连续大旱的可能性较大,部分地区的干旱程度、范围、持续时间还将进一步加剧[15]。

未来20年全球气温增高的趋势仍将持续,这将使我国极端气候灾害发生的频率、强度和区域分布变得更加复杂和难以把握[16]。在气候变化的历史长河中,某一段时期内的气候总是围绕着某一平衡态而振荡,从一个平衡态转入另一平衡态。气候异常使极端气候事件围绕平衡气候态的概率分布模型产生以下变动[17]:(1)概率分布形式不变,但均值可能改变;(2)均值不变,但方差发生变化;(3)均值和方差同时都有变动或概率分布形式改变。另外,气候要素原始分布的均值变化可导致极值频率和强度呈非线性变化,即平均气候的微小变化可能引发极端气候值出现频率的很大变化。目前,愈来愈多的研究表明[18],原始分布的方差变化对于极值频率的影响要比平均值的影响大得多,降水量的平均值的变化改变其方差,而且降水方差的变化又影响极端降水发生的次数,从而造成总降水量增加时降水极值出现机会呈现非线性增大。显而易见,在这种极端气候频发条件下,膨胀土路基的稳定性面临着严峻的考验,膨胀土路基的安全性和稳定性更应引起足够的重视。

### 1.1.3 研究意义

极端气候条件下膨胀土路基的水毁预测研究主要是从宏观的角度去考虑异常降雨对膨胀土路基的危害。由于干旱积蓄的巨大膨胀潜势在降雨时的释放是膨胀土路基水毁的主要原因,那么如何将极端气候,如:久旱(长时间不降雨)、大雨(日降雨量达到极值)、久旱(长时间不降雨)、久雨(长时间的降雨)对膨胀土路基稳定性的影响加以准确描述,并考虑要适当地增加随机扰动,这种扰动既能定量化描述极端气候事件的非均匀性特征,又可设定气候异常的幅度,以便在不同的异常等级时预测该地区膨胀土路基水毁灾害的危险等级。

我国高等级公路大规模建设始于20世纪90年代,公路部门对膨胀土地区筑路技术研究甚少[19],尤其对膨胀土路堑边坡的加固与防护设计和施工技术、膨胀土路基防排水系统的设计与施工技术以及膨胀土地区路基和路面结构协调设计方法等还未做过系统研究,现有的公路规范和设计手册所提出的土的胀缩性判别标准及膨胀土处治方法大多沿用铁路及建设部门的做法,没有考虑到公路对路基要求及行车荷载的特性,而且也很不系统。

为此,结合国家加快西部大开发的战略,国家自然科学基金委、交通部专门立项,组织开展对膨胀土路基的稳定和变形机理及其工程处治措施进行深入细致的研究,分析提出膨胀土地区公路路基设计、施工与加固技术,研究膨胀土地区公路构筑物修建的成套技术[20]。作者的博士论文结合其中水对膨胀土路基的损害作用机理研究和大型室内模型试验,对膨胀土路基的水毁机理、影响因素及灾害预测进行了研究。

但膨胀土路基的水毁十分复杂,除了干旱、降雨等气候因素外,膨胀土路基的水毁还与膨胀土胀缩等级等土力学性质有关,在极端气候—膨胀土路基耦合模式中,必须要建立一个有效地处理模糊的、非线性的、含有噪声数据的膨胀土路基水毁灾害预测模型，该模型要求既简单有效又有普适性的，能被随意扩展，以便尽可能地利用更多的气象资料和膨胀土的试验数据对膨胀土路基水毁灾害进行准确的预测，以克服神经网络模型需要大量训练样本的问题。因此，本文依托中国博士后基金项目深入研究含裂隙膨胀土水分迁移机理、干湿循环作用下对含裂隙膨胀土表层土体破坏的影响以及雨水的入渗和冲刷及土体风化作用对边坡土体强度和稳定性的影响，对膨胀土路基中的破坏机理、工程地质特性及防治措施等具有重要的工程实际价值和理论意义。

气候异常条件下膨胀土路基的水毁预测是从宏观的角度去考虑异常气候对膨胀土路基的危害。虽然影响膨胀土路基稳定的因素很多，但是对已经成型的膨胀土路基而言，其本身的危险性不会发生较大的变化，发生变化的只是气候。膨胀土灾害防治的经验告诉我们：随着对膨胀土防治方法的研究，一次性投入进行施工预处理便可大大地降低膨胀土灾害的发生[21]。考虑异常气候，特别是久旱久雨对膨胀土路基稳定性的影响，正确评判气候异常条件下膨胀土路基的危险等级，适当提高工程设计标准，从而减少发生灾害后的治理费用，可以获得重大的经济效益和社会效益。

## 1.2 国内外研究现状

气候条件是膨胀势的主要媒介，它对膨胀土的胀缩特性起了促进作用。尽管世界各地膨胀土分布的地理位置不同，环境各异，土质特性也很不均匀，但是各地膨胀土所处的气候环境却有着相似之处。历年的路基病害调查也表明，在膨胀土地区，无论是路堑或是路堤，其普遍而严重的边坡变形和基床变形与气候的关系是其他土质路基中罕见的。因此，必须从对膨胀土路基变形破坏的调查分析入手，寻找气候对其产生变形破坏的规律和原因，从而采取相应的防治与加固措施，以保证路基工程的稳定性[22]。

### 1.2.1 气候对膨胀土的影响

1. 气候对膨胀土形成的影响

(1)古气候的影响

膨胀土的主要成分是蒙脱石类亲水性强的矿物。能继续保存和发育蒙脱石的气候条件是形成膨胀土的必要条件，在某种程度上说膨胀土是一定气候条件的产物。虽然世界各地膨胀土分布的地理位置不同，环境各异，土质特性也很不均匀，然而各地膨胀土所处的气候环境却有着相似之处，因为这种气候条件最适合于膨胀土的发生、发育和保存[23]。尽管对于膨胀土堆积时期的古气候条件还缺乏研究，其气候条件可能与现在的情况也不完全相同，但是从膨胀土形成的地形地貌来看，当时就应当已经形成现代轮廓的基础，并且其气候条件也一定是有利于蒙脱石化的环境。

世界上膨胀土分布区的气候条件基本一致，都是旱季和雨季分明、干湿交替显著的地区。湿热而半干燥的气候有利于水的交替循环，但是同时又使水的交替循环在一定程度上受到制约，Ca、Mg 等碱土元素的有限淋滤，碱土金属碳酸盐的沉淀，同时 $SiO_2$ 的淋出减弱，使矿物分解的速度减弱，强度相应也减弱，于是矿物的阶段性风化变慢，甚至停止在一定的中间阶段，此时最有利于蒙脱石类亲水性强的矿物的形成。同时，在干燥或半干燥气候地区的碱性环境下，水溶液的 pH 值增加，也是蒙脱石易于形成的条件。而蒙脱石是膨胀土的主要成分，因此古气候对膨胀土的形成有着重要影响。

(2)大气对膨胀土裂隙的影响

大气因素包括气温、地温、湿度、日照、风、降水等，这些都是引起膨胀土地基变形的重要外因。现场研究表明，风化裂隙发育的程度及其风化速度，除受膨胀土土质内因控制外，一般与膨胀土露头在大气营力中的暴露时间、露头所处方位(阳坡、阴坡)、气候特征和环境等因素密切相关。膨胀土边坡所处的方位反映了日照时间、温度梯度、风向、雨量和植被等风化营力要素的差异，直接影响膨胀土的胀缩效应，因而裂隙发育程度也不尽相同。

气候特征对膨胀土裂隙发育程度的影响是极其复杂的。在晴天气候，气温和土温升高，将导致土中水分蒸发散失，土体收缩，裂隙张开加宽。若连日晴天，蒸发加剧，裂隙张开更快。但在阴天或微雨天气，土中水分蒸发减少或停止，裂隙发展受阻，张开速度缓慢，甚至还将使土体吸水，裂隙两壁产生部分微膨胀，造成裂隙暂时缩小的现象。

(3)大气对土体含水率的影响

尽管膨胀土有着显著的吸水膨胀、失水干缩的特性，但是含水率不发生变化，其体积就不会发生变化。从目前的资料分析，膨胀土分布地区年降雨量大都集中于雨季，尔后是延续较长的旱季。如果施工场地潜水位较低，则表层膨胀土受大气影响，土中水分处于剧烈变动之中。在雨季，土中水分增加，在干旱季节则减少。季节性气候变化对路基土中水分的影响随深度的增加而递减[24]。

大气降雨和地表径流的渗透使土中含水率增加，温度的热力作用和风的吸扬作用使土中水分蒸发。一般来说，降雨量越大，渗入土中的水量越多，土体的湿度也越大。当蒸发量超过降雨量时，土中水分也被蒸发散失，土体处于干燥状态。由于土体的这种一湿一干，使得土中水分发生迁移变化，从而导致土体产生膨胀与收缩变形。

地形地貌影响的实质仍然涉及土中水分的变化[25]。我们经常能观察到这样的现象：地势低的膨胀土地基较地势高的同类地基胀缩变形要小得多；在边坡地带，坡脚地段比坡肩地段的同类地基胀缩变形要小得多。这是由于高地势的临空面大，地基土中水分蒸发条件好和重力排水条件良好，地基土含水率变化幅度大，影响也深，构造物破坏也严重。因此，含水率变化幅度大，地基土的胀缩变形也较剧烈。构造物所处的膨胀土地基表面的地貌单元不同，遭受破坏时其开裂变形程度也有较大差异：地处高阶地、坎肩、地面坡度较大处或者陡坡附近的构造物破坏会比较严重，而地势低洼、地形平坦、地下水位较高的地方，构造物破坏较少。

在炎热和干旱地区，建筑物周围的植物在没有地下水或地表水补给时，由于树根的吸水作用，会使土中含水率减小，从而加剧了地基土中的干缩变形，使附近的构筑物产生裂缝。日照时间和强度也是不可忽略的影响。调查表明，建筑物向阳面开裂较多，背阴面开裂较少。另外，当有局部水源补给时，会增加胀缩变形的差异。

2. 气候对膨胀土分布的影响

湖北综合勘察院的王思义、田开明、彭达天受中国建筑科学研究院地基所委托，对全国膨胀土工程地质分类分布进行研究后绘制了《中国大陆膨胀土工程地质分类分布略图》[26]，如图1-1所示。从中可以看出：膨胀土主要分布在赤道两侧从低纬度到中纬度气候区，尤其是在热带草原气候、热带季风气候和亚热带季风性气候以及地中海式气候地带，膨胀土更为集中。而在高纬度寒带气候地区尚未发现有膨胀土的分布[27]。以干湿和寒暖等气候要素为标准，按年降水量与年蒸发量的比值确定的干湿程度的分区原则，膨胀土主要分布在东半壁湿润区内。若进一步根据膨胀土分布的具体地区的小气候要素划分，膨胀土主要分布在年蒸发量大于年降雨量的半干燥和半湿润气候区，一般干燥度多在1.5以上，比如膨胀土发育的我国云南蒙自地区的干燥度为4.3。

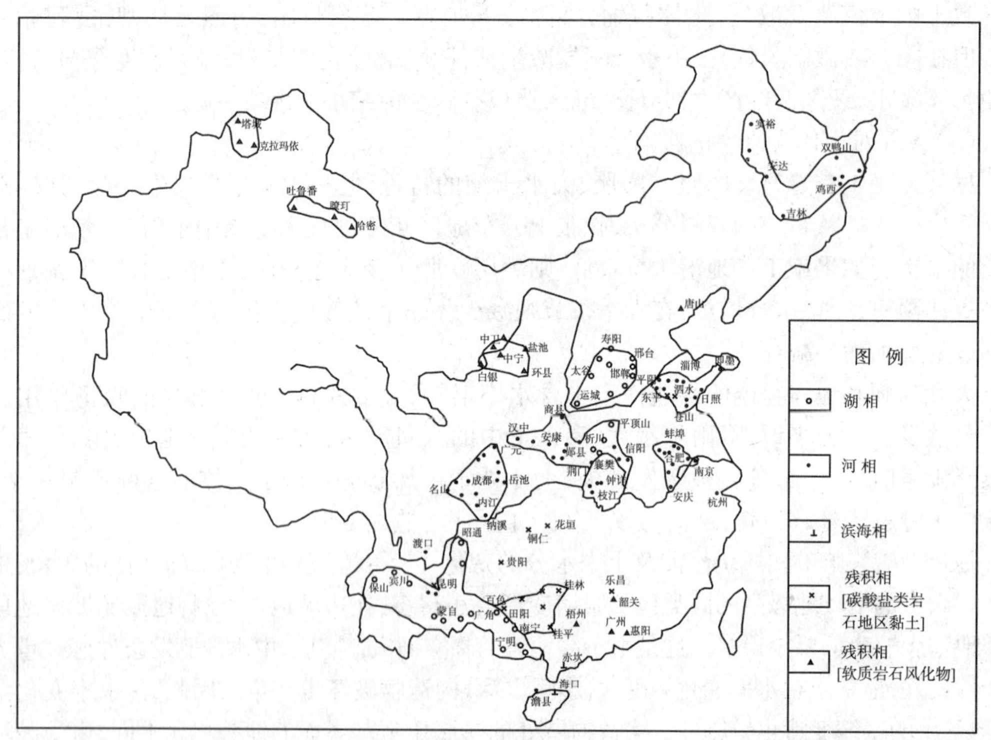


图1-1　中国大陆膨胀土工程地质分类分布略图

3. 气候变化对膨胀土工程特性的影响

气候变化在自然界有着一定的规律。一天之中昼夜温差变化,一月之中晴雨变化,一年之中季节变化,以及多年气候变化,都将对土中水分的迁移变化产生直接影响。当然,大气风化营力作用深度有限,其影响程度自地表向下逐渐减弱。因此,地表浅层膨胀土胀缩性越强,变形幅度越大,也是造成轻型浅表建筑物破坏的重要原因。

气候对胀缩性的影响不仅表现在正常年份的周期性变化,在气候异常时影响往往更加严重。当特大干旱出现时,土中水分将被强烈蒸发散失,土体收缩达到极限(如缩限状态)。伴随着严重开裂,则将造成建筑物基础或填土路堤的不均匀下沉和破坏。膨胀土地区土体的收缩变形的大小,除与地区旱季干燥温度(气温与地温)的绝对值有关外,还与旱季干燥持续时间的长短、温差的大小有着密切关系[28]。大量工程实践表明,即使地区的干燥温度不是最高,但只要干燥持续时间长,土体产生的实际收缩变形仍然可能相当严重。

即便如此,在膨胀土地区,由于强烈干缩导致建筑物的破坏也还不是最危险的。经过强烈干燥后,土体再度吸水产生的体积膨胀受到约束,产生强大的膨胀压力才是导致建筑物破坏的元凶。实践中大量建筑物破坏大多集中在久旱以后的第一个雨季,甚至取决于第一次持续降雨量的大小[29],就说明了这个问题。而促使土的含水率发生改变的其他气候因素,都是造成土体发生体变的诱发原因。而且膨胀土胀缩等级越大,对气候因素的变化敏感性越强,受气候的影响也就越大。

## 1.2.2 气候对膨胀土路堑的影响

膨胀土路堑是通过膨胀土地层经开挖而形成的构筑物。和膨胀土层中的边坡工程一样,开挖破坏了原有自然平衡的地貌形态,使边坡土体临空,破坏了原始内应力的平衡条件;开挖使埋藏于一定深度之中的土体暴露于大气,并直接与降雨、蒸发、温度等风化营力发生作用;开挖改变了边坡土层的水文地质条件,使环境因素发生了变化。如果在膨胀土路堑开挖时,没有注意到施工方法和天气情况,使土体长时间暴露于大气中,会使膨胀土路堑出现严重的变形破坏,从而给施工生产带来极大的影响。

1. 路堑边坡变形的类型及其特征

膨胀土路堑边坡变形有以下几种:剥落、冲蚀、膨胀、溜塌、滑坡等。剥落是边坡表土经物理风化作用使膨胀土的土体棱块解体、碎裂成松散土粒,在重力作用下沿坡面滚落堆积于坡脚处的现象,其特征是剥落物质较小,沿坡面层层深入。剥落主要发生在蒸发作用强烈的干旱季节。一般旱季越长,蒸发作用越强烈,剥落就越严重,其影响深度约在坡面以下 0.1 ~0.2m。

冲蚀是路堑坡面剥落的松散表土,在大气降雨或地表径流的集中水流冲刷侵蚀作用下,沿边坡形成冲蚀坡面。冲蚀主要受到水流强度和时间的控制。一般在大气降雨之后产生坡面薄层水流，由于雨滴的打击和坡面微小的起伏扰动，特别是干旱季节下蒸发作用形成的干缩裂缝的大量存在，薄层水流对土坡有一定的侵蚀作用，坡面部分松土被雨水带走，先期出现若干雨洞或雨淋沟，随着水流的线状侵蚀发展，而形成密集纹沟。尔后线状侵蚀加剧，纹沟下切且沟形呈现 V 字形，则发展成为细沟；集中水流再进一步加强，大量表土沿坡面产生悬移质或推移质运动，最后细沟深切发展成为切沟[30]。

冲蚀作用主要发生在雨季，特别是大雨和暴雨季节，水流越集中，冲蚀越严重。一般深度受气候作用显著波动层控制，常为 0.1 ~ 0.5m，深者可达 1m 左右。这种作用首先破坏了边坡坡面的完整性，使之开始出现变形，且不利于植物的生长发育。在形态上，有呈单沟垂直贯穿坡面的，有坡面上部呈单沟、向下逐渐放射形成鸡爪沟的，亦有坡面上部呈树枝状、下部汇集呈主沟的枝状沟，密布于坡面[31]。

膨胀土路堑边坡开挖后，由于部分应力释放产生的不均匀卸载膨胀，加上膨胀土遇水膨胀的效应，使坡面局部土体产生外鼓的现象，这种作用多发生在边坡局部坡面，且规模不大。在路基施工期，坡面还没有进行防护，膨胀会形成松散层，旱季易剥落，雨季易冲蚀，这为边坡溜塌提供了条件。在已经防护的边坡，膨胀经常使浆砌片石骨架挤裂，混凝土封闭层被拱破等。

溜塌使路堑坡面松散，表土结构失去联结，在大气降雨或地表片状水流作用下，充分吸水饱和或者达到塑流状态，土体在重力作用下沿着坡面产生塑流态片状下溜的现象[32]。这类变形大多出现在剥落、冲蚀或膨胀的边坡坡面，影响深度受气候作用显著波动层控制，多在 0.2 ~ 0.6m，深者可超过 1m。其运动较缓慢，呈塑流状态，一般无明显滑带，上方土体溜塌后，常形成弧形小陡坎，塌体大都从坡顶开始沿坡面堆积[33]。因溜塌不是从边坡基部开始崩坏，因此可以与坍塌相区别。溜塌主要发生在雨季，规模较小，一般宽度和长度均在数米以内。在长路堑边坡中经常可见到几个溜塌体相连成带，形成溜塌裙，长达十余米或数十米。在各类膨胀土边坡中，溜塌现象都十分普遍。但尤以施工期坡面未作防护的边坡更为典型。

滑坡是路堑开挖临空的边坡膨胀土体，在一定的土体结构、地形、水文和气候等条件下，由于抗剪强度衰减而发生连续破坏，丧失其稳定平衡，在重力作用下沿一定软弱带(面)向下发生整体位移滑动的现象[34]。这类变形在形态上具有一般滑坡的弧形外貌，且有明显的光滑滑动面与滑床，滑坡后壁特别陡直，常常与膨胀土中垂直裂隙吻合。而滑坡前缘滑床则相当平缓，往往与膨胀土中近水平裂隙一致。膨胀土滑坡大多属于浅层滑坡，一般受边坡土体风化层制约。滑坡规模与路堑长度和边坡高度，以及地形、地质条件有关。膨胀土滑体长度与宽度多在数十米到百余米之间。位于山麓斜坡或垄岗中部深切路堑的膨胀土边坡，其滑坡规模更大，滑体长、宽均可达数百米。

2. 路堑边坡变形规律

与一般黏土边坡稳定性相比，膨胀土边坡的变形十分普遍和严重，变形快速和存在反复，特别是变形对气候、环境因素十分敏感。路堑的稳定性严格地受着膨胀土土质特性、土体结构、裂隙性质、微地貌、气候因素及其风化程度等条件控制，其变形演变具有鲜明的空间分布与时间规律。

(1)与膨胀土土质特性的关系

膨胀土含有一定数量的蒙脱石[35]黏土矿物和较多的细小黏粒成分，具有较高的交换性能与很强的亲水性，对气候因素反应敏感，特别是对降雨和蒸发作用尤为敏感。路堑边坡如果在干旱季节开挖，那么强烈的蒸发会使土体失水收缩，边坡表土迅速开裂，出现沿微裂隙逐渐张开的密集裂隙，结构联结开始丧失，土块间的凝聚力降低。若逢雨季开挖边坡，大量地表水进入堑坡，土体吸水则会强烈膨胀、软化，抗剪强度降低。如果施工期较长，在此干缩湿胀的往复作用下，边坡土体很快会形成表土松散层，容易产生剥落、泥流、冲蚀沟槽、溜塌以及浅层滑坡等变形现象[36]。

在膨胀土路堑中，边坡变形的性质及其严重程度与膨胀土的类型关系十分密切。不同类型的膨胀土，其物质成分、结构构造、胀缩程度等均有所不同，在气候与环境因素的作用下，其敏感性也有显著差异，因而边坡的变形也不尽相同。

在膨胀土路堑中的边坡变形还与膨胀土的胀缩等级相关。强膨胀土具有更强的干缩湿胀效应，强度衰减更快，残余强度极低，因此强膨胀土路堑边坡变形更加普遍，而且剥落、冲蚀、溜塌、滑坡都比较发育，边坡稳定性也更差。

(2)边坡变形与土体结构的关系

膨胀土通常不会是单一土层的均质土体，往往是由不同类型的膨胀土层或者是由膨胀土与非膨胀土层组合的复合土层。路堑开挖一般是自上而下切割不同土层，所以膨胀土路堑边坡也常常是多层不同类型土体组成的复合边坡。在不同土层间存在薄层软弱土层或者与光滑界面接触时，容易形成控制边坡滑坡的重要结构面。

当边坡为单一膨胀性的土层时，在没有不利的地貌、水文地质及风化等条件下，一般变形为剥落、冲蚀、溜塌等，而滑坡较少见。但当边坡为强膨胀土层时，则边坡变形严重，滑坡普遍且规模较大，边坡稳定性极差。

(3)边坡变形与裂隙性质的关系

边坡土中的裂隙破坏了土体的完整性和均一性[37]，为地表水与土中水分的蒸发提供了良好的通道，加剧了膨胀土的干缩湿胀循环，导致结构破坏，土体抗剪强度降低；同时，裂隙面和裂隙面上的次生黏土薄膜或条带，促成了边坡的滑动。一旦膨胀土边坡土体的裂隙组合对稳定不利时，边坡即可产生变形破坏。

由于胀缩效应、风化作用与边坡土体自重压力产生的应力分布特性，使边坡上的裂隙形式是上部以垂直裂隙[38]为主，下部则表现为以倾斜或水平裂隙较发育，构成边坡上陡下缓的裂隙组合。这种组合裂隙与边坡土体产生滑动的应力分布状态十分相似，使得土体很容易沿组合裂隙滑动。

(4)边坡变形与风化作用的关系

大气风化作用对边坡变形的影响,主要是通过降雨、蒸发和温度等要素对边坡土体结构和含水率的改变来表现的。

膨胀土的多裂隙性使水容易渗入边坡土体,引起膨胀、崩解,同时也加大了土体的表面蒸发面积,促使水分散失,产生收缩、开裂,温度将加速土中水分的转移,这些都直接影响土体的胀缩效应,使土产生以机械风化为主的风化作用。在季节气候变化大、干缩交替频繁的地区,膨胀土风化比较严重,结构破坏较彻底,边坡变形也较普遍。

膨胀土路堑开挖土体直接暴露于大气,不断经受外营力的风化作用,使土体的基本性质发生改变。蒸发风干使土体易产生收缩并伴随裂隙,一方面使原生隐微裂隙张开扩大加深,另一方面是部分短小裂隙连通,发展形成长大裂隙,从而破坏边坡土体的完整性,大大降低土体结构的强度。与此同时,裂隙的发育为地表水渗入边坡土体提供了良好的通道。因此,当雨季地表水沿裂隙进入土中,在膨胀土—水体系的物化—力学效应作用下,土体产生吸水膨胀、崩解与软化,黏聚力急剧下降,抗剪强度衰减,边坡出现破坏[39]。

边坡变形在时间上大多集中在久旱后的第一个雨季,而且持续干旱时间越长,旱后第一次连续降雨量越大,边坡变形越严重。降雨量使土的稠度变化,直接降低了土体的抗剪强度,当降雨使土吸水从半固态到可塑态,抗剪强度会连续衰减到极低,边坡土体随之连续变形直到破坏[40]。

膨胀土体随堑坡的开挖减荷与风化产生了应变能量,集中应力作用于减荷坡面使边坡土体易于在局部(或连续)遭受破坏,为边坡稳定提供了条件。

(5)边坡变形与微地貌、环境的关系

不同的微地貌形态,决定着地表水的汇集与排泄、渗透与蒸发等条件,直接影响到膨胀土的胀缩效应与风化程度,因而与边坡变形的关系也很密切。

在膨胀土地区修建建筑物,一般会破坏当地的自然环境,破坏自然地质体的平衡,改变水文地质条件,同时也会与其他工程产生相互影响。

### 1.2.3 气候对膨胀土路堤的影响

膨胀土路堤是指以膨胀土作填料,由人工或机械填筑,并压实到足够的密实度,以承托线路和运输设备动荷载的土工建筑物。虽然强、中膨胀土不能直接作为路基填料,但是当弱膨胀土或土方换填代价太大时,也经常用处理后的膨胀土填筑路堤。尽管膨胀土土体在施工过程中压实成“重塑土”,但是填筑的路堤却仍存在膨胀和收缩特性,以及易风化性和强度衰减性。而且,重塑后的膨胀土由于黏土扁平颗粒的高度定向,比原状土具有更强的胀缩性能。

膨胀土路堤的变形比路堑变形危害更大。比较而言,膨胀土路堤的变形普遍更为严重、抢修比较困难、养护也不容易,并且路堤长期不能够稳定。

1. 路堤边坡变形的类型及其特征

膨胀土路堤的溜塌同路堑边坡溜塌相似,但路堤边坡溜塌主要是边坡表土压实不够,在大气风化营力和运输活载的联合作用下产生的坡面变形。路堤溜塌一般多发生在路堤边坡腰部或坡脚部分,有呈单个溜塌体出现的局部变形,也有数个溜塌相连,互相叠置,沿线路方向延展形成溜塌裙。单个溜塌后缘多呈半圆弧状陡壁,两侧壁以对称或似对称向下发展形成马蹄状。

路堤坡腰溜塌常与路堤超填过宽、坡面又未压实有关。路堤超填表土较松散,坡面又不平整,容易受表水冲蚀与积水。而坡脚溜塌的形成往往出现在坡脚有水田,又未做防护的边坡,或者长大坡面上有造成积水的坡脚,由水浸泡坡脚软化造成。

坍肩是路堤肩部土体强度损失产生的一种普遍变形,一般由于路肩土体压实不够,又处于两面临空部位,受气候风化营力影响而引起干缩湿胀频繁[41]。当大气降雨或基床表水顺路拱流向路肩时,雨水渗入土体造成软弱结构面,在路面活载的作用下,路肩土体强度损失而坍塌。路肩坍塌常常受到土中垂直裂隙和斜交裂隙控制,一般变形发生较快。路肩坍塌常在雨季突然发生,与水的关系十分密切。坍肩变形有的在路堤的肩部局部发生,严重的则使全部路肩塌毁。

路堤滑坡同路堑滑坡相类似,由于路堤常是线路通过低洼沟谷、水田或池塘软弱土层之上填筑而成的,如果基底未做处理,或者处理不当,则路堤填筑后基底土体易受水浸泡软化,失去稳定平衡,往往使整个路堤沿基底软弱面产生滑动。但膨胀土路堤滑坡多数还是由于填土长期沉陷导致边坡胀鼓,由地表水下渗而引起的边坡滑动[42]。路堤的滑坡一般都具有明显的滑床与滑动面,滑体下缘大多发展到路堤坡脚,厚度 1 ~ 3m 者居多,属于典型的浅层滑坡。

2. 路堤边坡变形规律

路堤填土施工使膨胀土的原始内应力获得充分释放,虽然填土结构与裂隙组合受到破坏,但却改变不了膨胀土的土质特征。填筑路堤的变形和稳定除了主要取决于填筑膨胀土的土质特性外,还严格受到填筑条件(即填土的密实度、含水率、加筋情况和风化程度)以及基底地形条件等的制约[43、44]。

(1)边坡变形与膨胀土等级的关系

不同类型和等级膨胀土的胀缩特性和物理力学性质都有显著差别。强膨胀土具有胀缩性大、强度低的特点,弱膨胀土则相反。而且,强膨胀土由于天然含水率大,施工时不易晒干,且未晒干时成团结块,很难做到与石灰等掺料充分混合均匀达到改性的目的,因此强膨胀土不能作为路堤填料。

(2)边坡变形与填筑条件的关系

填筑条件是填筑土压实后达到的含水率与相应的密实程度。不同含水率和密实度的膨胀土的水理性质与物理力学性质不同。天然状态下的膨胀土块,一般具有高强度和坚实性的特点，往往不容易被压实。特别是路堤的路肩和边坡，更是膨胀土路堤压实的薄弱环节。由于机械碾压不易到达，边坡变形常常是从这里开始发展。一般情况是填筑含水率大、密实度小的膨胀土路堤膨胀率较小，但收缩与压密作用产生的下沉量却较大，边坡变形比较普遍；如果是填筑含水率小、密实度大的膨胀土路堤，则收缩量较小，但吸水后膨胀量却比较大，边坡易于产生膨胀与溜塌。特别是在雨季施工的填筑路堤，由于填土含水率过大，变形会更加严重。同样的膨胀土路堤，若含水率过大，后期收缩下沉也大，如果填筑含水率太小，则膨胀将明显增大。尤其是密实度不能满足要求时，则路堤变形更加严重[45]。

(3)边坡变形与风化作用的关系

膨胀土路堤土体三面临空，容易受到降雨、蒸发和温度等风化营力的作用，形成以路面为顶、两侧边坡为腰的同心梯形风化程度分布带，一般自外而内分为强风化层、弱风化层与坚实核心三个相似梯形。由路堤的路肩面到堤心，从两侧边坡到堤心，填土的裂隙会由发育到不发育，天然含水率会由低到高再减小，重度、饱和度均会逐渐增大，孔隙比和收缩系数也会逐渐减小，抗剪强度则会由小到大[46]。这些都充分反映了气候对填土路堤风化作用的影响规律，即由表及里，由强到弱。所以表层强风化带最容易产生边坡变形，其变形性质与风化程度有关，一般是风化越严重，边坡变形越普遍。

路堤填土块径相差悬殊，不仅压实不易，而且后期土块的风化和崩解更是加大了路堤的不均匀沉落，使路基和边坡都难于保持平顺。气候营力的风化作用，使填土产生裂隙，边坡不稳定因素逐渐积累。当大气降雨或地表径流沿裂隙渗入土体，一是造成土体的吸水膨胀软化，二是水充满裂隙产生的净水压力与动水压力[47]，将裂隙推开使填土拥向边坡而挤出，导致边坡破坏。

(4)边坡变形与环境条件的关系

路堤基底的原始地形和地质条件、地表水和地下水的渗流和排泄条件，以及施工条件等，对路堤的稳定性也都有直接的影响。一般填筑在斜坡上的陡坡路堤，或在水田、池塘基底上填筑的路堤，由于基底未做处理或处理不彻底，特别是排水不当、淤泥清除不干净，或有邻近的地表水或地下水渗入路堤时，都将导致边坡产生不同程度的变形，有时甚至促使整个路堤大滑坡。这些都表明，采用膨胀土填筑的路堤的稳定性除了和路堑一样受到膨胀土胀缩等级影响外，还与路堤的填筑条件、荷载、振动等环境条件有关[48]。

### 1.2.4 膨胀土路基水毁灾害的研究

膨胀土路基的水毁灾害除受气候的影响外，还受到自身的胀缩等级、填筑条件等的影响，因此，国内外为此开展了大量的研究。

1. 膨胀土胀缩等级分类

(1)膨胀土路基水毁与胀缩等级

在充分考虑膨胀土土性、成因、气候环境、物理力学性能及其变化等因素对膨胀土路基工程影响的基础上,对膨胀土正确分类及其对土的膨胀势标准的预测是正确地进行路基设计和施工的前提。

这是因为要使对膨胀土处治措施合理而且有效,首先是要正确地评判膨胀土的胀缩等级。如果将膨胀土漏判了,将给工程埋下隐患,造成事故;反之,如将普通土误判为膨胀土,或对其胀缩等级高判,将由于采取不必要的工程措施而造成经济浪费。因此,建立适宜于膨胀土的正确分类标准是研究膨胀土路基水毁首先必须解决的问题[49]。

(2)胀缩等级分类的指标和方法

评判膨胀土的胀缩等级指标很多,人们研究了反映膨胀土基本性质各个指标及其组合规律,提出了许多综合指标体系,如:柯尊敬标准、美国垦务局标准、膨胀潜势标准、体积变化标准、杨世基标准、国家标准《膨胀土地区建筑技术规范 GBJ112—87》、交通部标准《公路路基设计规范 JTJ013—95》和中交第二公路勘察设计研究院提出的标准吸湿含水率指标等,对膨胀土的胀缩等级进行评判[50]。

目前在系统研究反映膨胀土基本性质的众多指标及其组合规律的基础上,出现了若干评判膨胀土胀缩等级的方法,如柯尊敬[51]等的最大胀缩性指标分类法,谭罗荣[52]等的风干含水率分类法,李生林[53]等的塑性图分类法,梁俊勋[54]的灰色聚类法,陈新民[55]等的灰色关联分析法,金波、郭昱葵[56,57]等的模糊数学方法以及神经网络方法[58]和定量测定土中膨胀性黏土矿物含量的X-射线衍射法[59],再辅以比表面积[60],分析确定土的膨胀潜势[61,62]的方法等。

(3)现行胀缩等级分类的局限性

传统的模糊数学法及灰色聚类法,由于都要确定权数,有的还要确定隶属度,因此不可避免地给建模带来了人为因素。而神经网络为了提高网络泛化能力和预测精度,在预测之前要尽量增大和扩充训练样本的组数。同时,尽管神经网络预测功能强大,但是它却无法解释预测过程以及预测结果[63]。定量测定土中膨胀性黏土矿物含量的X-射线衍射法,由于需要昂贵的大型测试设备且辅以专门样品处理方法和专门的设计程序,因此只能在国家级专门试验室内完成。

事实上,由于膨胀土胀缩等级评判指标相互之间关系复杂,加上所需试验资料不全,专家们研究问题的侧重点不同,根据现行的膨胀土分级指标体系,对同一种土却有可能得到截然不同的结论。因此,如何利用这些指标和方法进行合理地评判,至今还没有一个公认的、切实可行的方法。

2. 气候对膨胀土路基水毁的影响

(1)降雨和干旱对膨胀土路基的影响

降雨和干旱都是常见的气候现象。降雨是膨胀土路基水毁的直接原因,路基表面受干旱影响张开的裂隙促进了路基的破坏。作为一种典型的浅表层轻型工程,膨胀土路基在正常的自然气候条件下会对建设在其上(中)的路基和构筑物产生较大的危害,如不进行有效处治,还会对路面的质量和边坡的稳定性产生长期影响,导致膨胀土路基工程的安全性难以得到保证[64]。

在干燥的气候条件下,膨胀土路基在没有降雨补给时不断失水收缩,在路基表面会形成干缩裂缝,这种宏观裂缝是膨胀土干缩时克服植被根系的约束而形成的。在干燥和湿润交替的气候条件下,膨胀土路基的土体不断地重复着干湿循环,使得土体中原有裂隙开展、新裂隙产生、裂隙数量增加并连通,最后形成网状裂隙[65],这种网状裂隙极大地破坏了膨胀土路基的稳定性。

许多学者[66、67、68、69]从非饱和土强度理论对膨胀土边坡进行了失稳分析,还有学者[70、71、72]考虑到膨胀土的裂隙性,考虑雨水随裂隙入渗对膨胀土路基的边坡稳定性进行分析计算。这些分析计算一般是考虑降雨后,雨水的入渗和路基土体含水率发生变化,对暂态渗流场的参数进行研究和运用有限元进行数值计算分析。同时对雨型、雨量、降雨持时、土的入渗能力、膨胀土的干缩裂隙和地质条件进行了一些假定,通过数值分析计算得出了一些重要的结果[73、74、75、76、77]。这些计算和假定对降雨入渗对边坡的稳定分析探讨得较多,却很少考虑雨水冲刷和地表径流对路基边坡的稳定所产生的影响。

在降雨入渗初期,由于降雨强度往往小于膨胀土土体的入渗能力,所以实际发生的入渗量即为降雨强度。随着累积入渗量的增加,土体内的裂隙壁遇水膨胀,裂隙缩小阻挡水分进入,雨水入渗能力逐渐减小,到一定时刻后,就会出现降雨强度大于土壤的入渗能力,此时,超出入渗率的降雨则形成积水和地表径流,与降雨一起对坡面进行冲蚀和冲刷。Brand[28]考虑了降雨强度、降雨持时、暴雨前降雨量、间隙性降雨以及降雨雨型等情况,研究了降雨对路基稳定性的影响。为了得到路基在降雨时的水毁特征和规律,王美芝[30]、李志刚[31]等研究了路基的水土流失特征和坡面冲刷影响因素,从能量的角度分析了降雨、路面宽度、路基高、路面横坡、路面与坡面的粗糙系数对路基边坡冲刷的影响。沈波[78]也对黄土压实路基进行了坡面冲蚀试验研究,证明了暴雨是产生径流和侵蚀的主要原因。

(2)路基土体含水率在不同气候时的变化

水是膨胀土地基隆起变形的直接外因和影响路基稳定的主要因素。膨胀土对水尤其敏感,只要土中含水率有1%的变化就会引起土体发生胀缩变形[79]。地表水,特别是降雨,对膨胀土路基的边坡还有冲蚀和引起风化的作用[80、81]。

对于膨胀土路基边坡的稳定而言,胀缩性是内在因素,裂隙性是关键因素,是中心问题,而超固结性是促进因素[1]。膨胀土的裂隙性是其一个本质特性,在外界压力梯度作用下,膨胀土表面蒸发和土体内部水分的向上运动,导致膨胀土失水收缩,产生收缩裂隙。裂隙性对边坡的稳定性起关键作用,因为裂隙的存在是导致膨胀土强度削弱的主要因素。裂隙性破坏了土体的整体性，为雨水的入渗和土中水分的蒸发提供了方便，于是进一步导致了土中含水率的波动和时胀时缩的反复发生，这又进一步导致了裂隙的扩大并向土的深部发展，使路基土体的强度降低和风化程度加强[82]。

目前，国内外的一些研究工作主要集中在对膨胀土的土性、胀缩机理、分形特征、微观机理、干湿循环的影响、强度衰减特性、膨胀土边坡的数值模拟[77]上，以及近年来开始的土吸力与膨胀土边坡稳定性的关系；研究不同气候条件下膨胀土路基中含水率的变化[73]；研究膨胀土路基受气候影响的深度[74]；含水率随深度变化规律[75]。为了研究不同气候条件下膨胀土路基中含水率的变化，研究膨胀土路基受气候影响的深度，含水率随深度变化规律，杨果林[83]对膨胀土路基在各种气候作用下路基中温度、湿度、含水率等变化做了研究，得出了一些具有工程指导意义的规律。

但是以上模型或模拟试验对降雨的模拟与实际情况还有所差别，已有的研究对雨量、雨型、降雨量的大小和降雨持时等的模拟还缺乏系统的分析和分类，试验中没有考虑降雨异常对膨胀土路基水毁的影响。室内模型试验大、持续时间长，难以得到在长期干旱后大降雨和长时间降雨对膨胀土路基水毁的规律。试验也没有细分降雨入渗和冲刷对膨胀土路基水毁的作用，也没有反映并量化干旱、降雨及其转换对路基水毁的影响。

(3)气候对膨胀土路基附属工程的影响

膨胀土具有显著的胀缩特性，使得膨胀土地区的主要工程地质问题突出表现在膨胀土的不良物理特征方面。由于膨胀土地基不均匀胀缩的结果，造成公路、铁路构造物的开裂和破坏。对于大型、重要的构造物，人们一般会考虑采用桩基础等基础设计，尽量减少膨胀土对构造物的影响。而对一般小型的路基附属工程，如桥台、挡土墙和涵洞等构造物，现有的设计方案对膨胀土的影响考虑得较少，导致这些小型的构造物在膨胀力的作用下会产生开裂、位移甚至破坏。

同时，由于对膨胀土的认识不够，在膨胀土地区施工时经常没有注意到膨胀土的特性。开挖面在大气中暴露得太久，膨胀土没有上覆土体的保护，受到大气营力的风化作用，特别是干旱和降雨对膨胀土原始含水率的改变，使路基边坡发生坍塌和滑坡，给施工生产带来很大的影响[84]。同样，在膨胀土地区施工的附属工程由于受重视的程度不够，采用常规施工方法，在修筑时和使用后也经常出现质量事故，严重地影响了施工生产和道路的正常运营。因此，要正确认识气候对膨胀土路基及其附属工程的影响，改进膨胀土路基的设计和施工方法[85]。

3. 膨胀土地质灾害评估

(1)膨胀土地质灾害的特点

在20世纪70年代，美国一个多学科专家小组将膨胀土列为一种自然灾害，开展了自然灾害风险评价与减灾政策研究[86]。为了提高对膨胀土危害水平的认识，专家小组探讨了各种减灾政策的有效性，分析了减灾政策制定体系的各种制约因素，从而为联邦、州和地方政府提出了一系列建议和可行的措施。我国政府也积极响应联合国1987年通过的“国际减轻自然灾害十年”活动，对不同的地质灾害开展了大量预测、预防和处置措施的研究。

膨胀土分布广泛，整个膨胀土地区都隐伏着成灾因素[87]。而以气象尺度来分析灾害的影响，必须是以面分布的形式考虑问题[6]。但是膨胀土灾害的危害对象是建筑物和构筑物，而膨胀土路基及其附属工程常以线、点形式存在，所以对膨胀土路基水毁灾害的研究方法与滑坡和泥石流等的研究方法应该不同。作为一类特殊的地质灾害，膨胀土具有不同于其他地质灾害的特点。正确认识膨胀土的危害，总结膨胀土作为地质灾害的特点是减轻和避免膨胀土灾害的前提。

张梁等[86]把膨胀土作为一种地质灾害加以研究，对膨胀土灾害的分布规律、形成机理、趋势预测等进行了分析，介绍了房屋建筑、铁路、公路工程和水利工程中由于膨胀土引发的灾害，划分了公路、铁路路基损毁等级并确定了价值损失率。认为由于形成条件、活动过程、破坏方式等的不同，膨胀土地质灾害应属于缓发性地质灾害，根据灾害范围和成灾规模划分了膨胀土地质灾害的灾度；根据灾害活动的年均期望破坏损失划分了风险等级；根据膨胀土分布面积划分了膨胀土灾害灾变等级。

与滑坡、泥石流等灾害伴随不同地质动力活动而不断发展的具有动态变化特征不同，膨胀土灾害是一种客观存在的不具有动态特征的潜在灾害体。以膨胀土为填料的路基除具有膨胀土地质灾害的共性外，还具有其独特的灾害属性和成灾特点。虽然膨胀土的形成是长期地质作用的结果，是膨胀土路基发生水毁的内部因素，但假如没有路基土体含水率的变化，膨胀土路基也可以是稳定的。在膨胀土路基水毁的影响因子中，降雨形成时间短、发生频率高，是一个重要的外部因素。对于膨胀土路基水毁的分析，除关注膨胀土胀缩等级等土力学性质外，还应关注气候对膨胀土路基水毁灾害的影响。与膨胀土物质来源和地形地貌的稳定性相比，降雨是随时间变化的一个突发性事件。在极端气候频发的条件下，膨胀土路基水毁不能简单地认为是一种缓发性地质灾害，必须要考虑膨胀土路基地质情况与极端气候耦合时表现出的突发性。

(2)膨胀土地质灾害的分类

对膨胀土地质灾害进行分类是灾情调查、统计、管理和评估的需要[88]。膨胀土危害对象主要是工业、民用建筑房屋，特别是低层或大跨度轻型房屋，还有公路、铁路、渠道等。尽管各个不同的部门针对各自建筑物特点，对膨胀土胀缩灾害进行了研究，提出了相应的灾害划分等级，但是由于膨胀土灾害其危害对象和方式的特殊性，在灾害分类时也有别于其他地质灾害。因此，有必要对膨胀土的地质灾害和风险等级进行分类，以指导灾情的评估。

(3)膨胀土路基水毁的评估与预测

除了对灾害分布规律、形成机理、趋势预测等方面进行分析之外，灾情评估也开始在各种灾害研究中兴起。把膨胀土作为一种地质灾害加以研究,并对膨胀土灾情进行评估也开始起步,但目前灾情评估的研究仅限于房屋建筑工程的地基发生变形,进一步引起房屋沉陷开裂等方面[89]。

常规的路基也经常在强降雨时出现损毁,类似的地质灾害,比如滑坡和泥石流等预测研究进行得比较多。其研究一般是从灾害的历史与现状以及活动特征进行分类,并按地质灾害区域分布的特征和基本原理进行层次分析,确定评价指标,对基础数据进行分析,以评价地质灾害的危害程度。而膨胀土路基水毁灾害跟许多因素有关[90],其灾害的评估和预测不同于常规路基,具有独特的评估特点和方法。对膨胀土路基水毁灾害预测的相关研究较少,迄今尚未见诸文献,需要总结和提炼。

4. 膨胀土路基水毁的预测

(1)极端降雨的预测和模拟

要对膨胀土路基水毁灾害进行评估,首先要预测其发生水毁的概率。降雨是一种普通的气象现象,和其他自然现象一样,在它本身的发生、发展和演变过程中,既包含必然性的一面,也包含偶然性的一面,因此可以通过概率分布的计算来进行模拟[91]。在膨胀土路基水毁的研究中,一般对雨型、雨量、降雨持时等所做的假定[92],往往跟实际情况有一定偏差,到底选用哪些指标对路基水毁研究更加合适,至今没有定论。

日降雨量的模拟和预测在农业部门研究得较多,模拟日极端降雨的概率分布的方法也较多,比如说皮尔逊Ⅲ型分布[93]、极值Ⅰ分布(耿贝尔分布)、极值Ⅱ分布、极值Ⅲ分布和 Weibull 分布等[94]。不同的日降雨量实际总体分布是否符合所选理论分布模型,是否对降雨的物理意义进行解释,或者是否在计算时方便快捷,都是降雨气象研究的热点问题。在膨胀土路基水毁研究中,如何选用适当的日降雨量模型来模拟降雨还需要进一步研究。

(2)干旱持时的预测和模拟

同降雨一样,极度干旱对膨胀土路基的影响也是十分巨大的,尤其是对膨胀土路基的干缩产生巨大的影响。对于膨胀土路基水毁时的干旱除了考虑干旱的持续时间外,还要考虑到干旱本身对膨胀土路基的破坏作用,真正的破坏是膨胀土路基由于干旱积蓄了巨大的膨胀潜势在降雨时的释放。一般的常识是"久旱必有久雨",表明极度干旱过后一般紧接着就是极度降雨[95],而这也正是研究膨胀土路基水毁不得不考虑的问题。

但是,在水利部门和农业部门,则更多的是通过阐述水文干旱的定义,用解析法(统计法)[96]和实验法(模拟法)[97]对干旱进行研究,给出水文干旱的划分标准以及确定水资源系统抗旱年限的方法,并对极限水文干旱历时的概率分布特征作了分析研究[98]。这些研究根本没有将干旱持续时间和降雨量结合起来进行考虑。

(3)路基水毁的预测方法

影响膨胀土路基水毁的因素非常多,膨胀土本身就是一个复杂的非线性问题,而包括干旱、降雨在内的气候变化是一个典型的随机过程,无论是从理论上,还是应用中都难以用常规的线性模型来准确预测。对不确定性的问题进行预测的方法有很多,人工神经网络是其中一种常见而有效的方法。

但是人工神经网络本身存在一些问题,比如容易陷入局部最小值,不能获得全局最优解[99],而且人工神经网络结构的确定也是困扰研究人员的一个难题。输入数据相互之间的关系虽然对计算结果没有影响,但是由于冗余信息太多,会导致训练时间太长,从而影响神经网络计算效率。另外,神经网络隐层节点的个数也不好确定,节点个数过多或过少都会引起神经网络对数据信息特征的提取。

MATLAB 是功能强大的计算软件,有一个专门用于人工神经网络的工具箱,可以较好地对神经网络进行训练和仿真[100]。但是在运用 MATLAB 的神经网络工具箱对训练好的神经网络进行仿真时,对于一个训练好的神经网络,同一个输入经常会出现不同的仿真效果,不禁让人对神经网络的计算结果产生了怀疑。

## 1.3 研究方法和内容

### 1.3.1 研究内容

从古气候对膨胀土的形成、大气对膨胀土裂隙和土体含水率的影响及气候变化对膨胀土工程特性的影响,对膨胀土路堑和路堤在气候影响下发生变形的类型、特征的描述,以及路堑和路堤变形规律的总结都可以看出,膨胀土路基的稳定除与自身的胀缩等级、填筑条件有关外,受风化等气候因素的影响巨大[101]。因此,膨胀土路基的水毁应该从气候的角度开展研究。本课题以科研项目为依托,结合室内模型试验和降雨资料的采集,采用理论分析与实验相结合的方式,主要研究膨胀土胀缩等级分类、膨胀土路基水毁的机理、膨胀土路基在气候异常时的水毁预测,主要集中在以下几个方面开展研究。

1. 基于粗糙集的膨胀土分类规则提取

选择粗糙集对大量的膨胀土试验数据进行分析,揭示影响膨胀土胀缩特性的因素的重要性和膨胀土分类的规则,提出对分类有重要影响、且在工程实践中易于试验的指标来评判膨胀土分类等级,进一步完善膨胀土分级评判的指标体系。

对于大量的试验数据,由于试验操作过程中的一些误差,必定使试验数据存在着大量不相容的信息,按照常规膨胀土的分类方法来处理不相容的信息有可能引起知识失真等不足;并且,由于工作和试验目的不同,当大量膨胀土试验资料汇总到一起,肯定存在着一些试验指标的数据项缺失,对于这种数据不完备的情况,采用适用数据完备的常规方法进行规则提取容易引起规则失真的现象。因此,本文引入了贝叶斯方法来提取膨胀土试验数据进行分类,以解决试验数据不相容和不完备的问题。

2. 膨胀土路基水毁的试验研究

进行大型室内模型试验,分析水对膨胀土路基的损害机理,主要对常(德)张(家界)路慈利路段弱膨胀土的室内试验、南(宁)友(谊关)路宁明路段中膨胀土室内试验、不同气候条件下膨胀土路基中含水率、土压力、温度、胀缩变形变化规律进行试验研究,探讨水对膨胀土路基的损害作用机理、干湿循环作用下水对膨胀土路基破坏作用机理以及含裂隙膨胀土的水分迁移机理等。

本文通过分析膨胀土路基中含水率的变化对路基及构造物产生的附加水平膨胀力和侧向变形的变化规律,提出膨胀土地区的挡土墙、涵洞、桥台等构造物的抗滑、抗倾覆受力分析方法,以及膨胀土地区构造物地基与基础的设计方法。

3. 建立异常降雨和干旱的数学模型

运用频率分析方法对某地气象站建站以来的日降雨量资料进行分析,根据频率分布曲线,分析日降雨量是符合皮尔逊-Ⅲ分布还是耿贝尔分布,同时用拟合优度检验进行确认。

分析干旱对膨胀土崩解性、收缩性的影响,以及干湿循环对膨胀土的影响,进而对膨胀土路基中含水率、水分蒸发和植被在干旱时的变化进行分析来确定干旱对膨胀土路基的影响,借用有关干旱等级划分的方法确定干旱等级,并用马尔可夫链对晴雨天气的交替和干旱持续进行预测。

4. 膨胀土路基水毁灾害的评估

膨胀土是一种特殊的地质灾害,具有地质灾害的共性。根据膨胀土灾害的特点分析,可以总结膨胀土成灾的特点,并参照地质灾害的分类研究对膨胀土地质灾害、膨胀土路基损毁等级进行了分类。根据地质灾害灾情评估体系和膨胀土灾害评估特点,指出膨胀土路基的水毁评估是具有点评估的危险性和易损性的灾前预评估,并提出膨胀土路基水毁灾害评估的关键是预测。

5. 膨胀土路基的水毁预测

用粗糙集[102]的方法对改进 BP 神经网络的训练数据进行约简,简化输入层节点个数。用粗糙集的方法对模型试验中膨胀土等级、日降雨量、干旱时间以及坡度进行规则提取[103],用提取的规则数作为 BP 神经网络的隐层节点个数,较好地解决隐层节点数不好确定的问题,从而有效地确定神经网络的结构[104]。

对于运用 MATLAB 计算神经网络时,同一验证数据仿真时出现不同的相关性的问题;对于训练好的数据网络,用蒙特卡洛(Monte-Carlo)[105]方法生成不同降雨量、干旱时间的随机数,对于大量的数据组输入(如 30 万次),神经网络会产生相同数目的输出结果,这些结果应该服从正态分布或近似正态分布。对输出结果进行统计分析,确定最有可能的分布作为输出结果,可以有效地避免单一数据仿真不稳定的情况,从而较好地验证预测结果。

### 1.3.2 研究的技术路线和叙述结构

本文主要是选择适当的数学方法对大量的膨胀土试验数据进行分析，揭示影响膨胀土胀缩特性的因素的重要性和膨胀土分类的规则，并根据大型室内模型试验分析水对膨胀土路基的损害机理，根据气候异常时降雨和干旱对膨胀土路基的水毁进行预测。研究的技术路线如图1-2所示。

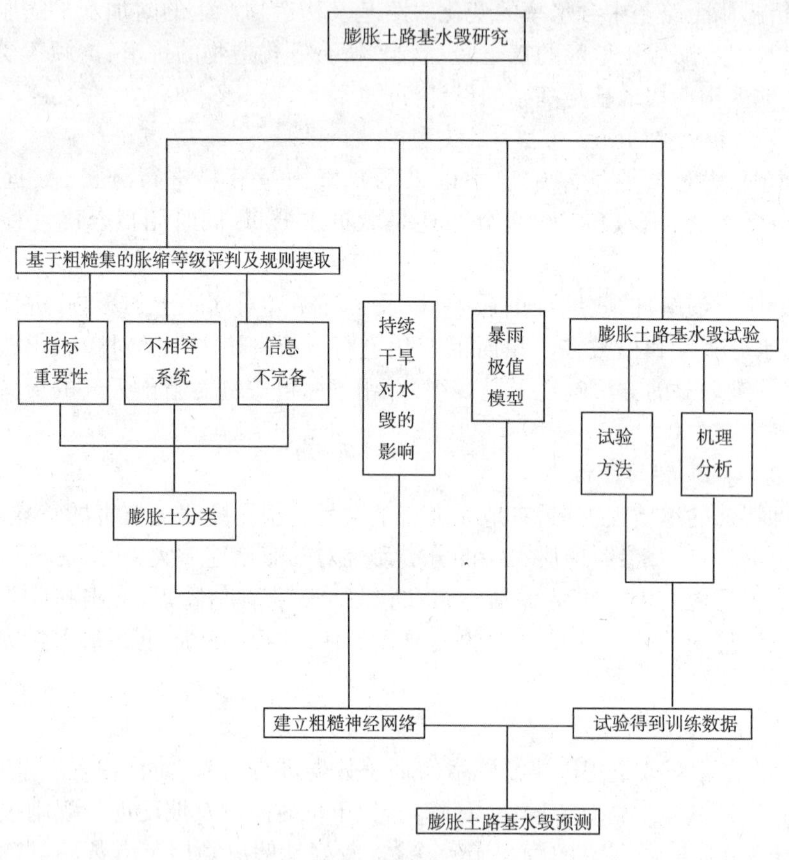


图1-2 本文的研究技术路线图

本文主要是选择适当的粗糙集对大量的膨胀土试验数据进行分析，揭示影响膨胀土胀缩特性的试验指标的重要性，以及针对试验数据是个不相容系统和数据不完备时如何提取膨胀土试验数据进行分类的规则；根据某地实测气象资料建立异常气候，主要是降雨和干旱的数学模型；根据膨胀土水毁的室内模型试验分析气候对膨胀土路基的损害。在此基础上建立基于粗糙集的神经网络，并用室内模型试验的数据对粗糙神经网络进行训练，最后用训练好的神经网络对膨胀土路基的水毁进行预测。为概括与本课题有关的研究领域,下面列出了本文的叙述结构图,如图1-3所示。

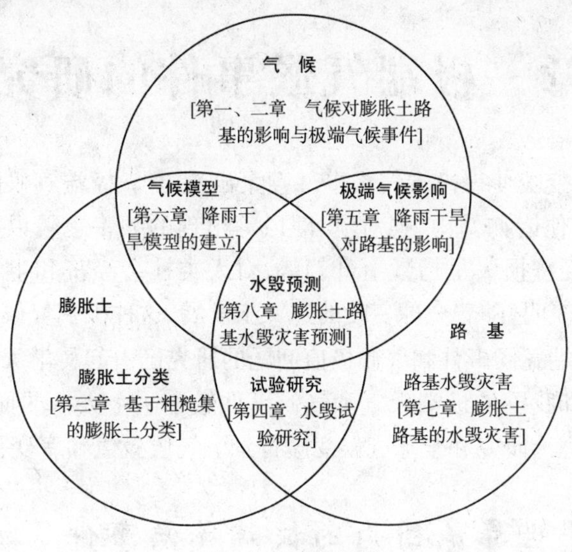


图1-3 叙述结构图

# 第二章　极端气候事件的研究现状

近年来,由于全球变暖使得极端气候事件频繁出现[14]。极端气候的主要表现除了夏季高温频繁出现之外,其他诸如暴雨、强对流、飓风等出现的频率也较以往大大增加。由极端气候事件造成的直接经济损失呈指数上升趋势,对人类社会经济和生态环境的影响及危害也加剧[15]。而且研究表明,随着全球变暖的进一步发展,这种极端气候事件的出现频率将会大大增加[16]。有关极端气候事件和气候极值问题的研究已引起科学家们的高度关注。本章把近五年来世界各地和我国的极端天气和气候事件做了一个大概的回顾,介绍了对极端气候事件及其概率分布理论研究和全球气候变暖背景下气候极值频率变化的研究[103~106]。

## 2.1　近五年世界范围内的极端气候事件

### 2.1.1　2003 年世界范围内的极端气候事件

1. 高温与干旱

2003 年,北半球的气温升高幅度明显大于南半球,欧洲尤其显著。在 6~8 月,欧洲经历了史无前例的酷暑。6~7 月,地中海和近中东地区测得历史最高的陆面温度和海面温度异常。9~10 月,北半球记录了最高的陆地温度和海表温度异常。

2003 年夏天,法国南部和西南部高于 40℃ 的高温及其持续时间都创下了观测历史记录,6、7 月的平均气温比其他年份平均高 5℃~7℃。在瑞士,2003 年夏天是过去 250 年来最热的一年。在日内瓦,2003 年 6 月也是当地历史上最热的一年。在欧洲有 2 万多人因酷热死亡。欧洲的高温还使其冰雪融化速度比 1998 年增快了 2 倍。

在印度,季风前就遭受到大范围热浪之苦,最高气温达到 45℃~49℃,比常年要高 2℃~5℃。高温少雨天气也是美国加利福尼亚州南部、加拿大、法国南部、葡萄牙和澳大利亚南部长达 59 天的森林大火的诱因。

2003 年 1~2 月,澳大利亚高温干旱诱发森林大火,烧毁了 300 多万公顷森林。在非洲,干旱连续影响博茨瓦纳、津巴布韦、南非南部和莫桑比克,东部非洲的埃塞俄比亚北部和厄立特里亚农业受干旱影响损失严重。美国 37% 的大陆受到中等~严重干旱的影响,一些地区连续四五年干旱,导致严重缺水。

2. 暴雨与洪涝

像往年一样,2003 年的亚洲季风给巴基斯坦、印度北部、尼泊尔和孟加拉国带来了暴雨和洪水,恒河出现了自 1975 年以来的最高水位。越南和泰国在 10 月份的雨季也遭遇了暴雨和严重洪灾。

在美洲,巴西 1 月份发生暴雨,造成洪灾和泥石流。阿根廷圣塔菲省 5 月初的洪灾造成谷物减产。在非洲,4 月份强降雨使肯尼亚和埃塞俄比亚及索马里南部地区造成洪灾;7 月,厄立特里亚和苏丹发生洪灾,一些地区经历了 70 年来的最潮湿气候。在欧洲,12 月初法国东南部遭受了暴雨之灾,马赛等地的日降水量超过 150mm/h,为历史罕见。

## 2.1.2　2004 年世界范围内的极端气候事件

1. 高温与干旱

世界气象组织 2004 年 12 月 15 日在其发表的全球气候年度报告中指出:2004 年全球地表平均温度比 1961 年至 1990 年间的年平均温度(14℃)高出 0.44℃,这使得 2004 年成为继 1998、2002 和 2003 年之后第四热的年份。而 2004 年 10 月全球陆地气温是有记录以来最高的。北极、赤道以南的非洲、中亚、中国、美国阿拉斯加州和西部以及北大西洋广大海域的气温普遍比常年偏高。

2004 年夏季,欧洲南部、日本、澳大利亚出现了少见的热浪。西班牙夏季的炎热一般出现在 7 月和 8 月,6 月份气温大多不高,但 2004 年 6 月底西班牙一些城市气温都超过 40℃,为历史同期最高纪录。这次高温天气在持续 10 天后开始回落。从 7 月底开始,欧洲不少国家又受到持续破纪录的高温侵袭,受影响最大的国家是西班牙、葡萄牙、法国、德国、英国与瑞士。西班牙、德国等国的一些地方气温都达到了 40℃。

南半球澳大利亚 2 月份受到了严重热浪袭击,其发生范围和持续时间均超过历史同期记录,一些地方的温度达到 45℃。印度 3 月份出现严重的热浪导致 100 多人死亡。加拿大西部海岸经历了历史上最热的夏季。

2004 年 11 月,持续的干旱使泰国发生了 20 多年来最严重的旱灾,泰国北部和东北部地区 1000 多平方公里的稻田受到严重干旱的影响。12 月份,南非也出现严重干旱。

2. 暴雨与洪涝

2004 年 2 月发生在新西兰的一系列强风暴产生的暴雨导致了严重的洪灾。年初,南美洲的巴西东南部和东北部 7 个州的 119 个城市受到暴雨袭击,连降暴雨引起的洪涝灾害和山体滑坡造成 161 人死亡,近 2 万人无家可归。1 月中旬至 3 月,暴雨在安哥拉产生的洪水殃及邻国赞比亚、博茨瓦纳和纳米比亚,这是赞比西河自 1958 年以来最大的洪水,使 2 万人受灾。

俄罗斯、白俄罗斯 3 ~ 5 月的洪水使 1000 多人转移。在亚洲,7 月份,日本北部爆发了 6 年来最大的暴雨;6 ~ 10 月,印度季风带来的暴雨在南亚多个国家引发洪水,印度灾情最为严重，共有1152人在水患中丧生，孟加拉国有691人死亡，尼泊尔和巴基斯坦分别有124人和5人死亡，这是15年来最严重的洪水。

### 2.1.3 2005年世界范围内的极端气候事件

1. 高温与干旱

世界气象组织2005年12月15日在其发表的全球气候年度报告中指出：2005年是自有历史记录以来仅次于1998年的第2个最热的年份。全球地表平均温度比过去30年(1961～1990年)的平均温度高出0.48℃；而北半球的平均温度比过去30年的平均温度高出0.65℃，是100年来最热的。

2005年，澳大利亚经历了自1910年以来最热的一年，全国1～5月的平均温度比历史记录平均高出1.75℃。5月份，高温天气席卷了印度、巴基斯坦、孟加拉国和尼泊尔等南亚国家，400多人死于45℃～50℃的高温天气。7月中上旬，美国西南部受到热浪袭击，部分地区最高气温连续一周在40℃以上，西部近200个城市创历史最高记录，其中凤凰城和拉斯维加斯日最高气温达47℃，高温至少造成34人死亡；同时，加拿大中部也经历了历史上最热的夏季。欧洲西南部和非洲北部7月份气温也持续偏高，阿尔及利亚最高温度超过50℃，造成10多人死亡。7月下旬，出现在韩国大部分地区的高温导致至少10人死亡。

2005年4月，泰国经历了7年来最严重的干旱，干旱影响了泰国71个省的900万人口，造成经济损失1.9亿美元。2005年，葡萄牙出现了历史上少有的干旱，往年降雨量最大的1月份竟滴雨未下，至4月底，严重干旱地区已占国土面积的63%。7、8月，高温少雨使欧洲南部和西部、非洲北部的旱情没有任何缓解迹象，南欧的西班牙和葡萄牙等地遭遇了自20世纪40年代后期以来最严重的旱灾，干旱还引发了数起森林火灾。同期，美国西南部也遭受了严重的旱灾。自2004年12月以来，亚马逊河流域的降水量持续偏少，使得亚马逊河源头出现了36年来最低水位，440个城市宣布警戒以防范森林火灾。10月份，巴西、秘鲁经历了60年来最干旱的季节。2005年南半球的澳大利亚也经历了严重干旱，全国44%的地区降水量只有历史同期的10%，1～5月总降水量只有168mm，是1900年有历史记录以来排名第二的干旱年份。

2. 暴雨与洪涝

2005年，巴基斯坦、阿富汗、印度、伊朗、沙特阿拉伯、泰国、缅甸、越南、斯里兰卡、菲律宾和马来西亚等亚洲国家都发生了不同程度的洪涝灾害，特别是印度孟买7月27日的暴雨使降雨量在24h内达到了944mm，创下了历史最高记录，强暴雨引发的洪水造成至少1000人死亡，直接经济损失达315亿美元。美国加利福尼亚州1月10日的暴雨引发泥石流，造成10人死亡。哥斯达黎加、委内瑞拉和危地马拉等拉丁美洲国家分别于1月、2月和6月遭受了暴雨引发的洪灾，造成至少154人死亡，10万多人撤离；其中，2月的暴雨是委内瑞拉50年来的最大暴雨。4、5月份，俄罗斯南部地区暴雨引发的洪水和泥石流使4000多人受灾。5月上旬，罗马尼亚的特大洪水是该国50年来遭受的最严重洪灾，造成31人死亡，直接经济损失达

112 亿美元。7、8 月，保加利亚的洪水影响了该国大部分地区，造成至少 20 人死亡，近 5 万人撤离。此外，匈牙利、捷克、德国、奥地利和瑞士等国也不同程度受到洪灾的影响。非洲的马达加斯加、坦桑尼亚、肯尼亚和埃塞俄比亚等国也在 3 ~ 5 月多次遭受特大暴雨的袭击，造成至少 195 人死亡，近 30 万人撤离。

### 2.1.4 2006 年世界范围内的极端气候事件

1. 高温与干旱

据世界气象组织 2006 年 12 月 14 日在日内瓦发表的全球气候年度报告，全球平均地表温度比过去 30 年（1961 ~ 1990 年）的平均温度高出 0.42℃，是有气象记录以来的第 6 个高温年。同时，南极臭氧洞面积在 2006 年再创历史新高，北极圈冰层继续融化，年末 Einino 特征显现。2006 年，北半球平均温度比过去 30 年（1961 ~ 1990 年）的平均温度 14.6℃ 高出 0.58℃，是有气象记录以来第 4 个最热的年份；而南半球平均温度比过去 30 年的平均温度 13.4℃ 高出 0.26℃，是第 7 个最热的年份。

2006 年 1 月份是澳大利亚历史同期的第 6 个高温月，其海滨城市悉尼 1 月 1 日气温高达 44.2℃，是有气象记录以来的第二高温日。1 ~ 3 月份，巴西也出现了高温天气，1 月 30 日博马市气温创当地历史最高记录 44.6℃。5 月初，提早到来的热浪袭击印度，气温高达 40℃ 以上，热浪至少使 53 人死亡。7 月 16 ~ 25 日，高温热浪席卷美国大部分地区，其中加州就有约 140 人死于高温（40℃）天气。7 月中下旬，欧洲大部分地区也经历了超过 32℃ 的高温天气，19 日下午，英国维斯来最高气温达 36.5℃，是英国有气象记录以来最热的一天。

7 月，欧洲陆地平均气温比气候平均值高出 2.7℃，是有记录以来最热的 7 月。到 7 月底，整个欧洲至少有 50 人死于高温炎热。8 月初，热浪再次侵袭美国东北部，8 月 3 日纽约市气温达到 44℃，据报道纽约州有 22 人死于此次高温天气。

2006 年 1 月 26 日，干旱、高温和大风引发澳大利亚南部林区火灾。在维多利亚州，3 人死于干旱引发的火灾，维多利亚州的格兰屏国家公园 $1.2 \times 10^4 km^2$ 土地被烧，5.9 万只羊被烧死。与此同时，索马里南部、坦桑尼亚部分地区，肯尼亚东部和北部，埃塞俄比亚东部等地干旱严重，7600 万人遭受着因干旱带来的食物短缺。其中，索马里经历了 10 年来最严重的干旱，布隆迪国家政府支出 7500 万美元应急储备金用于救治干旱引起的灾害。年初，巴西南部遭受严重干旱，仅大豆就减产 11%。2005 年 10 月至 2006 年 6 月，美国路易斯安那州经历了 111 年来最干旱的时期。3 月，德克萨斯州因严重干旱导致的几场森林草地野火，烧毁 $3.4 \times 10^4 km^2$ 土地，11 人丧生，近 1 万头牲畜死亡。阿富汗自 4 月底就降水偏少，全国约 250 万人再次受干旱影响。10 月，澳大利亚东南部地区遭受严重旱灾，其中新南威尔士和维多利亚地区分别经历了有记录以来最干旱的和第二干旱的 10 月。

2. 暴雨与洪涝

2005 年底开始的暴雨于 2006 年初在圭亚那引发大面积洪水，使 3500 个家庭受灾。2006

年1月4日,印尼爪哇岛山区的大雨引发泥石流,导致120座房子倒塌,至少207人丧生。1月,非洲大的季节性降水给马拉维、纳米比亚、北博茨瓦纳、南安哥拉、南莫桑比克和南非北部造成洪水。其中马拉维受灾最严重,近1800所房屋倒塌,$2.4\times10^4km^2$ 农田被淹。1月27日,巴西首都里约热内卢遭受暴雨袭击,4人死亡。同时,在玻利维亚,大雨使道路中断,引发的泥石流致使1.75万人被迫转移。撒哈拉沙漠地区的阿尔及利亚在2月10日、11日出现了罕见的大雨,导致5万人受灾,1人死亡。非洲南部的莱索托在2月遭遇了20年以来的最强降水,几乎1/3的农田被毁。同时,伊拉克北部暴雨引发的洪水使7000个家庭受灾。2月中旬,太平洋西南部岛国巴布亚新几内亚的暴雨使该国中央省遭受洪水灾害,1万人无家可归,1人死亡。2月17日,菲律宾东南部的暴雨引发强泥石流摧毁了一个有1400居住人口的村庄,共造成139人死亡,30人受伤,980人失踪。2月20日,也门西南部受暴雨和洪水袭击,1900多人无家可归,至少5人死亡。2月21日,印尼万鸦老市的强降水引发的泥石流和洪水造成至少33人死亡。2月下旬,塞尔维亚暴雨和融雪导致了科索沃地区发生洪水灾害,至少14个城市的200多户家庭被迫转移。2月底至3月初,秘鲁部分地区遭受暴雨大风的袭击,65所房屋倒塌,325人转移。2月开始的暴雨持续到3月初,致使厄瓜多尔1.1万个家庭约5万人被迫转移,9人丧生。3月初,马拉维遭受暴雨袭击,引发了当地28年来最大的洪水灾害,8000人无家可归。3月3日,澳大利亚东部沿海的暴雨使2500人无家可归。3月14日,夏威夷的暴雨引发大洪水和堤坝倒塌,造成至少2人死亡,7人失踪。最严重的一次是4月13日发生在布韦那文图拉附近的泥石流,造成31人死亡。4月3至5日,美国加州地区的强降水引发洪水,约100户家庭被迫撤离。4月中旬,大的季节性降水在印尼爪哇岛东部引发洪水,造成至少23人死亡。受暴雨和融雪的影响,4月份,多瑙河流域出现了111年来的最高水位。匈牙利、保加利亚、塞尔维亚和罗马尼亚等国都不同程度的受到了洪水袭击,多条道路和桥梁被冲毁,上千人被迫转移。同时,澳大利亚凯瑟琳镇的暴雨天气引发洪水,迫使近600人撤退。4月底,阿根廷北部,暴雨引发的洪水造成至少150座房屋倒塌,数座桥梁冲毁,6000人撤离。

5月初,在拉丁美洲的苏里南,强降水引发国内最大的洪灾,至少2.5万人被迫转移,约 $3\times10^4km^2$ 的国土被淹没。5月2日,塔吉克斯坦暴雨引发泥石流,造成至少1人死亡,3万人被迫转移。5月8日,伊朗西南部地区的暴雨使14人丧生,700间房屋倒塌。5月10至15日,美国新英格兰地区出现了累计达300~430mm的强降水,造成当地历史上70年以来的最大洪水,上千人被迫转移,至少1人丧生。5月中旬,坦桑尼亚北部发生的强降水导致当地洪水泛滥,近1000间房屋被淹,1.9万人无家可归。5月23日,古巴哈瓦那2h降水量达203mm,造成3人死亡,交通中断。5月末,连续3天的强降水导致泰国洪水泛滥,泥石流频发,100多人丧生,到泰国北部的铁路临时中断。6月中旬,印度阿萨姆邦和特里普拉邦,季风性降水引发洪水和泥石流,造成8人死亡,7.5万居民被迫转移。截至7月底,印度全国因季风季节强降水导致近500人死亡,11万人被迫撤离。6月19日,持续的强降水使美国德克萨斯州的日降水量达280mm，休斯敦减灾部从洪水中营救出500人。6月22～28日，华盛顿及其北部的宾夕法尼亚州、纽约都遭受了暴雨袭击，20万人被迫撤离，16人死亡。6月19～20日，印尼中部苏拉威西岛的暴雨引发洪灾和泥石流，多条道路被冲毁，至少216人死亡。6月21日，罗马尼亚北部的暴雨导致泥石流，至少9人丧生。

7月1～2日，土耳其暴雨导致的洪水造成至少8人死亡。同时，在罗马尼亚，暴雨引发洪灾，11人死亡。7月3日，季风强降水在巴基斯坦北部、斯里兰卡和阿富汗西北边境引发泥石流和洪水，造成58人死亡，300人受伤。7月10～12日，智利中部暴雨导致洪水和泥石流，造成19人丧生。8月，印度洪灾更加严重，有100万居民无家可归，上百人死亡。其中，印度钻石加工业重镇苏拉特城因为洪水造成当日经济损失2900万美元。9月21～25日发生在印度东北部的大范围强降水引发洪水，使北部的比哈尔邦有19人丧生。当月，印度西南部降水异常，高达200mm。在尼日尔和布基纳法索，8月持续到9月的强降水引发洪水，近2.2万人无家可归。8～11月，埃塞俄比亚东南部丘陵地带的暴雨引发大范围洪灾，造成至少809人丧生，30多万人转移。10月中旬，发生在巴拿马的洪水使1900人受灾。10月8～12日阿拉斯加南部地区的暴雨引发洪水和泥石流，淹没了里查森高速公路大部分路段，还有约106km的支路被迫关闭。10月22～23日的暴雨在德克萨斯东南部引发洪水，毁坏了40户住所。在肯尼亚，10月25日开始的大洪水到11月共造成47人丧生。10月31日，土耳其的洪水又使38人丧生。11月初，美国华盛顿和俄勒刚州部分地区遭遇洪水，至少3人死亡。11月5～6日，伊拉克北部暴雨引发洪水，造成18人死亡，20人受伤。11月16～20日，阿富汗西部地区遭受暴雨洪水袭击，120人死亡。同时，斯里兰卡遭受了自2004年12月海啸以来最强的暴雨袭击，洪水和泥石流造成45人丧生。11月下旬到12月初，巴拿马和海地部分地区暴雨引发的洪水造成至少11人丧生。12月中下旬，印度尼西亚苏门答腊岛和马来西亚南部暴雨引发的洪水迫使1816万人转移，156人死亡。

### 2.1.5 2007年世界范围内的极端气候事件

1. 高温与干旱

据世界气象组织12月公布的报告，2007年的气温比人类以往记录的同期温度都高。从全年看，2007年北半球平均地表温度是史上第二高温，比1961年至1990年间的平均气温高出0.63℃；今年南半球地表温度也高出同期指标0.2℃，是1850年以来的第九高温。2007年前10个月，地球陆地平均温度达到历史最高，海洋平均温度为史上第三高。1月，全球平均气温为12.7℃，世界气象组织说，1998年至2007年是人类有相关气象记录以来最炎热的10年，比1961年至1990年平均气温高出0.41℃。

欧洲东南部高温纪录在6月和7月又一次被打破。几乎所有的欧洲国家四月的温度都突破了历史最高值。欧洲东南部6月至7月经历热浪袭击，部分地区气温超过40℃，保加利亚一些地区气温高达45℃。美国得克萨斯州的波特兰8月16日气温达到39.4℃，创历史新高,而第二天,这一纪录就被刷新至40.5℃。南半球的澳大利亚,2月的平均气温比常年高出5℃。泰国年初的3个月干旱少雨,11个府(相当于省)遭受了旱灾。6月份,巴基斯坦多个城市的最高温度都在40℃以上,部分地区甚至一度超过51℃,据不完全统计,持续高温天气已造成巴基斯坦至少190人死亡。7月份,捷克遭遇酷热天气,部分地区气温超过40℃。持续多日的高温天气在意大利中南部多个地区引发了山火。8月,全球气候变暖,西非大草原中原本已经遭受严重干旱和荒漠化的大片地区情况继续恶化,其中包括尼日利亚北部的部分地区。俄国西部和西部5月出现历史最高气温。

2. 暴雨与洪涝

2007年上半年,亚洲南部遭遇的严重洪灾已在印度、孟加拉国、尼泊尔殃及3000万人。6月份,澳大利亚悉尼北部地区的农场被洪水淹没,暴雨引发的洪水袭击了悉尼北部的猎人谷地区,造成9人死亡。7月份,印度东北部地区持续几天遭到洪水侵袭,形势不断恶化,至少38人死亡,100多万人遭到围困。

莫桑比亚2月份遭遇六年里最严重的洪水,同一个月又遭到飓风袭击。泛滥的尼罗河也给苏丹造成严重损失。乌拉圭在5月遭遇1959年以来最严重的洪灾。5月至7月,英格兰和威尔士的降水量达415mm,打破1789年同期349mm的降水纪录。英国气象局说,6月份是1914年有记录以来整个英格兰降雨量最多的月份,达到了140.2mm。而进入7月份以后,英格兰西南、中部和东部的降雨量比正常年份多了两倍,连续不断的降雨天气使英格兰中部、西部和南部的大片地区被洪水淹没,英国遭受了60年来最严重的洪涝灾害。

在5月份的雨季,墨西哥的降雨持续时间长,强度明显加大,还经常夹杂着冰雹,对不少地区都造成了灾害。7月份,墨西哥中西部哈利思科州的首府瓜达拉哈拉就遭受了暴雨袭击,造成至少7人死亡。此外,城内的部分地下管道也被雨水冲毁。在米却肯首府莫来利亚市,大雨从周一下午到周三都未停过。大雨卷走了30多所房屋的金属板房顶,约190人受灾。在中部的普埃布拉城,大雨夹杂着冰雹,使得71户人家的屋顶被砸坏。在南部的格雷罗州,暴雨袭击了著名港口城市阿卡布尔科,该城市的钻石角地区一度下了30mm的降雨,并伴有每小时18公里的大风。

## 2.2 近五年我国的极端天气和气候事件

### 2.2.1 2003年我国极端气候事件

1. 高温与干旱

2003年夏季,我国南方经历了高温炎热,其温度之高、范围之广和持续时间之长(达20~50天),都是历史罕见,不少地方夏季最高温度成为历史新记录。高温炎热使大部分地区出现了旱灾。2003年上半年,我国东北大部、华北东部、西北中东部、西南东部及华南南部降水偏少 2 ~ 8 成;部分地区滴雨未下,发生了严重的旱情。

2. 暴雨与洪涝

2003 年,我国暴雨形成的洪灾也非常严重。5 月 11 ~ 17 日,受锋面低槽影响,南方地区的强降雨过程,造成福建、江西、湖南、广东、广西和贵州 6 省区部分地区严重洪涝灾害;广东省梅州、河源、韶关 3 地先后普降暴雨到大暴雨。

2003 年 6 月 21 日 ~ 7 月 23 日,淮河流域出现了 6 次暴雨过程。最强的降雨过程发生在 6 月 29 日 ~ 7 月 3 日,河南东部、安徽北部、江苏北部出现大范围的持续暴雨和大暴雨。其中,安徽太和 7 月 3 日单日的降水量达到 249.3mm。由于降水集中,陕西省全省 50 多条河流不同程度地发生洪水,19 条河流出现超警戒洪峰,全省有 66 个县区受灾。9 月 19 ~ 20 日,重庆市忠县普降中到大雨,部分地方降了暴雨。10 月上中旬,黄河流域出现罕见的秋汛,且持续时间长。

### 2.2.2　2004 年我国极端气候事件

1. 高温与干旱

6 月份,我国东部大部地区出现了 2 ~ 10 天日最高气温超过 35℃ 的高温天气,河北、湖北、四川、江西、广东、广西等省区部分地区还出现了 38℃ ~ 40℃ 的酷热天气。7 月份,我国江南东部、江淮等地出现 10 ~ 20 天的持续高温。

从 2003 年秋开始,江南南部、华南中东部出现旱情,一直持续到 2004 年,出现了秋冬连旱。1 月 1 日 ~ 6 月 16 日,内蒙古东部、黑龙江西南部、吉林西部、辽宁西北部降水持续偏少,总降水量较常年同期相比,偏少 5 ~ 8 成。由于长时间降水异常偏少,致使东北西部及内蒙古东部出现了 1949 年以来最为严重的春、夏初连旱,其干旱持续时间和干旱强度都达到 100 年一遇的严重指标。内蒙自治区全区草原由于干旱,蝗虫发生面积达 600 余 $km^2$,严重破坏了草原生态环境,并且给自治区畜牧业生产造成了很大的损失。从 9 月起,几乎整个长江中下游和华南地区发生了持续近 4 个月的干旱。其中,广西、广东大部、海南、福建西南部、湖南大部、江西西北部和南部等地达到重旱标准,广西、广东、湖南、江苏局部地区达到特重旱标准。广东、广西、海南、湖南等南方 4 省(区)的降雨量是 1951 年以来历史同期的最小值。在经济发达的珠三角地区,持续干旱导致了 20 年来最严重的咸潮灾害。

2. 暴雨与洪涝

2004 年,我国尽管没有发生流域性大洪水,但是由于暴雨所导致一些中小河流的特大洪水和频发的山洪、泥石流等灾害还是给国民经济带来了严重损失。2004 年 9 月 3 ~ 7 日,四川东部、重庆等地出现特大暴雨天气过程。暴雨引发多处滑坡、泥石流灾害,造成 187 人死亡,23 人失踪,直接经济损失达 98 亿元人民币。7 月份,云南、河南、湖北、湖南等省发生暴雨洪涝及地质灾害,造成 27 人死亡,73 人失踪,直接经济损失 518 亿元人民币。

### 2.2.3 2005年我国极端气候事件

1. 高温与干旱

2005年夏季，我国华北大部、江南东南部、华南中部和西部、湖北西部、湖南西北部、重庆、内蒙古西部、新疆等地都先后出现了38℃～40℃的酷热天气，河南、山西、河北、内蒙古、新疆局部地区日最高气温达40℃～45℃，部分地区极端最高气温为1951年以来历史同期最高值。华北南部、长江中下游及以南大部地区、内蒙古西部、新疆东部等地夏季高温日数（日最高气温≥35℃的天数）一般有20～40天，较常年同期普遍偏多5～15天。9月中旬和下旬，江南、华南及四川东部、重庆的部分地区持续晴热高温，出现了"秋老虎"天气，日最高气温一般达到35℃～37℃，局地超过38℃。上海、江苏、江西、湖南、湖北、浙江、福建、安徽、广东、四川、重庆9月中旬平均最高气温为1951年以来最高值。

2005年6月上旬前，我国西北东部、华北西部、东北西北部、西南、华南南部等地的降水持续偏少，发生不同程度干旱。其中云南、甘肃、宁夏、山西、陕西、海南等地干旱严重。云南全省平均降水量较常年同期偏少7成，是新中国成立以来仅次于1987年的第2个少雨年。2005年1～7月，海南和雷州半岛的降雨量比常年同期偏少5～8成，持续的高温少雨造成该地区严重干旱。2004年9月～2005年6月，宁夏中北部地区区域平均降雨量仅55.4mm，为有气象记录以来的历史同期最小值，出现了特大干旱，90%农作物面临绝产。2005年全国耕地受旱面积超过$1.0\times10^9km^2$，有826万人、548万头大牲畜因旱发生临时性饮水困难。海南、云南、宁夏等省区春季旱情最严重时，耕地受旱面积超过全省耕地面积的50%。山西省大部分地区发生春夏连旱，受旱面积占全省作物面积的68%。内蒙古草场受旱面积一度占中西部可利用草场面积的60%。

2. 暴雨与洪涝

2005年5月中旬，我国台湾省遭暴雨袭击，引发山体滑坡，造成4人死亡。5月30日～6月2日，西南地区东南部、江南、华南北部等地出现了强降雨天气，其中湖南、贵州、江西、广东等地的暴雨过程最强，仅湖南省强降水引发的山洪以及地质灾害就造成473万人受灾，82人死亡，41人失踪，直接经济损失达2219亿元人民币。6月10日，黑龙江省宁安市沙兰镇及其附近地区出现突发性的强降雨天气，形成山洪灾害，造成沙兰镇117人死亡，为当年我国死亡人数最多的一次山洪灾害。

6月17～25日，华南大部、江南中南部出现了入夏以来最强的一次强降水天气过程。其中，广西象州，福建建宁，广东龙门、河源等地出现特大暴雨，广东龙门20、21日降雨量分别达421mm和414mm。广东省遭遇了百年一遇的特大洪水，福建闽江出现了20年来的最大洪水，部分地区发生严重洪涝及滑坡、泥石流等灾害，京九、鹰厦铁路一度中断。据不完全统计，共有2160万人受灾，171人死亡，66人失踪，$1.26\times10^6km^2$农作物受灾，直接经济损失超过180亿元人民币。7月上中旬，淮河、汉水流域及四川、重庆大部分出现大范围强降水天气过程，淮河流域王家坝站继2003年后又出现超保证水位，此次强降水过程造成川、皖、鄂、豫、陕、渝等6省（市）2700多万人受灾。特别是四川省，7月13日由于强暴雨引发山洪，49人丧生，40多万人转移。9月19～20日，陕西省宝鸡市19个乡镇遭受暴雨袭击，9万多人受灾，农作物受灾面积8400km$^2$，倒塌房屋536间，冲毁桥梁21座，陇海铁路宝鸡至天水段中断9个小时。9月19～21日，山东大部、山西中部、河北南部及河南北部等地出现明显降水过程，过程降水量一般有50～100mm，山东局部100～150mm。特别是济宁市微山湖区周边大量降雨涌入南四湖，湖水水位急剧上涨到新中国成立以来最高水位，遭受严重洪涝灾害。受19号“龙王”台风的影响，福州地区突降特大暴雨引发山洪，10月2日傍晚，武警福州指挥学校训练基地受山洪袭击，59人被山洪冲走。9月下旬至10月上旬，由于大范围持续降雨，渭河发生1981年以来最大洪水，汉江发生1983年以来最大洪水，陕西省部分地区遭受严重洪涝灾害，至少16人死亡，35万人撤离，直接经济损失达20亿元人民币。

### 2.2.4 2006年我国极端气候事件

1. 高温与干旱

2006年是我国自1951年以来最暖的一年，全国年平均气温9.9℃，较常年偏高1.1℃，四季都偏暖。6月中旬，我国华北、黄淮、江淮、江汉、西北东部等地出现入夏以来第一次大范围持续高温天气。河北、山西、河南、安徽、湖北、陕西及重庆的部分地区极端最高气温达38℃～40℃，局地超过40℃。其中，6月11～20日，河南全省平均高温日数和平均最高气温均为1951年以来历史同期之最。7月，重庆市平均气温达30℃，为1951年以来历史同期最高值。8月1日，新疆吐鲁番最高气温达47.7℃，库尔勒为40.0℃，均与历史极值持平。8月12日，四川巴中、阆中达40.6℃，超过当地历史最高气温极值。8月15日，重庆全市有22个区（县）最高气温创下当地有气象记录以来最高值。9月初，华南、江南、西南东部再次出现大范围高温天气，其中重庆、四川东部极端最高气温为38℃～40℃，局部超过40℃。9月1日，重庆涪陵43.4℃、万州42.0℃、奉节41.0℃，四川南充41.9℃、遂宁40.1℃，局部地区超过当地日最高气温历史极值。由于高温，重庆市中小学、幼儿园新学期入学时间推迟。

2005年11月至2006年2月上半月，我国西南中西部地区总降水量普遍不足20mm，比常年同期偏少3～8成，其中西藏区域平均降水量仅为5.9mm，为1967年以来同期的最少值。由于降水一直稀少，加之气温又比常年同期偏高1℃～4℃，致使上述地区出现较为严重的冬旱。1月，华南南部降水量普遍不足20mm，广东西南部、广西南部和西部不足10mm，其中广东湛江仅1.7mm、广西百色0.9mm；上述大部地区降水量较常年同期偏少6～8成。2005年10月至2006年3月，河北省平均降水量仅20.2mm，为1951年以来同期最少值。截至4月下旬，河北省耕地受旱面积达236167多万公顷，部分地区饮水困难。同时，山东中北部及半岛地区缺乏有效降水，干旱面积80.7×10$^4$km$^2$，其中重旱面积约11.3×10$^4$km$^2$。宁夏盐池、海原、同心及原州有36×10$^4$km$^2$春播作物因旱无法播种，2800km$^2$冬小麦枯死；全区有46个乡镇、331个行政村、41.5万人及12万头大牲畜饮水发生困难。1月至4月中旬，云南省降水显著偏少，气温明显偏高，全省有87%的台站出现干旱，其干旱状况是自1986年以来最严重的一年。全省农作物受旱面积$35.5\times10^4km^2$，其中重旱达$8.7\times10^4km^2$；有136.6万人、82.9万头大牲畜饮水困难。2006年入春以来，东北西部和内蒙古东部持续少雨，黑龙江西南部、吉林西部出现了明显的春旱。据统计，黑龙江省有$421.5\times10^4km^2$农作物受灾，71万人、45万头大牲畜饮水困难；松花江哈尔滨段水位每天下降3cm左右，到5月上旬，600吨位以上的大型货船开始停运，5月25日，松花江航线全线停航。截至6月18日，河南省18个市中有13市遭受重旱，受旱面积达$235\times10^4km^2$，因旱造成63.4万人、25.6万头大牲畜发生临时性饮水困难。甘肃省6月底全省农作物受旱面积$51.95\times10^4km^2$，受灾人口69.01万人，有62.17万人、54.1万头(只)牲畜饮水困难。

7月上旬，湖北省旱情严重，一度有326万人受干旱影响，18万人饮水困难，农作物受灾面积$54.8\times10^4km^2$。7月中旬，陕北北部、渭北及陕南出现不同程度旱情，全省受旱面积100多万公顷；安康地区40万眼水窖无水可用；汉中市有近2/3的塘库干涸，5400多公顷作物干枯。6月1日至8月20日，重庆、四川两省(市)平均降水量仅为305.5mm，四川经历了1951年以来最严重的干旱，重庆更是遭受了百年一遇的特大伏旱。至8月底，重庆市40个区(县)普遍出现旱情，四川省共有123个县(市)发生了伏旱，其中四川东部干旱特别严重。据不完全统计，两地因旱农作物受灾面积$338.3\times10^4km^2$，绝收$72.1\times10^4km^2$；有1892.3万人、1662.2万头大牲畜发生临时饮水困难；直接经济损失达192.6亿元人民币。

10月，东北西北部、华北大部、黄淮大部、江淮西北部、江南东部、华南东部及广西中东部等地降水量普遍不足20mm，较常年同期偏少5~9成，同时上述地区气温普遍偏高2℃~4℃，致使干旱范围不断扩大。10月份，山东省降水量仅为3.7mm，不足常年同期降水量的1/10，为历史同期次少(仅比最少的1969年多0.9mm)；11月份，山东省有200多万人、116万头大牲畜出现临时性饮水困难，农作物受灾面积$272\times10^4km^2$，其中重旱$51\times10^4km^2$。

广西从8月中旬开始，降水量持续偏少，发生了严重的秋旱。截至11月8日，全区有81个县(市)发生不同程度的旱灾；因旱870.2万人受灾，240.5万人、145万头大牲畜发生饮水困难，农作物受灾面积$89.4\times10^4km^2$，绝收$7.0\times10^4km^2$。11月上半月，我国西北、华北、黄淮、江淮、江南和华南大部基本无降水，同时上述大部地区气温普遍偏高2℃~4℃，西北北部偏高4~8℃。雨少温高导致西北东北部、华北、黄淮、江淮、江南、华南及内蒙古中部等地普遍出现中到重度干旱。截至11月14日，全国因旱共造成$647.3\times10^4km^2$农田受灾，494.8万人、271.2万头大牲畜发生临时饮水困难。

2. 暴雨与洪涝

2006年，我国有20个省(市、区)遭受洪灾。4月底至5月初贵州部分地区暴雨引发洪灾22人死亡，36900人撤离；6月19和25日，四川、湖南部分地区强降水引发泥石流和洪灾，致使22人死亡；3月19~31日，江西、广东、福建等省部分地区的暴雨洪涝、滑坡及泥石流使

20多万人受灾,农作物受灾面积1万多公顷,直接经济损失2000多万元人民币;5月2～13日,淮河及秦岭以南大部地区(湘、皖、鄂、赣、渝、粤、桂、黔、浙)南方地区平均暴雨日数为1961年以来同期次多。暴雨使800多万人受灾,死亡或失踪30余人;农作物受灾面积38万多公顷,绝收2.7万多公顷,直接经济损失16亿元人民币;6月份,江南、华南及西南东部等地,特别是闽、湘、黔、桂、粤等地灾情严重,发生了暴雨洪涝及泥石流、滑坡等;闽江主要支流建溪发生了50年一遇洪水,闽江干流30年一遇洪水。福建建瓯市城区被淹,交通受阻,造成4681名高考考生延考;宁德市、南平市有3座县城进水,水深达1.5～3.4m,铁路交通多次中断。267人死亡,99人失踪,直接经济损失约167亿元人民币;7月份,全国31个省(市、区),苏、皖、桂、湘、鲁、黑等地灾情严重,强降水引发洪灾、泥石流及滑坡等使2000万人受灾,死亡165人,农作物受灾面积达$800\times10^4km^2$,直接经济损失61.5亿元人民币。8月,全国20多个省(市、区),鲁、川、吉、滇、甘、蒙等地灾情较重,暴雨洪涝、泥石流、滑坡等使160万人受灾,死亡45人,农作物受灾面积达$40.7\times10^4km^2$,直接经济损失19.33亿元人民币;10月5～13日,云南省红河、思茅、临沧、西双版纳、丽江和楚雄等市发生暴雨洪涝或山体滑坡、泥石流,使59.7万人受灾,死亡39人,伤病52人;农作物受灾面积$4.7\times10^4km^2$,其中绝收$1.8\times10^4km^2$,直接经济损失3.9亿元人民币;10月6日上午,陕西省渭南市华县大明镇高楼村连阴雨导致大面积山体滑坡约$60000m^3$,94间房屋倒塌,12人遇难,直接经济损失655万元人民币;10月7日下午,湖北省十堰市房县雨水浸蚀引发山体滑塌6人死亡,1人轻伤。

### 2.2.5　2007年我国极端气候事件

1. 高温与干旱

1～7月份,我国平均气温比常年同期偏高1.4℃,为1951年以来历史最高值,也是自1997年以来的连续第11个偏高年。我国冬季气温也明显偏高,自1986年以来已连续出现21个暖冬。2月5日,北京的最高气温达16.0℃,创下1840年有气象资料以来历史同期最高纪录;2月6日,南京最高气温达到23.9℃,也为百年来同期气温历史最高值。

江南华南出现了大范围高温干旱天气,7月份江南华南大部分地区大于35℃高温有15到21天,部分地区超过21天。福州连续高温数达到32天,为1880年福州市有气象记录以来最多的连续高温天数。1～7月份,浙江平均气温17.6℃,比常年同期高1.8℃,创1951年以来最高值。7月份,浙江日平均气温之和为30年一遇,部分地区为50～70年一遇,26%的县(市)月极端最高气温超过40℃,以青田县7月8日测得的41.2℃为最高。

2007年夏季气温新疆南北疆均为偏高。北疆地区季平均气温为23.2℃,较历年同期偏高0.3℃,其中大西沟偏高1.1℃～2.0℃,偏高幅度居历史同期第一位;南疆地区季平均气温为25.9℃,较历年同期偏高1.0℃,与2001年并列历史同期第二位,其中托克逊、轮台、拜城等地偏高幅度居历史同期第一位。

1～6月,宁夏全区各地平均气温为4.8℃～9.8℃,较常年同期偏高1.4℃～3.0℃。5

月，宁夏平均气温异常偏高，全区平均气温为18.7℃，与常年同期相比，偏高2.8℃，为有气象量测以来同期最高记录。其中固原、西吉、海原在1~6月上旬累计降水量之少分别达历史同期第1、2、3位，使得宁夏中部干旱带出现了自有气象记录以来少有的持续异常干旱，南部山区也遭受了自1990年以来最严重的农业干旱。

截至8月1日，全国耕地受旱面积1.64亿亩，比常年同期偏多近3000万亩，其中重旱4624万亩、干枯1300万亩，有753万人、508万头大牲畜因旱发生临时性饮水困难。受旱地区中，以江西、黑龙江、湖南、内蒙古、吉林、广西6省区旱情最为严重，其中江西、黑龙江、湖南耕地受旱面积分别超过全省耕地面积的1/3。黑龙江、内蒙古7月份降水量是历史第二少。黑龙江受灾人口667万人，农田受旱面积超过400万公顷。

2. 暴雨与洪涝

全国大部分地区都出现雷雨大风、冰雹、龙卷风等局地强对流天气。五月下旬以来，云南各地大雨、暴雨不断，强降雨引发较为严重的风雹、洪涝、泥石流滑坡等灾害，受灾人口达574万人，因灾死亡163人、失踪8人，3541人受伤。5月31日，武汉市日降雨量创下1956年有完整气象记录以来的同期最高值。济南7月18日发生大暴雨，市区3小时平均降雨量达134mm，1小时最大降雨量达151mm，为1958年以来的历史最大值，暴雨导致34人死亡。淮河流域7月份降水量是历史第二高，整个淮河流域降水量在7月份仅仅比1954年偏少，导致淮河流域发生流域性大洪水。7月17日，2006年遭受百年一遇严重干旱的重庆迎来一场百年一遇的特大暴雨，沙坪坝、璧山、铜梁日降水量均突破当地有气象记录以来日降雨量的极值，其中沙坪坝暴雨达到266.6mm，是115年有气象记录以来一天最多的降水，全市直接经济损失近30亿元人民币，导致55人死亡。

7月份，新疆暴雨成灾，北疆地区季度总降水量为106.7mm，较历年同期偏多7成，偏多幅度居历史同期第二位，其中奇台、乌鲁木齐、木垒等地偏多幅度居历史同期第一位；南疆地区为24.3mm，较历年同期偏少1成，但巴里坤和伊吾偏多幅度居历史同期第一位。乌鲁木齐的降水量达到110mm，几乎占全年降水量的一半，创历史极值。17日，乌鲁木齐降水量达到57.4mm，突破历史记录，造成30人死亡，3人失踪。暴雨洪水造成阿勒泰、塔城、伊犁等12个地州（市）的28个县市先后发生暴雨洪水及其衍生的泥石流和滑坡等地质灾害，伊犁河谷、哈密地区尤为严重，多处道路被破坏，部分城市出现积涝现象。伊犁地区连遭暴雨侵袭直接经济损失过亿。

2007年宁夏平均降水量为290.3mm，比常年偏多18.5mm，约偏多1成。其中，3月上中旬全区出现了两次降水过程，各地降水量为3.0~25.7mm，全区平均降水量创气象器测以来同期最高记录，其中陶乐、贺兰、银川、永宁、韦州、海原、固原等站降水量为建站以来同期最高值。到夏、秋季节，宁夏连阴雨天气更是频繁发生，分别发生在6月15~22日、8月25~30日和9月25日~10月12日。这几次降水过程累计降水量之大，持续降雨日数之长，大部地区创出气象器测记录以来历史同期的最值。

辽宁省7月31日至8月1日迎来一场大到暴雨。气象部门连续发布了15次暴雨预警和2次雷电预警,如此之高的预警频率在辽宁的气象史上并不多见。8月12日,大连、丹东、本溪地区普降暴雨到大暴雨,最大降雨量出现在大连市长海县,高达148mm,气象部门对大连发布了暴雨严重等级最高的红色预警。

8月9日到11日,广东雷州半岛持续出现强降雨,雷州市唐家镇24小时最大降雨739mm,最大过程降雨935mm,暴雨强度超过200年一遇的标准;8月13日晚19时至21时30分,福建安溪县兰田降雨量194mm,长坑163mm,金谷镇半小时38mm,暴雨强度均为百年一遇。

### 2.2.6 2008年我国极端气候事件

1. 雪灾与严寒

由于大范围持续性的降雪会雨雪过程,造成下垫面土壤湿度发生变化,对膨胀土路基的水毁产生影响。因此,今年南方大范围持续性的雨雪现象值得关注。2008年1月以来,一场历史上罕见的持续性低温、雨雪、冰冻气象灾害席卷全国,全国有20个省(区市)不同程度受灾,尤以南方为重,造成的影响几乎涉及各行业及人民生产生活的各个方面。据民政部统计,受灾人口达1亿多人,直接经济损失超过1500亿元人民币,为近50年来同类灾害之最。

继1月中下旬持续低温雨雪冰冻气象灾害之后,2月上中旬,西南地区东部、西北东南部又遭遇持续雨雪冰冻天气,其中,贵州西部、云南东北部平均雨雪冰冻日数为1951年以来次多值。2月份,我国长江中下游沿江地区及四川盆地、云南东部、福建中东部、安徽南部等地又降大雾;受异常持续低温天气影响,截至2月14日,黄河宁夏段累计封河260公里,创近40年来之最。黄河宁夏段397公里河段全部发生凌汛。3月份,四川局部地区发生严重雪灾和山体滑坡,新疆伊犁哈萨克自治州果子沟发生雪崩,黄河内蒙古部分河段发生严重凌汛灾害。4月份,我国北方大部地区出现了大风降温天气,部分地区降温幅度超过10℃;新疆、兰州等地下起了大雪,四川盆地、江南、华南部分地区迎来了大雨、局地并有短时雷雨大风或冰雹等强对流天气。

2. 暴雨与洪涝

全国共有20个省份和新疆生产建设兵团发生洪涝灾害。其中,南方贵州、湖南、江西、广西、广东、浙江、福建、河南、安徽、湖北、江苏、上海等12个省市不同程度发生洪涝灾害。大于100mm暴雨笼罩面积为4.69万$km^2$,大于50mm暴雨笼罩面积为44.94万$km^2$。全国农作物受灾面积2274千公顷,成灾1100千公顷,受灾人口3856万人,因灾死亡169人,失踪52人,倒塌房屋12.57万间,直接经济损失260亿元人民币。

4月下旬,湖北20个县、市继4月18、19日暴雨之后又一次遭到暴雨袭击,暴雨除造成2亿多元的损失之外,还造成了三峡地区特大山体滑坡。湖北省自西向东发生大到暴雨、局部大暴雨,并伴有雷雨大风等强对流天气过程,有49个县(市、区)遭暴雨袭击,在长阳县出现了最大日降雨 116mm 当地记录。

5 月份,贵州气候异常,该省西南部、南部及中部等地降雨频繁,特别是 21 日至 27 日,局部地区多次遭受暴雨、大暴雨袭击,部分地区大雨夹带冰雹。有 25 个县(市、区)不同程度受灾,因灾死亡 30 人,失踪 13 人,因灾毁损房屋 3200 多间,部分交通、通信、电力设施损毁严重。

江西省浙赣铁路以北地区自西向东普下大到暴雨,局部特大暴雨。全省共有 30 县 83 站降暴雨,8 县 21 站大暴雨。强降雨导致江西部分中小河流迅猛上涨,水库水位急剧上升。

广西壮族自治区气象局继续发布暴雨警报。局部强降雨引发的山洪和地质灾害造成广西 4 人死亡,1 人失踪。广西各气象台站共发出暴雨预警信号 69 次。

6 月份,湖南永州全市普降暴雨到大暴雨,局部特大暴雨。降雨持续时间之长,范围之广,强度之大,历史罕见。江永县、江华瑶族自治县 24 小时降雨创历史极值,强降雨导致江河洪水陡涨,全市 11 个县区全部受灾。江华、道县县城区相继进水受淹,其中道县县城浸水面积一半以上,最深处超过 5m;江华县城浸水面积 40% 以上。暴雨引发全市较大山体滑坡灾害 27 起。

## 2.3 极端气候事件的概率研究

### 2.3.1 极端气候事件的危害

人类社会的各种社会经济活动导致的温室气体排放增加是全球气候变暖的重要驱动力。随着温室气体特别是 $CO_2$ 浓度在大气中的积聚,地球气候系统的自然变化率逐渐加快,地球表面平均温度和海平面呈现上升趋势。某一特定时期内发生在统计分布之外的罕见气候事件称为极端气候事件,通常分布在统计曲线两侧各 10% 的范围内,具有灾害性、突发性等特点。极端气候事件所引起的气象灾害(例如干旱、寒潮、热带气旋等)和水文灾害(例如洪涝、风暴潮等)对人类社会经济活动产生了严重危害[107]。

极端气候事件的发生常常具有明显的年际和年代际变化特征。从全世界范围来看,20 世纪 70 年代以来,严重干旱和雨涝事件明显增加。严重干旱和雨涝还受到 ENSO 事件的影响,尤其在热带和副热带地区。最近 20 ~ 30 年,既是全球温度最高的时期,同时又是 ENSO 暖事件的频发时期,我国的气候还非常明显地受到东亚季风的影响[108、109]。季风的强弱和进退与极端气候事件的发生规律紧密相关,ENSO、季风和全球变暖等影响常常交织在一起、互相影响,例如全球变暖不但会影响季风系统,甚至还会影响 ENSO 的强度与频率。

随着人们对气候变化认识的深入,科学家们意识到在关注气候变暖的同时应该重视极端气候事件的强度与频率发生的变化。平均气候的微小变化可能会对极端事件的时间和空间分布以及强度的概率分布产生巨大影响。从我国的情况来看,在过去 50 多年气候明显变暖的背景下，华北、西北东部和东北东部随着降水量的减少，降水日数也明显减少，干旱化倾向十分明显；在长江流域，强降水过程明显趋于增多，发生洪涝灾害的频率也趋于增加。气候变化最显著的影响是霜冻的日数明显下降，使得无霜期明显增加，但对极端高温的影响仍然不明显。虽然在过去50多年中我国沙尘暴发生频率和范围总体趋于减少，但由于持续干旱的影响，使得1998年以来沙尘暴又出现增加的势头。

极端气候事件已引起各国研究人员的高度关注。据不完全统计，近十多年来，由极端气候事件造成的直接经济损失呈指数上升趋势，极端气候事件对人类社会经济和生态环境的影响及危害更加严峻。有关极端气候事件和气候极值问题的研究已引起科学家们的高度关注。国外早就对极端气候与平均气候的关系及它们与气候概率分布的关系有所研究；国内许多学者对中国近50年来的极端温度和其他气候要素的长期变化规律和特征也进行了较深入的研究，并取得很多成果。尽管不少学者已经注意到，未来气候增暖背景下气候极值频率可能增大，另一些学者也注意到平均气候变化与极端气候事件的关系，但仍有许多问题需作深入探讨。关于极端气候事件，目前无论在观测、理论及其模拟方面的研究都很不够，尤其是极端气候事件随着平均气候的变化一直是气候变化研究的薄弱环节。

目前，极端气候事件（如强降水和干旱）的强度和发生频率在全球许多地区不断上升。气候变化不仅代表气候平均值的变化，还包括变化幅度或距平值的变化。这两种变化都会使小概率的天气与气候事件的出现概率增加，也会使原来未曾出现的天气气候事件出现。在气候变暖条件下，平均值的增加会使更暖的天气与气候事件的出现频率增加，而使更冷的天气与气候事件频率减少。因而，随着地球变暖导致较高的蒸发和降水速率，高温、风暴等极端事件将变得更为频繁，而寒冷极端事件将会减少。另一方面，更多的降水将发生在更短的时间内，因而降水的强度将增加。中国科学家利用近百年资料和分辨率较高的区域气候模式对极端天气事件进行的分析和模拟表明，温室效应将使中国区域的日最高和最低气温明显升高，日较差减小。模拟得到的年平均日最高气温的显著增加区基本位于中国南部，而最低气温在黄河以北和长江以南的增加更显著。温室效应可能会导致在中国地区强降水事件的出现频次继续增加。南方部分地区大雨日数将有显著增加，特别是福建和江西西部，以及西南的贵州、四川、云南部分地区，表明这里未来暴雨天气会增多，气候有恶化趋势。另一方面，预测也表明，将来的台风强度将增加，我国将可能面临更强台风的影响。中国干旱区的面积也可能会扩大，干旱强度加剧。

在我国主要的极端气候事件中，干旱和水涝是受其影响区域最广、发生最频繁的自然灾害。尽管采取了一系列的抗灾、救灾措施，但这些灾害仍然给我国的经济造成巨大损失。不同地区对极端自然灾害事件的适应能力不同，适应性措施在一定程度上可有效降低区域的脆弱性。如果能够投入足够的财力进行适应性设施的建设，这将在一定程度上增强了抵御极端气候事件的能力。在全球气候变化的大背景下，极端气候事件引起的旱灾、水灾和台风等自然灾害的发生频率和强度将会增加。而膨胀土路基在正常年份受气候影响的作用就非常大,极端气候事件必将对膨胀土路基水毁产生更为严重的影响。为应对可能发生的极端气候事件带来的灾害风险,我们应该加强对极端气候事件及其对干旱、降雨、晴雨转换的概率研究,进一步提高膨胀土路基的水毁能力,并将气候变化的影响作为膨胀土路基设计标准加以考虑。

### 2.3.2 概率分布理论是理论基础

概率分布理论是一切概率统计学方法最重要的理论基础,全面描述变量的随机性可用某种概率分布进行研究[16]。实践表明,气候观测记录所蕴含的各种信息不论在什么时空尺度上都具有不确定性,即随机性。而不同气象变量其随机性并不一样,它们对应着各自不同的理论分布模型。比如,某地月平均气温为正态分布,而月降水量却可能是非常偏态的分布。气候观测记录的集合就是样本,以有限的样本去推断总体特征就是统计推断。一切统计推断的理论前提都离不开基本的统计模型—概率分布。研究如何根据观测资料去推断随机现象概率特征(如概率分布)的理论和方法是数量统计学的中心任务。

极端天气气候事件,是指天气(气候)的状态超过或严重偏离其平均态,在统计意义上属于不易发生的事件能造成较大社会和经济影响的天气气候异常。通俗地讲,极端天气气候事件指的是50年一遇或100年一遇的小概率事件。从概率论上来说,如果某一地区或地点的气温在多年平均条件下呈正态分布,那么在平均温度处的天气出现的概率最大,偏冷和偏热天气出现的概率较小,极冷或极热的天气出现的可能性更小。但由于全球气候变暖的影响,该地气温的平均值增加,这时偏热天气出现的概率将明显增加,并且原来很少出现的极热天气现在也可能频繁出现,高温热浪等极端事件将变得频繁;若气温变化的方差增大,则极端天气将出现得更为频繁[17]。

过去有的学者认为,用概率分布来描述气候要素的取值及其频率状况似乎太经典太落后了,其实这是一种误解。至于用概率分布函数及其统计参数来描述各种气象气候要素(如降水量、温度)在地理空间域上的非均匀分布,以此作为一种有效的度量指标则也少有人问津。其实,许多地学学科和生物学科的研究中都大量采用了概率统计的指标,其中不乏有相当理论价值和实际意义的创造性成果。目前,人们对地球气候的形成和变化有了新的认识,“气候”的概念已不再是经典气候学定义的那种所谓“天气状况的平均”或“大气瞬时状态的长期平均”等“静态”概念。气候的形成是全球气候系统(包含天气、海洋、冰雪、陆面及生物各子系统)内外部多种因素错综复杂的相互作用的结果。由于其相互作用过程随时间的推移处于无休止的变化之中,涉及到各个子系统内部以及各子系统彼此之间的各种动力的、物理的、化学的和生物的过程,由此导致气候的长期平均状态和偏离平均态的各种时间尺度的变化。除此以外,整个地球气候系统还会受到各种来自天体运动和地球内部运动的渐变或突变因素的冲击而对其施加各种外部强迫,例如地球轨道参数变化、火山爆发、太阳活动等等。因此,全球或任一地(点)区的气候状态在不同的时空尺度上始终是变化的。

20 世纪中期,人们早已证明有 3 种类型的渐近极值分布可用于气候要素极值的频数分配拟合,其中第一型(又称 Gumbel 分布型)应用最为普遍。但是,以往的研究仅仅考虑在全球气候背景不变(即平均气候不变)条件下天气气候极值的概率问题。自 20 世纪 70 ~ 80 年代以来,不少学者将天气气候极值与气候变化问题相联系,提出了全球气候背景变化下的气候极值问题。自从 IPCC 关于全球气候变化的第二、三次评估报告公布以来,极端天气气候事件已成为气候变化研究的热点问题。近年来,国内对于这一领域的研究也日趋关注,但这些研究多数都偏于应用经典极值分布(如 Gumbel 分布)及其参数估计方法(如经典矩估计)诊断气候极值的时间域概率问题。由于气候极端事件是引发膨胀土路基水毁灾害的基础,仅仅考虑某一种气候最大值的影响具有一定的局限性,必须全面考虑干旱、降雨及其晴雨转换等概率对膨胀土路基水毁的影响才能把握住问题的实质。

### 2.3.3 气候变暖时的概率分布的变化

在气候变化的历史长河中,某一定时期内的气候总是围绕着某一平衡态而振荡,气候从一个平衡态转入另一平衡态的过程,正是气候状态发生变化的过程。从统计意义上说,这种变化必然反映在其相应的概率分布变动上。对于给定时段来说,概率分布可以全面描述某一气候变量观测取值的频率特征,而一旦概率分布发生变动,则必然可从中检测出气候变化的信号。

从气象学原理上来说,全球变暖使得地表气温升高,较高的温度引起水面蒸发加大、水循环速率加快,这将使风暴的能量更强,更多降水将在更短时间内完成,这可能增加大暴雨和极端降水事件以及局部洪涝出现的频率;个别地区龙卷风、强雷暴以及狂风和冰雹等强对流天气也会增多;另外,由于植物、土壤、湖泊和水库的蒸发加快,水分耗损增加,再加上气温升高,一些地区将遭受更频繁、更持久或更严重的干旱;大气水分的增多,也可能使一些较寒冷地区暴风雪的强度和频率增加。

20 世纪 80 年代以来,不少学者通过随机统计模拟的方法,研究全球气候背景变化情景下的气候极值问题[18],如 Means 等(1984)。研究指出,气候要素原始分布的均值变化可导致极值频率和强度呈非线性变化,即平均气候的微小变化可能引发极端气候值出现频率的很大变化;Katz 和 Browns(1992)则从理论上证明,原始分布的方差变化对于极值频率的影响要比平均值的影响大得多;Groisman 等(1999)及 Easterling 等(2000)都指出,由于降水量为 Gamma 分布,不但平均值的变化改变其方差,而且降水方差的变化又影响极端降水发生的次数,从而造成总降水量增加时降水极值出现机会呈现非线性增大。由于极端降水变化主要与相应变量概率分布的尾部特征有关。

然而,通常全球粗网格尺度的气候数值模拟只能预测出平均的气候状态在时空域上的变化,目前尚无法直接模拟出气候的极端状况。因此,假如未来全球平均气温上升 1℃,各地夏季高温≥某临界值的日数将如何改变?在 1 个月内至少有一个超过临界高温的“游程”

(例如 >5 天)的机会有多大? 诸如此类的问题,仅从气候数值的模拟结果是无法准确获得的。例如,平均温度若仅有很小的变化,却可能导致极端温度事件概率产生较大的变动。就变量的概率分布而言,极端气候的强度、频率等特征参量的变化本质上是原变量概率分布的两端尾部形态特征的变化,就变量的时间演变记录特征来看,它们又反映了气候序列内部结构的变化。换言之,假如我们能够对平均气候状况作出较为准确的预测,必然可以借助于描述极端气候变量的概率分布模型对其发生的概率及其分位数作出可信的预测,当然也可从随机过程和时间序列分析其极端值演变特征与规律。

在气候变化时,气候异常事件的概率(或频率)分布可能会发生 3 种类型的变动:其一,概率分布形式不变,但均值可能改变;其二,均值不变,但方差发生变化;其三,均值和方差同时都有变动或概率分布形式改变。显然,上述概率分布参数的变化,意味着其围绕平衡气候态的概率分布模型有了改变。

如何借助于目前日益发展的全球气候系统模式及各种建立在线性或非线性统计变换、随机模拟、Markov 过程等统计降尺度技术的预估极端气候事件发生概率基础上的理论和方法,估计气候系统变量的概率分布密度及其随时间的变化,分析极端气候事件的发生、发展趋势,准确地描述和判断极端气候事件的重现期,以及在最不利情况下膨胀土路基发生水毁的保证率将是研究的重点。

我国是受极端气候事件影响严重的国家之一,一些主要的极端气候如干旱、暴雨洪涝、低温冷害、高温、台风、雷暴以及沙尘暴等,每年都会造成一定程度的经济损失和人员伤亡。本章回顾了近五年对膨胀土路基水毁灾害影响较大的高温与干旱、暴雨与洪涝等极端气候事件在我国和世界其他地方频发的情况,并把这些现象与历年做了比较。可以看到,世界各地的极端天气、气候灾害并没有缓和,特别是在我国还有增强的趋势。由此可见,人类仍然面临着气候环境变化引发的各种问题和挑战,在应对气象和气候灾害方面的任务还很艰巨。对膨胀土路基来说,由于本身受气候影响特别大,因此,在极端气候事件频发的情况下,深入分析极端气候事件的发生和发展对膨胀土路基水毁灾害的预测具有很强的工程应用意义。

# 第三章　基于粗糙集的膨胀土分类研究

膨胀土吸水膨胀、失水收缩及其反复变形的性质会给工程结构物造成危害,如路面开裂、路堤坍塌以及建筑物隆起或沉陷等。我国以往的工程经验和教训表明,膨胀土并不可怕,可怕的是由于判别错误,没有针对性地采取措施,因而导致了一系列工程事故的发生。这是因为对膨胀土的漏判将给工程埋下隐患,造成事故;反之,如将普通土误判为膨胀土,或对其胀缩等级高判,将会因为采取不必要的工程措施而造成经济浪费。在膨胀土地区进行公路、铁路工程建设,首先必须正确识别膨胀土与非膨胀土,然后对膨胀土进行分类,以便为工程的设计和施工提供合理的参数和科学依据。

## 3.1　膨胀土的黏土矿物成分及其工程性质

### 3.1.1　判别原则

决定膨胀土特殊工程性质的因素是多方面的,如膨胀土的成因、结构特征和物质成分等土体本身的内在因素,也有水和气候等外部条件,但结构特征和黏土矿物成分是内在的主要固定属性,是控制膨胀土工程特性的决定因素。因此,要鉴别某种土体是否属于膨胀土,应根据土体本身的主要属性来进行区别。至于在膨胀土分布地区各种建筑物稳定性程度,只能作为辅助的判别。所以对膨胀土的判别应采用现场定性和室内简易定量的指标相结合的方法[110],从工程地质观点出发,分析土体裂隙特性,概括膨胀土工程性质的实际情况,选取代表膨胀土规律性的主要指标进行分析。

合理的判别指标必须反映膨胀土基本性质的各个指标之间的相互关系,以及这些指标的各种组合规律。在确定膨胀土判别指标时,应着重考虑胀缩机理,选择表征膨胀土特性的独立指标和采用数学手段对各指标作相关分析,选出相关性最大的特征指标来建立判别函数,以实现对膨胀土胀缩等级的评判。

膨胀土分类复杂性的原因在于膨胀土产生膨胀和收缩的原因复杂[111],它是在膨胀土与水介质两相体中发生的一种物理化学—力学作用的过程[112]。膨胀土的胀缩特性是由土的内部固有因素所决定的,同时又受到外部条件的控制,即胀缩现象的发生是膨胀土的特殊内因在外部环境中相互作用的结果。其中,膨胀土的特殊物质成分和结构特征是产生胀缩变形的决定性本质因素,而水则是直接导致胀缩变形产生的重要诱因。如果只有土的存在,而没有水的作用,土的湿度状态不发生变化,就不可能出现胀缩。其他环境条件,如地质地理条件、地形地貌条件、气候条件、水文条件和植被条件等,都是促使土体结构变化和土的湿度变化的间接外因,也起着重要作用。

### 3.1.2 现有的分类指标

反映膨胀土胀缩性能的指标有很多,如界限含水量、胀缩总率、粒度成分、自由膨胀率等。现有判别指标大体可归纳为两大类[50]:其一是土的物质组成(黏土矿物组成、粒度组成等);其二是土粒与水相互作用所呈现的水理性质指标(塑性指数、液限、自由膨胀率、膨胀力等)。土的界限含水量是反映土粒与水相互作用的灵敏指标之一,在一定程度上反映了土的亲水性能,它与土的颗粒组成、黏土矿物成分、阳离子交换性能、土的分散度和比表面积,以及水溶液的性质等有着十分密切的关系。

在工程中具有较大实用意义的界限含水量通常有液限、塑限、缩限三个定量指标。塑性指数是液限与塑限之差,表示所具有可塑性能的湿度变化范围。缩性指数是液限与缩限之差,表示土所具有膨胀与收缩性能的湿度变化范围。一般说来,膨胀土是具有高塑性与高收缩的黏性土,液限越高,缩限越低,则土的膨胀潜势就越大,但由于界限含水量是所有黏性土的共性指标,难以准确区分膨胀土与非膨胀土,所以只能是反映膨胀土的间接指标。

胀缩总率能反映膨胀土的黏土矿物成分和结构特征,在一定的条件下,它是膨胀土比较稳定的属性指标,也可以作为膨胀土判别指标之一。

粒度成分是反映膨胀土物质组成的基本特性指标,土中小于 0.005mm 的黏粒与小于 0.002mm 的胶粒含量越高,一般表明蒙脱石成分较多、分散性较好、比表面积大、亲水性强、膨胀性大,所以也用土中胶粒含量指标区分膨胀土和非膨胀土。

自由膨胀率是反映土的膨胀特性的直接量度指标之一。不同的黏土矿物成分的土粒具有不同的亲水性能,其膨胀性也有显著的差异:比如在膨胀土结构相似时,土中蒙脱石矿物成分越多,自由膨胀率越大;而高岭石含量越多,自由膨胀率越小。所以自由膨胀率只是土粒膨胀特性的量度指标,却不能反映土体的结构特性,在工程实践中也只能采用自由膨胀率与其他指标相配合的判别和分类方法。

### 3.1.3 常用的分类方法

国内外普遍采用组合指标作为膨胀土的定性判别和分类指标。常用的膨胀土分类方法分为两大类:一类是将现有的分类试验指标根据统计后的情况进行区间划分,满足某一区间的就按该规定划分到相应的胀缩级别,如表 3-1 所示。按照国家标准《膨胀土地区建筑技术规范 GBJ112—87》评判标准,膨胀土按照自由膨胀率和地基分级变形量划分为强、中、弱三个级别。类似的判别方法还有柯尊敬标准、美国垦务局标准、膨胀土膨胀潜势标准、膨胀土体积变化标准、国内专家法、交通部《公路路基设计规范 JTJ013—95》膨胀土胀缩地基标准、杨世基膨胀土胀缩等级标准和表征胀缩性的膨胀土胀缩等级标准等等。

国家标准《膨胀土地区建筑技术规范 GBJ112—87》评判标准　　表 3-1

| 级别 | 自由膨胀率 | 地基分级变形量 |
|---|---|---|
| 强 | ≥90 | ≥70 |
| 中 | 65～90 | 35～70 |
| 弱 | 40～50 | 15～35 |

从以上方法可以看出，国内外提出可作为判别膨胀土的指标很多，且其中有的已纳入国家或部门标准，但都是采用实测指标与条例规定的界限值进行对比的经验性方法。在按单一指标对膨胀土进行分类时，由于不能全面反映土性而有可能出现误判。而采用多指标时，又经常会遇到各项指标的实测值不是落在同一级别的界限中，从而导致相互矛盾的结论，所以组合指标法至今仍意见分歧。

还有一类常用的判别方法是在系统研究反映膨胀土基本性质的众多指标及其组合规律的基础上，出现的若干评判膨胀土胀缩等级的方法[110]，如最大胀缩性指标分类法、风干含水量分类法、塑性图分类法、灰色聚类法、灰色关联分析法、模糊数学方法以及神经网络方法等。但这些方法在应用中都存在一定的缺陷，因此，哪种方法最好还没有形成定论。

## 3.2　粗糙集理论基本概念

粗糙集(Rough Set,RS)理论[113]是由波兰学者 Z. Pawlak 在 1982 年提出的。1991 年 Pawlak 出版了专著[114]，系统全面地阐述了 RS 理论，奠定了严密的数学基础。该书与 1992 年出版的 RS 理论应用专集较好地总结了这一时期 RS 理论与实践的研究成果，促进了它的进一步发展，现已成为学习和应用 RS 理论的重要文献。从 1992 年至今，每年都召开以 RS 为主题的国际会议，推动了 RS 理论的拓展和应用。国际上成立了粗糙集学术研究会，参加的成员来自波兰、美国、加拿大、日本、挪威、俄罗斯、乌克兰和印度等国家。目前 RS 理论已成为人工智能领域中一个较新的学术热点，引起了越来越多的科研人员的关注[115]。

膨胀土的分类由于具有典型的不完整性和不确定性，在实际应用中一直是困扰研究人员的难题。而粗糙集理论是一种刻画不完整性和不确定性的数学工具[116]，能有效地分析和处理不精确、不一致、不完整等各种不完备信息，并从中发现隐含的知识，揭示潜在的规律[117]。所以，粗糙集理论相对于其他处理不确定知识的方法而言，对膨胀土的胀缩等级进行评判更具有实用性。

### 3.2.1 知识与不可分辨关系

在粗糙集理论中,"知识"(*Knowledge*)被认为是一种将现实或抽象的对象进行分类的能力[118]。假定我们具有关于论域的某种知识,并使用属性(*Attribute*)及其值(*Value*)来描述论域中的对象,例如:空间物体集合 $U$ 具有"颜色"、"形状"这两种属性,"颜色"的属性值取为红、黄、绿,"形状"的属性值取为方、圆、三角形。从离散数学的观点看,"颜色"、"形状"构成了 $U$ 上的一族等价关系(*Equivalent relation*)[119]。$U$ 中的物体,按照"颜色"这一等价关系,可以划分为"红色的物体"、"黄色的物体"、"绿色的物体"等集合;按照"形状"这一等效关系,可以划分为"方的物体"、"圆的物体"、"三角形的物体"等集合;按照"颜色+形状"这一合成等效关系,又可以划分为"红色的圆物体"、"黄色的方物体"、"绿色的三角形物体"等集合。如果两个物体同属于"红色的圆物体"这一集合,它们之间是不可分辨关系(*Indiscernibility relation*)[120],因为描述它们的属性都是"红"和"圆"。不可分辨关系的概念是 RS 理论的基石,它揭示出论域知识的颗粒状结构。

### 3.2.2 粗糙集合的下近似、上近似、边界域

给定一个有限的非空集合 $U$ 称为论域[121],$R$ 为 $U$ 上的一族等价关系。$R$ 将 $U$ 划分为互不相交的基本等价类,二元对 $K=(U,R)$ 构成一个近似空间(*Approximation space*)。设 $X$ 为 $U$ 的一个子集,$a$ 为 $U$ 中的一个对象,$[a]_R$ 表示所有与 $a$ 不可分辨的对象所组成的集合,即由 $a$ 决定的 $R$ 等价类。当集合 $X$ 能表示成基本等效类组成的并集时,则称集合 $X$ 是可以精确定义的;否则,集合 $X$ 只能通过近似的方式来刻画。而对于粗糙集可以近似的定义,我们使用两个精确集,即粗糙集的下近似(*Lower approximation*)、上近似(*Upper approximation*)来描述[24]。

给定知识库集合 $K=(U,R)$,对于每个子集 $X\subseteq U$ 和一个等价关系 $R$,$X$ 关于 $R$ 的下近似定义为:

$$\underline{R}X = \cup\ \{Y \in U/R \mid Y \subseteq X\} \tag{3-1}$$

$\underline{R}X$ 实际上是由那些根据已有知识判断肯定属于 $X$ 的对象所组成的最大的集合,也称为 $X$ 的正域(*Positive region*),记作 $pos_R(X)$。由根据已有知识判断肯定不属于 $X$ 的对象组成的集合称为 $X$ 的负域(*Negative region*),记作 $neg_R(X)$。

集合 $X$ 关于 $R$ 的上近似定义为:

$$\overline{R}X = \cup\ \{Y \in U/R \mid Y \cap X \neq \varnothing\} \tag{3-2}$$

$\overline{R}X$ 是由所有与 $X$ 相交非空的等价类 $[x]_R$ 的并集,是那些可能属于 $X$ 的对象组成的最小集合。显然,$\overline{R}X+neg_R(X)=U$。

集合 $X$ 的边界区(*Boundary region*)定义为:

$$bn_R(X) = \overline{R}X - \underline{R}X \tag{3-3}$$

$bn_R(X)$为集合 $X$ 的上近似与下近似之差。如果 $bn_R(X)$是空集,则称 $X$ 关于 $R$ 是清晰的(*crisp*);反之如果 $bn_R(X)$不是空集,则称集合 $X$ 为关于 $R$ 的粗糙集(*Rough set*)。图 3-1 为粗糙集概念的示意图。

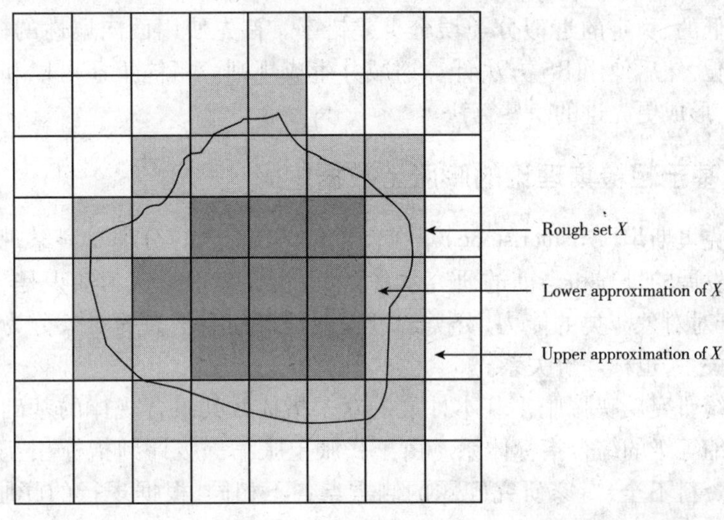


图 3-1　粗糙集概念示意图

下近似、上近似及边界域等概念刻画了一个不能精确定义的集合的近似特性。近似精度定义为:

$$a_R(X) = |\underline{R}X| / |\overline{R}X| \tag{3-4}$$

式中$|\underline{R}X|$表示集合$\underline{R}X$ 的基数或势(*Cardinality*),对有限集合来说表示集合中所包含元素的个数。显然,$0 \leqslant a_R(X) \leqslant 1$,如果 $a_R(X) = 1$,则称集合 $X$ 相对于 $R$ 是清晰的;$a_R(X) < 1$,则称集合 $X$ 相对于 $R$ 是粗糙的。$a_R(X)$可认为是在等价关系 $R$ 下近似集合 $X$ 的精度。

### 3.2.3　粗糙集理论的应用

可以说,由于粗糙集理论在数据挖掘方面的应用而备受关注。最近几年,粗糙集理论的应用研究得到了长足发展,这里从数据挖掘、规则提取和多方法融合等方面简述有代表性的应用。

1. 数据约简[122]。基于粗糙集理论的数据约简,是属性选择的重要手段。基于粗糙集的知识发现,是数据挖掘的一个新的方法,它具有挖掘出的知识便于理解、表达、存储和使用等特点。

2. 数据挖掘。基于粗糙集的数据挖掘方法的发展也是粗糙集本身发展的一部分。粗糙集为了更好地在数据挖掘中得到应用,进行了模型拓广和约简算法研究两个方面。

3. 规则提取。粗糙集理论得到广泛关注的一个原因是其知识的显式表达方式。粗糙集的规则提取目前基本上是两大方向:①采用属性约简算法得到决策系统的约简后,直接由约简形成规则表,也就是以约简代表规则;②直接由决策表进行规则提取,考虑规则的准确度程度,提取主要集中在经验规则的提取和医学数据的规则提取上。

4. 多方法融合。将粗糙集理论用于神经网络训练数据的预处理,有利于提高学习效率,并且保持了较低的、稳定的近似分类误分类差错率。首先使用面向属性的概念树爬升技术对属性进行泛化,然后使用 RS 方法计算缩减并生成规则。粗糙集还可以和遗传算法、模糊数学等相结合,形成更先进的一些算法。

### 3.2.4 基于粗糙集理论的膨胀土数据挖掘

阿里斯多克里斯坦(Aristocristane)早在公元 98 年就指出:分类是科学现状的反映,各种分类反映了它发展的进程和当前的研究水平[123]。粗糙集理论认为知识是与分类密不可分的,知识是基于对对象分类的能力,分类的过程就是将相差不大的对象分为一类,它们的关系是不可分辨关系,也称等价关系。

目前在系统研究反映膨胀土基本性质的众多指标及其组合规律的基础上,出现了若干评判膨胀土胀缩等级的综合指标体系。由于膨胀土胀缩等级评判指标相互之间关系复杂,加之所需试验资料不全、专家研究问题的侧重点各不相同,根据现行的膨胀土分级指标体系,对同一种土的评判极有可能得到截然不同的结论。这是因为反映膨胀土胀缩性质的理论指标在膨胀土分级时各有所长,相互之间有一定的关联,具有不同的重要性,而且评判大多没有利用现有原始试验数据提供的信息去选择适当的特征去反映这些指标之间的主次、相关性质和组合关系。

不仅如此,如果将现有的有关膨胀土试验的数据汇总到一起,必然会存在试验样本的试验指标相互交叉不全,大量同一地区的膨胀土试验样本无法进行比较,难以从中获取更多的信息来完整地反映该地区膨胀土的特性,这种花费大量人力、物力的膨胀土试验资料无法利用的现象是一种严重的浪费。

## 3.3 膨胀土分类指标的重要性分析

### 3.3.1 分类指标的重要性

综上所述,膨胀土的工程性质十分复杂,其胀缩具有中介过渡性或亦此亦彼性,是一个不精确的概念,不具备明确定义或标准。对膨胀土胀缩等级进行准确的分类是非常困难的。由于膨胀土胀缩等级评判指标相互之间关系复杂,相互之间有一定的关联,具有不同的重要性[124]，在评判结论上会形成差异。

消除评判结论差异的主要方法之一在于，利用现有原始试验数据提供的信息选择适当的特征指标，进而分析反映膨胀土胀缩性质的理论指标之间的逻辑关联与权重分配，并在重要性分析的基础上去除评判体系中冗余的及不重要的参数指标[125]。因此，应用膨胀土分级指标与结果的粗糙依赖度可以确定评价指标的重要性，完善和优化膨胀土膨胀等级的评判体系。

### 3.3.2　粗糙依赖度

现行的对膨胀土胀缩等级进行评判和分类的指标很多，但从评判结果和评判指标之间的依赖程度来看，在许多膨胀土分级方法中，评判结果并不完全依赖于某些试验指标。为了补充和完善这类评判体系，现提出粗糙依赖度这一个新概念。

给定膨胀土试验数据库 $K=(U,R)$，对于每个试验样本 $X\in U$ 和一个试验指标 $R\in ind(K)$，其中 $U\neq\varnothing$ 是所有试样组成的非空有限集合，称为论域。$R$ 是 $U$ 上的一族等价关系，$U/R$ 为 $R$ 的所有等价类族。设 $P,Q\subseteq R$，若 $ind(P)\subseteq ind(Q)$，则称试验指标 $Q$ 可由试验指标 $P$ 完全推导出来。显然，在膨胀土分类的过程中，根据某些特定的试验指标并不能准确地对膨胀土的胀缩等级进行分类。因此，不是所有的试验指标都可以完全被推导。为此引入 $Q$ 的 $P$ 正域，记为 $pos_P(Q)=\bigcup\limits_{x\in U/Q}R_{-}(X)$，表示论域 $U$ 中所有根据分类 $U/P$ 的信息可以准确地划分到关系 $Q$ 的等价类中去的对象集合。

当某个试验指标 $r\in P$，且 $pos_P(Q)=pos_{(P-\{r\})}(Q)$ 时，称 $r$ 为试验指标集 $P$ 中 $Q$ 不必要的，否则 $r$ 为 $P$ 中 $Q$ 必要的。如果 $P$ 中每个 $r$ 都为 $Q$ 必要的，则称 $P$ 为 $Q$ 独立的。设 $S\subseteq P$，$S$ 是 $P$ 的独立子族且 $pos_S(Q)=pos_P(Q)$，则称 $S$ 为 $P$ 的 $Q$ 约简。$P$ 中所有 $Q$ 必要的原始关系构成的集合称为 $P$ 的 $Q$ 核。

### 3.3.3　指标重要性的计算

1. 算法

运用粗糙集方法计算膨胀土指标的重要性可分为以下步骤进行处理：数据预处理、约简；根据预处理及约简后的数据按照数值大小以每个试验指标（属性）进行分类，计算评判结果的相对依赖度；为了计算膨胀土胀缩等级评判指标的重要性，从已知膨胀土试验数据中去掉一个或某些试验指标，再计算此时评判结果对剩余指标的依赖度。若去掉该指标后，剩余指标的依赖度变化不大，则说明该指标的重要性低；反之，说明该指标的重要性高。

2. 实例

根据文献[58]的试验资料和胀缩等级指标标准值，计算基于粗糙集的膨胀土胀缩等级指标的重要性。数据如表3-2。数据离散化预处理时按文献的指标胀缩等级进行处理，这里试验样品的集合 $U=\{1,2,3,4,5,6,7,8,9,10\}$。评判结果 $D=\{$膨胀土胀缩等级$|0,1,2\}$，

“0”表示弱胀缩等级,“1”表示中胀缩等级,“2”表示强胀缩等级。按各种不同的评判结果有不同等级的都列出来。例如表3-2中样品(9)评判有三种结论,则在表3-3中第9~11行分别列出。样品的试验指标集合$A=\{F_s, P_p, e_{p50}, e_{ps}\}$。

试验指标及评判结果　表3-2

| 样品序号 | 试验指标 | | | | 神经网络方法 | “条例”方法 | 模糊数学方法 | 灰色聚类方法 |
|---|---|---|---|---|---|---|---|---|
| | $F_s$(%) | $P_P$(kPa) | $e_{P50}$(%) | $e_{Ps}$(%) | | | | |
| (1) | 43 | 72 | 0.26 | 3.82 | 中 | 中 | 中 | 中 |
| (2) | 117 | 32 | 0.12 | 11.30 | 中 | 中 | 中 | 强 |
| (3) | 64 | 72 | 0.40 | 3.10 | 中 | 中 | 中 | 中 |
| (4) | 71 | 57 | 0.78 | 6.81 | 强-中 | 强 | 强-中 | 强 |
| (5) | 67 | 95 | 0.79 | 6.73 | 强 | 强 | 强 | 强 |
| (6) | 86 | 99 | 0.90 | 8.40 | 强 | 强 | 强 | 强 |
| (7) | 67 | 56 | 0.33 | 3.60 | 中 | 中 | 中 | 中 |
| (8) | 37 | 62 | 0.35 | 2.89 | 弱-中 | 中 | 弱-中 | 中 |
| (9) | 40 | 128 | 7.78 | 4.50 | 弱-中 | 强 | 弱-中 | 强 |
| (10) | 65 | 38 | 0.21 | 4.59 | 中 | 中 | 中 | 中 |

试验指标及评判结果离散化数值　表3-3

| $U$ | $F_s$(%) | $P_P$(kPa) | $e_{P50}$(%) | $e_{Ps}$(%) | $D$ | 备注 |
|---|---|---|---|---|---|---|
| 1 | 0 | 1 | 1 | 1 | 1 | * |
| 2 | 2 | 0 | 0 | 2 | 1 | |
| 3 | 1 | 1 | 1 | 1 | 1 | |
| 4 | 1 | 1 | 2 | 2 | 1 | ** |
| 5 | 1 | 1 | 2 | 2 | 2 | ** |
| 6 | 1 | 2 | 2 | 2 | 2 | |
| 7 | 2 | 2 | 2 | 2 | 2 | |
| | 1 | 1 | 1 | 1 | 1 | (同行3,去掉) |
| 8 | 0 | 1 | 1 | 1 | 0 | * |
| | 0 | 1 | 1 | 1 | 1 | (同行1,去掉) |
| 9 | 0 | 2 | 2 | 2 | 0 | *** |
| 10 | 0 | 2 | 2 | 2 | 1 | *** |
| 11 | 0 | 2 | 2 | 2 | 2 | *** |
| 12 | 1 | 0 | 1 | 2 | 1 | |

按不同试验指标进行分类如下：

$U/\{F_s\}=\{\{1,8,9,10,11\},\{3,4,5,6,12\},\{2,7\}\}$

$U/\{P_P\}=\{\{2,12\},\{1,3,4,5,8\},\{6,7,9,10,11\}\}$

$U/\{e_{P50}\}=\{\{2\},\{1,3,8,12\},\{4,5,6,7,9,10,11\}\}$

$U/\{e_{Ps}\}=\{\{1,3,8\},\{2,4,5,6,7,9,10,11,12\}\}$

评判结果的分类 $U/\{D\}=\{\{8,9\},\{1,2,3,4,10,12\},\{5,6,7,11\}\}$

3. 计算

从表 3-3 可知，等价关系 $U/\{F_s,P_P,e_{P50},e_{Ps}\}=\{\{1\},\{2\},\{3\},\{4,5\},\{6\},\{7\},\{8\},\{9,10,11\},\{12\}\}$ $D$ 的 $A$ 正域为 $pos_A(D)=\{1\}\cup\{2\}\cup\{3\}\cup\{6\}\cup\{7\}\cup\{8\}\cup\{12\}=\{1,2,3,6,7,8,12\}$，$A$ 的依赖度 $k=\gamma_A(D)=|pos_A(D)|/U=\dfrac{7}{12}$

可以看出评判结果 $D$ 仅仅部分依赖于试验指标 $A$。去掉 $e_{Ps}$ 后评判结果的分类 $U=\{F_s,P_P,e_{P50}\}=\{\{1,8\},\{2\},\{3\},\{4,5\},\{6\},\{7\},\{9,10,11\},\{12\}\}$

$D$ 的 $A-e_{Ps}$ 正域为 $pos_{A-e_{Ps}}(D)=\{2\}\cup\{3\}\cup\{6\}\cup\{7\}\cup\{12\}=\{2,3,6,7,12\}$

可得 $A-e_{Ps}$ 的依赖度 $k=\gamma_{A-e_{Ps}}(D)=|pos_{A-e_{Ps}}(D)|/U=\dfrac{5}{12}$

因此指标 $e_{Ps}$ 的重要性为 $\sigma_{AD}(e_{Ps})=-\gamma_{A-e_{Ps}}(D)=\dfrac{7}{12}-\dfrac{5}{12}=\dfrac{1}{6}$

同理，指标 $e_{P50}$ 的重要性为 $\sigma_{AD}(e_{P50})=\dfrac{1}{6}$，指标 $P_P$ 的重要性为 $\sigma_{AD}(P_P)=\dfrac{1}{4}$，指标 $F_s$ 的重要性为 $\sigma_{AD}(F_s)=\dfrac{5}{12}$。从以上计算可知，自由膨胀率在膨胀土胀缩等级的划分中最重要，其次是膨胀力，50kPa 压力下的膨胀率和胀缩总率最不重要。

### 3.3.4　分类指标重要性的应用

1. 运用粗糙集理论的重要性原理，在计算评判结果与试验指标的粗糙依赖度的基础上，可以剔除膨胀土胀缩等级评价指标体系中的相互关联甚至无效的指标，并对主要指标进行重要性排序。根据实例分析结果，在自由膨胀率、膨胀力、50kPa 压力下的膨胀率和胀缩总率四个指标中，自由膨胀率是评判膨胀土胀缩等级最重要的指标，膨胀力、50kPa 压力下的膨胀率和胀缩总率的重要性依次降低。

2. 评判结果 $D$ 仅仅部分依赖于试验指标 $A$ 说明这四个指标组合在一起不能准确地划分膨胀土的胀缩等级，还需要引入其他试验指标。通过对文献[58]上的试验数据进行粗糙依赖度计算，其评判结果也仅仅部分依赖于试验指标，这说明许多膨胀土胀缩等级的评判指标体系还不完善。现行的膨胀土胀缩等级评判指标和方法很多，但是从评判结果与试验指标之间的粗糙依赖度来看，在许多膨胀土分级方法中，评判结果并不完全依赖试验指标。因此,还应该适当地补充新的试验指标来完善指标体系,使之更加准确地对膨胀土进行分级。

3. 为解决现有膨胀土等级综合评价指标体系之间存在的结论差异明显的问题,须对反映膨胀土胀缩性质的主要理论指标之间的逻辑关联与权重分配进行深入分析,而其关键在于通过重要性分析去除评判体系中冗余的及不重要的参数指标。补充后的试验指标需要再次通过粗糙依赖度计算的检验,因为补充试验指标后,新指标体系中各指标的之间的关联性和重要性可能发生变化,此时某些试验指标的重要性可能会降低甚至被约简。因此,完善膨胀土分级指标体系的过程是一个不断优化的过程,需要反复去做,直到找到一组用最少的指标最准确地对膨胀土胀缩等级进行评判[126]。

## 3.4 不相容信息情况下膨胀土分类规则的提取

### 3.4.1 相容规则的提取

决策规则的提取是粗糙集理论的一个重要应用[127]。在大量的原始数据信息中,隐藏着许多包含知识规律等有用的信息,从这些原始数据信息中发现有用的规律信息叫做知识获取。基于粗糙集理论的知识获取主要是借助信息表这样一种有效的知识表达方式,对数据进行分类、约简、知识获取直至形成规则。

设所有膨胀土试验数据 $K=(U,A,V,f)$ 是一个决策表。其中试样 $U\neq\varnothing$ 为论域;$A$ 为试验指标及分类的非空有限集合,$A=C\cup D$,$C\cap D=\varnothing$,$C$ 为试验指标集,$D$ 为膨胀土分类集;$V=\bigcup_{a\in A}V_a$,$V_a$ 是属性 $a$ 的值域;$f:U\times A\rightarrow V$ 是一个信息函数,它为每个对象的每个属性赋予一个信息值,即 $\forall a\in A,x\in U,f(x,a)\in V_a$。令 $X_i$ 和 $Y_j$ 分别代表 $U/C$ 与 $U/D$ 中的各个等价类,$des(X_i)$ 表示对同一分类 $X_i$ 的描述,即同一分类 $X_i$ 对于各试验指标的特定取值;$des(Y_j)$ 表示对分类 $Y_j$ 的描述,即胀缩等级 $Y_j$ 对于各试验指标值的特定取值。

决策规则定义如下:$r_{ij}:des(X_i)\rightarrow des(Y_j)$,$Y_j\cap X_i=\varnothing$,规则的可信度,$\mu(X_i,Y_j)=|Y_j\cap X_i|/|X_i|$,$0<\mu(X_i,Y_j)\leqslant 1$。当系统中有一个 $0<\mu(X_j,Y_j)<1$ 时,$r_{ij}$是不确定的,所有试验数据是不相容系统。否则所有数据为相容系统。

### 3.4.2 膨胀土分类规则的提取

1. 膨胀土分类规则相容性分析

文献[58]的试验资料和胀缩等级指标标准值是一个经典的算例。其被"条例"、灰色类聚、模糊方法、神经网络方法等多种方法进行过胀缩等级的判定,因此,本文也引用它来提取膨胀土胀缩等价的评判规则。数据如表3-3所示,表中"*"个数相同的为不相容数据[128]。

粗糙集理论应用于膨胀土分类试验规则挖掘的一个不足之处是它对噪声反应十分敏感。例如按试验指标等价类 $des(X_i)$ 有两个分类 $des(Y_j)$（$j=1,2$），则规则的可信度为0.5。假设决策规则 $des(X_i)\rightarrow des(Y_1)$ 包含有99个试样，而 $des(X_i)\rightarrow des(Y_2)$ 只有一个试样，尽管这两类规则的可信度均为0.5，但从统计的角度来看，规则 $des(X_i)\rightarrow des(Y_2)$ 中的那个"与众不同"的试样很可能是个特例，或许是由操作不当引起的，按上述理论计算的话，规则 $des(X_i)\rightarrow des(Y_1)$ 不能被归入下近似集中，从而失去形成确定规则的机会。

为此，我们应该将包含试样数小的规则去掉，减少噪声参数对规则提取的影响。在膨胀土试验中，可能由于一些人为的误差，使试验结果出现偏差，那么这些规则应该被去掉。设 $W\subseteq U$，对于分类 $U/a$，定义 $W$ 的下近似为 $W^{(U/a)^-}=\cup_{V\in U/a,V\subseteq W}V$，也用 $S_a(W)$ 来表示。子集 $S_a(W)$ 称为 $W$ 关于属性 $a$ 的支持子集，$spt_a(W)=|S_a(W)|/|U|$ 称为 $W$ 关于属性 $a$ 的支持度。

2. 不相容系统规则的贝叶斯提取

对于不相容系统的规则提取，常用的办法有将不相容的规则删除，只计算相容的规则。显然，这样做会使原始数据和要提取的评判规则失真，使规则提取丧失意义。还有的算法是计算每一个规则的可信度和支持度，设定两个阈值[129]。当这个规则的可信度和支持度均大于其对应的阈值时，规则成立。这对可信度大而支持度小或者可信度小而支持度大的规则而言，有意义规则的丧失是不可避免的。因此这种双阈值的规则提取也是不合适的。

采用贝叶斯[130、131]方法计算条件概率可以解决这个问题。贝叶斯方法是概率论中的一种计算方法。把膨胀土分类规则的不确定性（可信度）看作系统本身具有的先验概率，获得每一条规则的确定性即可信度为 $P(N_j)$，共有 $n$ 种。这种验前概率分布充分地表达了膨胀土分类系统本身固有的信息。把支持度看作膨胀土试验过程中样本反映的可信度 $P(N_j)$ 下的后验概率 $P(Z|N_j)$，$j=1,2,\cdots,n$。应用贝叶斯公式和全概率公式[132]，得出规则 $r_{ij}$ 在可信度为 $N_j$，支持度为 $Z_j$ 的情况下的条件概率 $P(N_j|Z_j)$，如式(3-5)。

$$P(N_j\mid Z_j)=\frac{P(Z_j\mid N_j)\cdot P(N_j)}{\sum_{j=1}^{n}P(Z_j\mid N_j)\cdot P(N_j)} \tag{3-5}$$

式(3-5)中，$j=1,2,\cdots n$。设定某一阈值，大于这一阈值的规则将会被提取。这既考虑了膨胀土分类决策表的信息，又考虑了试验过程中样本反映的实际情况。并且由于提取规则的阈值在整个系统中是同一的数值，使得膨胀土分类规则的提取更加公平，其实际意义和试验价值十分明显。

### 3.4.3 不相容规则提取的计算

1. 算法

膨胀土分类规则提取的算法步骤为：①数据准备。如上所述，粗糙集只能处理离散的数据，对于连续的数据需要离散化，离散过程见 3.2.3 所述。②数据约简。膨胀土的试验指标体系很庞杂。许多反映土壤膨胀性的指标可能互相关联，经过数据离散化之后，在同一条规则里许多信息可能是一致的，因此，这些不必要的属性应该被约简，这样更有利于规则的提取。对于一个系统可能存在多个约简的情况，应以能反映膨胀土的本质、指标的测定简单便捷和指标数据可靠、重现性好为原则对几个约简进行选择。③计算约简后膨胀土每一条规则的可信度和支持度。计算时应计算每一条规则的每一个属性及其与其他属性组合的可信度与支持度。④用贝叶斯方法计算上述属性组合的条件概率。设定阈值进行规则提取。⑤逻辑合取与析取计算。被提取的规则还比较凌乱，有些规则互相包含。为此，必须要通过逻辑合取与析取计算提炼规则。

2. 实例计算

以表 3-3 所示不相容系统的膨胀土分类评判为例进行规则提取。经计算，该表中数据已经不能被约简，因此可以直接进行规则提取。对于每一条规则有四个属性，考虑其属性的组合有 $C_4^1 + C_4^2 + C_4^3 + C_4^4 = 15$ 个。限于篇幅，本文仅列出规则 1 的条件概率计算分析过程。如表 3-4 所示。

**膨胀土分类规则提取计算** 表 3-4

| 序号 | 规则 | 条件属性等价类 | 与决策规则等价类 | 可信度 | 支持度 | 条件概率 | 备注 |
|---|---|---|---|---|---|---|---|
| 1 | $F_s$ | {1,8,9,10,11} | $\cap D=\{1,10\}$ | 0.4 | 0.2 | 0.053 | |
| 2 | $P_P$ | {1,3,4,5,8} | $\cap D=\{1,3,4\}$ | 0.6 | 0.3 | 0.120 | * |
| 3 | $e_{P50}$ | {1,3,8,12} | $\cap D=\{1,3,12\}$ | 0.75 | 0.3 | 0.150 | * |
| 4 | $e_{Ps}$ | {1,3,8} | $\cap D=\{1,3\}$ | 0.67 | 0.2 | 0.089 | |
| 5 | $F_sP_P$ | {1,8} | $\cap D=\{1\}$ | 0.5 | 0.1 | 0.033 | |
| 6 | $F_se_{P50}$ | {1,8} | $\cap D=\{1\}$ | 0.5 | 0.1 | 0.033 | |
| 7 | $F_se_{Ps}$ | {1,8} | $\cap D=\{1\}$ | 0.5 | 0.1 | 0.033 | |
| 8 | $P_Pe_{P50}$ | {1,3,8} | $\cap D=\{1,3\}$ | 0.67 | 0.2 | 0.089 | |
| 9 | $P_Pe_{Ps}$ | {1,3,8} | $\cap D=\{1,3\}$ | 0.67 | 0.2 | 0.089 | |
| 10 | $e_{P50}e_{Ps}$ | {1,3,8} | $\cap D=\{1,3\}$ | 0.67 | 0.2 | 0.089 | |
| 11 | $F_sP_Pe_{P50}$ | {1,8} | $\cap D=\{1\}$ | 0.5 | 0.1 | 0.033 | |
| 12 | $F_sP_Pe_{Ps}$ | {1,8} | $\cap D=\{1\}$ | 0.5 | 0.1 | 0.033 | |
| 13 | $F_se_{P50}e_{Ps}$ | {1,8} | $\cap D=\{1\}$ | 0.5 | 0.1 | 0.033 | |
| 14 | $P_Pe_{P50}e_{Ps}$ | {1,3,8} | $\cap D=\{1,3\}$ | 0.67 | 0.2 | 0.089 | |
| 15 | $F_sP_Pe_{P50}e_{Ps}$ | {1,8} | $\cap D=\{1\}$ | 0.5 | 0.1 | 0.033 | |

表3-4中第一条规则的条件属性等价类为，$des(F_s)=\{1,8,9,10,11\}$，$des(P_P)=\{1,3,4,5,8\}$，$des(e_{P50})=\{1,3,8,12\}$，$des(e_{ps})=\{1,3,8\}$。决策属性的等价类 $des(D)=\{1,2,3,4,10,12\}$。经计算，满足条件概率大于0.1的规则被提取，即 $P_P \rightarrow D$ 和 $e_{P50} \rightarrow D$。该规则的意义为膨胀力大于45kPa、小于85kPa时，或者50kPa压力下的膨胀率大于0.2小于0.7时，可以推出膨胀土胀缩等级为中等，该规则与实际情况相吻合。该规则最后同表3-4中其他11条规则计算完后一起通过逻辑合取和析取，最终形成膨胀土胀缩等级的评判规则。

### 3.4.4　不相容规则提取的应用

1. 膨胀土分类试验工作中大量存在的不相容信息对膨胀土分类规则的提取带来困难。针对传统膨胀土分类的方法处理不相容信息引起的知识失真等不足，提出了用贝叶斯理论和基于粗糙集的不相容系统决策挖掘相结合来提取膨胀土分类规则。

2. 用膨胀土分类决策系统的可信度为先验概率，膨胀土试验数据的支持度为后验概率，计算膨胀土分类规则的条件概率，提取条件概率大于某一阈值的规则。最后通过逻辑合取与析取归并膨胀土分类规则，避免了对可信度和支持度设定双阈值带来的规则损失，解决了可信度和支持度相矛盾时的规则丢失。

3. 实例计算和应用分析表明，用贝叶斯理论和基于粗糙集的不相容系统决策挖掘相结合的方法不仅完善了基于粗糙集的不相容系统的数据挖掘，而且为膨胀土分类规则的提取提供了一种有效可行的算法。

4. 基于粗糙集理论不相容系统的膨胀土分类规则计算量较大，但本文提到的规则提取计算思路清晰，过程明确，对每一条规则的条件属性提取计算都是便利的，在计算过程中不需要人为的干涉和判断，易于编制计算机程序。因此，基于粗糙集理论不相容系统的膨胀土分类规则提取容易实现，具有明显的实际工程意义。

## 3.5　不完备信息情况下膨胀土分类规则的提取

### 3.5.1　不完备信息及其常规算法

不完备信息系统[133]广泛地存在于日常实际数据中，如带有缺失值的数据库、集成的数据仓库等。实际上，膨胀土分类试验汇总表就是一个含有缺省数据和不精确数据的决策表，因此也是一个不完备的信息系统。膨胀土分类试验汇总表($DT$)是一个不完备信息系统，$DT=(U,AT\cup\{d\})$，其中：$U$ 是试验样本的非空有限集合；$AT$ 是试验指标的非空有限集合；$d(d\notin AT$ 且 $*\notin V_d)$ 称为膨胀土等级判断属性，$AT$ 中的元素称为条件属性。对于 $a\in AT$ 有 $a:U\rightarrow V_a$，其中 $V_a$ 称为 $a$ 的值域。每个试验指标 $A\subseteq$

$AT$ 决定了一个不可区分的关系 $ind(A)$：$ind(A) = \{(x,y) \in U \times U \mid \forall a \in A, a(x) = a(y)\}$。关系 $ind(A)(A \subseteq AT)$ 构成了 $U$ 的划分，用 $U/ind(A)$ 来表示。对于一个样本，一些试验指标数据可能是缺省的或不精确的。为了表明这种情况，通常给定一个区分值（即空值 *null value*）给这些属性。如果至少有一个试验指标 $a \in AT$ 使得 $V_a$ 含有空值，则称膨胀土分类试验汇总表（$DT$）为一个不完备信息系统，否则它是完备的，我们用 $^*$ 表示空值。

令 $A \subseteq AT$，定义相似关系如下：$SIM(A) = \{(x,y) \in U \times U \mid \forall a \in A, a(x) = a(y) \text{ or } a(x) = ^* \text{ or } a(y) = ^*\}$。定义函数：$\partial_A : U \to P(V_d)$，$A \subseteq AT$ 为 $\partial_A(x) = \{i \mid i = d(y), y \in S_A(x)\}$，称 $\partial_A$ 为 $DT$ 中的广义决策函数，其中 $P(V_d)$ 表示 $V_d$ 的幂集。任何决策表可以看作为如下形式的（广义）决策规则集：$\wedge(c,v) \to \vee(d,w)$，其中 $c \in AT, v \in V_c, w \in V_d$。$\wedge(c,v)$ 称为规则的条件部分，$\vee(d,w)$ 称为规则的决策部分。令 $X$ 是具有性质 $\wedge(c,v)(c \in AT, v \in V_c)$ 的对象集，$Y$ 是具有性质 $\vee(d,w)(w \in V_d)$ 的对象集。在 $DT$ 中，决策规则 $\wedge(c,v) \to \vee(d,w)$ 为真当且仅当 $\overline{C}X \subseteq Y$，其中 $C$ 是出现在规则的条件部分的所有属性构成的集合。在 $DT$ 中，决策规则 $r$：$\wedge(c,v) \to \vee(d,w)(c \in AT, v \in V_c, w \in V_d)$ 是最优的当且仅当该规则为真，且出现在 $r$ 中的合取与析取的真子集构成的任何规则均为假。

不完备信息系统的通常处理方法是采用某种手段使信息系统完备化。常见的数据完备化的方法[134]有：(1)删除法。忽略或删除具有不完备性的元组，显然当信息系统中不完备信息的对象数量远远小于完备信息数据时，可以采用这种方法，当信息数据有限、不完备信息对象数量较多时，不能采用这种方法。(2)补偿法。对于不完备信息系统的补齐途径一般有三种补偿方式：将不完备（例如空缺）作为一种特殊的属性值处理；使用属性的平均值或常见值填充空缺值；空缺的属性值由该属性在其决策相同的实例中所有取值来分别填充空缺值，直到获得满意的结果为止。(3)根据粗糙集中不可分辨关系进行补齐。包含不完备信息的空缺属性值的对象应与信息系统的其他相似对象的属性值尽可能保持一致，空缺属性值的补齐应使完备化后的信息系统的分类规则产生更多的支持度，使规则应尽量集中。

### 3.5.2 膨胀土分类系统完备性分析

文献[57]的试验资料来自当宜公路膨胀土土性指标实测值，其胀缩等级标准值分别用模糊数学法和规范分类。本文引用该文献中模糊数学法和规范分类一致的样本进行膨胀土分类规则提取，对于缺少自由膨胀率无法用规范分类的数据也选用一组，其分类以该文献提出的模糊数学判别值为准。粗糙集只能对离散数据进行处理，如果当输出数据是连续数据时，在应用粗集时必须对数据进行离散化处理。离散化本质上可归结为利用选取的断点来对条件属性构成的空间进行划分的问题。把条件属性划分成有限个区域，使得每个区域中的对象的决策值相同。

本文数据离散化预处理按文献的指标胀缩等级进行处理，自由膨胀率、<0.002mm 胶粒含量、塑性指数、液限、比表面积、阳离子交换量、蒙脱石含量、残余内摩角以及分类的评判都以文献中膨胀土胀缩等级指标的标准值进行评判。膨胀土胀缩等级分 0、1、2、3 四类，其中“0”表示无胀缩，“1”表示弱胀缩，“2”表示中胀缩，“3”表示强胀缩。剔除离散化以后相同的数据行或数据列，进行规则约简和属性约简。得到如表 3-5 所示决策表，表中“ * ”为该数据缺损。

**试验指标及评判结果离散化数值**　　表 3-5

| 序号 | 自由膨胀率 | <0.002mm 胶粒含量 | 塑性指数 | 液限 | 比表面积 | 阳离子交换量 | 蒙脱石含量 | 残余内摩角 | 分类 |
|---|---|---|---|---|---|---|---|---|---|
| 1 | 2 | 1 | 2 | 3 | 1 | 1 | 1 | 1 | 1 |
| 2 | 2 | 1 | 1 | 2 | 1 | 1 | 0 | 1 | 1 |
| 3 | 2 | 1 | 2 | 2 | 1 | 1 | 1 | 1 | 2 |
| 4 | 3 | 1 | 2 | 3 | * | * | * | 3 | 3 |
| 5 | 3 | 1 | 2 | 2 | 3 | 3 | 3 | 3 | 3 |
| 6 | 2 | 1 | 2 | 2 | * | * | * | 2 | 2 |
| 7 | * | * | 2 | 3 | 2 | 2 | 3 | 2 | 3 |

### 3.5.3　信息不完备膨胀土规则的提取

1. 算法

对于表 3-5 中的数据，不完备信息系统现有的规则提取方法都不同程度地存在主观性，它既没有从具体的膨胀土试验反映的实际情况去考虑问题，也没有考虑在试验中存在的一些偶然误差和突发事件。使获得的知识存在不同程度的失真，甚至使得原有数据系统的规则无法正确提取。

同解决信息不相容的方法一样，采用贝叶斯方法计算条件概率可以解决这个问题。不完备膨胀土分类规则提取的算法步骤同信息不相容差不多，也为：①数据准备。如上所述，粗糙集只能处理离散的数据，对于连续的数据需要离散化，离散过程和前述也是一样的。②数据约简。膨胀土的试验指标体系很庞杂。许多反映土壤膨胀性的指标可能互相关联，经过数据离散化之后，在同一条规则里许多信息可能是一致的，因此，这些不必要的属性会被约简。这样更有利于规则的提取。对于一个系统可能存在多个约简的情况，应以能反映膨胀土的本质、指标的测定简单便捷和指标数据可靠、重现性好为原则对几个约简进行选择。③计算约简后膨胀土每一条规则的可信度和支持度。计算时应计算每一条规则的每一个属性及其与其他属性组合的可信度与支持度。④用贝叶斯方法计算上述属性组合的条件概率。设定阈值进行规则提取。⑤逻辑合取与析取计算。被提取的规则还比较凌乱,有些规则互相包含。为此,必须要通过逻辑合取与析取计算提炼规则。

2. 实例计算

以表 3-5 所示不相容系统的膨胀土分类评判为例进行规则提取,每一组试验为一个样本。经计算,该表中数据 <0. 002mm 胶粒含量这个试验指标可以被约简,可以进行规则提取。但是由于对于每一条规则有七个属性,考虑其属性的组合以及对不完备数据采用数据补齐法,计算量很大。限于篇幅,本文仅列出规则 7 以及自由膨胀率和比表面积两个试验指标的条件概率计算分析过程。表 3-5 中规则 7 的自由膨胀率为空值。因此自由膨胀率分类的取值可以为 0、1、2、3, $des$(自由膨胀率) = {{7},{7},{1,2,3,6,7},{4,5,7}}:$des$(比表面积) = {{1,2,3,4,6},{4,6,7},{4,5,6}}:$des$(分类) = {{1,2},{3,6},{4,5,7}}:自由膨胀率胀缩等级为 0 的可信度 $\mu = |Y_j \cap X_i| / |X_i| = 1/1 = 1$,支持度 $spt_a(W) = |S_a(W)| / |U| = 1/9 = 0.111$。计算所有可能的规则并计算其条件概率,如表 3-6 所示。

**膨胀土分类规则提取计算** 表 3-6

| 序号 | 规则 7→分类[3] | 条件属性等价类 | 决策规则等价类 | 可信度 | 支持度 | 条件概率 | 备注 |
|---|---|---|---|---|---|---|---|
| 1 | 自[0] | {7} | {7} | 1 | 0. 111 | 0. 091 | |
| 2 | 自[1] | {7} | {7} | 1 | 0. 111 | 0. 091 | |
| 3 | 自[2] | {1,2,3,6,7} | {7} | 0. 2 | 0. 111 | 0. 091 | |
| 4 | 自[3] | {4,5,7} | {4,5,7} | 1 | 0. 333 | 0. 272 | * |
| 5 | 比[2] | {4,6,7} | {4,7} | 0. 67 | 0. 222 | 0. 121 | |
| 6 | 自[0]比[2] | {7} | {7} | 1 | 0. 111 | 0. 091 | |
| 7 | 自[1]比[2] | {7} | {7} | 1 | 0. 111 | 0. 091 | |
| 8 | 自[2]比[2] | {6,7} | {7} | 0. 5 | 0. 111 | 0. 091 | |
| 9 | 自[3]比[2] | {4,7} | {4,7} | 1 | 0. 222 | 0. 181 | * |

经计算,满足条件概率最大的数为 0. 272,远高于其他条件概率。自[3]→分类[3]将被提取,其包含的意义为“规则:土样自由膨胀率 >70 即可判别为强膨胀土”。尽管在实际操作中有许多其他评判膨胀土胀缩等级的指标,但是根据常识,我们知道土样自由膨胀率 >70 即可判别为强膨胀土是正确的,这也证明了应用粗糙集提取膨胀土分类规则是切实可行的。当然,膨胀土分类规则的提取应该最后同表 3-6 中其他所有规则一起计算,最终形成膨胀土胀缩等级的评判规则。

### 3.5.4 不相容规则提取的应用

1. 本文提出了基于粗糙集分类的方法处理现有不完备膨胀土试验数据的方法,即引入贝叶斯方法计算可信度和支持度的条件概率,提取条件概率大于某一阈值的规则。最后通过逻辑合取与析取归并膨胀土分类规则。

2. 算法和实例表明,该算法概念明确,最大限度避免了规则提取中的知识失真和规则丢失,完善了基于粗糙集的不完备信息系统的数据挖掘方法;计算过程简单,便于编制计算机程序,具有明显的理论意义和使用价值。

3. 基于粗糙集理论不相容系统的膨胀土分类规则计算量较大,但本文提到的规则提取计算思路清晰,过程明确,对每一条规则的条件属性提取计算都是便利的,在计算过程中不需要人为的干涉和判断,易于编制计算机程序。因此,基于粗糙集理论不相容系统的膨胀土分类规则提取容易实现,具有明显的实际工程意义。

## 3.6 计算机程序设计

### 3.6.1 计算机程序设计的必要性

1. 添加新数据对结论的影响

基于粗糙集理论的膨胀土胀缩指标重要性的计算要求选取的数据样本具有一定的普立性和代表性[135]。如果所选取的原始样本数据非常少,且不具有代表性,则会出现随着计算样本的增加,新添加的数据会对计算结果产生影响[136]。这与其说是不足,不如说是粗糙集的优越之处,它能够随着数据的增加而增加判据,具有学习、修正、更新分类规则的功能,使判别系统逐步完善。由于试验目的各不相同,关于膨胀土的全面试验指标资料有限,因此可以预见,在添加一些新的试验数据后,各试验指标对膨胀土胀缩等级评判重要性肯定会有一些变化,但这种变化只会更加接近实际。

2. 数据离散化的处理

粗糙集适合离散数据的处理,处理连续数据需要恰当的离散化算法。由于对于原始数据的离散化方法的不同会影响计算结果,尤其在膨胀土试验指标评价存在争议的情况下,应该同时选取不同的评判体系离散试验数据,对计算结果进行对比研究,最后确定合理的数据离散化方法和原始样本集。

粗糙集只适合离散数据的处理,因此,基于粗糙集理论的膨胀土分类应同时选取不同的评判标准离散试验数据,对计算结果进行对比研究,最后确定合理的数据离散化方法和原始样本集。粗糙集能够随着数据的增加而更加准确地提取膨胀土分类规则,对于大量的现有膨胀土试验数据,基于粗糙集理论的规则提取是非常适合的。

### 3.6.2 算法流程图

由于基于粗糙集的膨胀土规则提取计算量大,特别是其计算量具有随属性个数的增加而呈指数增长的性质,所以,用人工手算并不现实,而且,在计算过程中也可以发现,膨胀土胀缩规则的提取算法简单,易于应用计算机程序实现。因此,本研究开发了基于粗糙集的膨胀土规则提取计算程序。其流程图如图 3-2 所示。

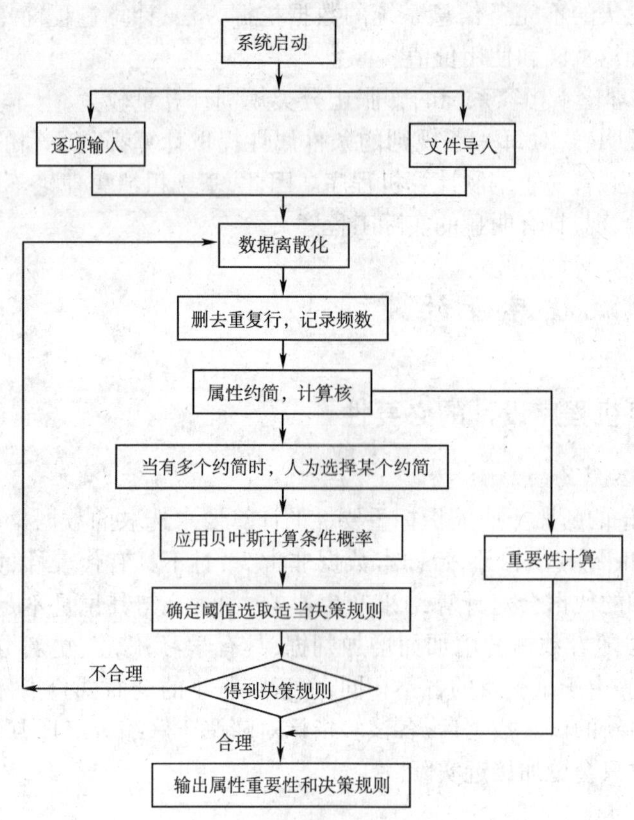


图 3-2 基于粗糙集的膨胀土规则提取流程图

# 第四章　气候对膨胀土路基影响的试验研究

在气候因素中，降雨和干旱是对膨胀土路基影响最大的两个因素，直接控制着路基失稳的发生时间。为此，研究不同气候条件下膨胀土路基中含水率、土压力、温度、胀缩变形的变化规律，研究膨胀土路基受气候影响的深度，含水率、土压力、温度、胀缩变形随深度变化的规律，膨胀土路基的水毁机理[137]以及干湿循环对路基的损毁，进而提出避免水损害路基的有效防治措施等，对公路、铁道、房建等结构物的安全和稳定具有重要而深远的意义。

## 4.1　模型试验情况及气候模拟

### 4.1.1　试验模型箱设计及仪器埋设

相似模型的原理和方法是由著名学者江守一郎[138]在20世纪70年代进行归纳整理的，国内岩土工程界也根据相似模型的原理，建立了相似法则，并进行了系列相似模型实验研究[139、140、141]。相似理论基础结构模型试验中主要研究原型与模型在相对应的各点及在时间上对应的各瞬间的一切物理量成比例，即几何相似、相应物理量成比例，各相似常数之间满足一定的组合关系。

在模型试验中，要鉴别模型与原型是否相似，除几何相似外，还应使参与物理现象中的所有物理量都相似，但即使是在几何相似的模型系统里，还经常遇到很难满足相似律对其他物理量的要求条件[142]。事实表明，由某种具体材料和按规定的几何比例制成的给定系统，其体积或大小必然占据一定的空间，由此表现出的“尺寸效应”使按相似比例缩小后的失真性更为明显[143]。所以，在选择各物理量的相似常数时，要考虑模型材料、加工工艺、试验方法及仪器设备等因素，在不能对各个因素全面照顾时，优先满足最主要的因素[144]。

根据西部交通建设科技项目合作协议书，中南大学进行的膨胀土路基水毁室内模型试验[145]就是依据相似模型的原理，分别用南友路宁明段“中膨胀土”、常张路慈利段“弱膨胀土”作为模型试验用的填料。模拟膨胀土路基压实度在90%时，路堤边坡坡度分别为1:0.5、1:0.75、1:1、1:1.5、1:2.0五种不同坡度情形下，分别模拟坡顶积水、阴天（即不降雨、也无日照）、日照（用强光照射模拟）、降雨（用淋喷头洒水）四种不同气候条件下，主要研究路基在干湿循环作用下水的入渗、蒸发时,土中含水率、温度、胀缩变形、土压力沿不同深度的变化规律等[146]。

试验模型箱尺寸为3m(长)×3m(高)×1m(宽),如图4-1所示。模型箱三面为混凝土,还有一个3m(长)×3m(高)的有机玻璃观测面,另有两个临空面:一个顶面和一个3m(高)×1m(宽)的路堤边坡临空面。观测面下部0.6m(高)×3m(宽)采用1cm厚竹胶板,上部为2.4m(高)×3m(宽)1cm厚有机玻璃,竖向每隔30cm用钢管作为横向支挡,以保证有机玻璃不会发生侧向变形。

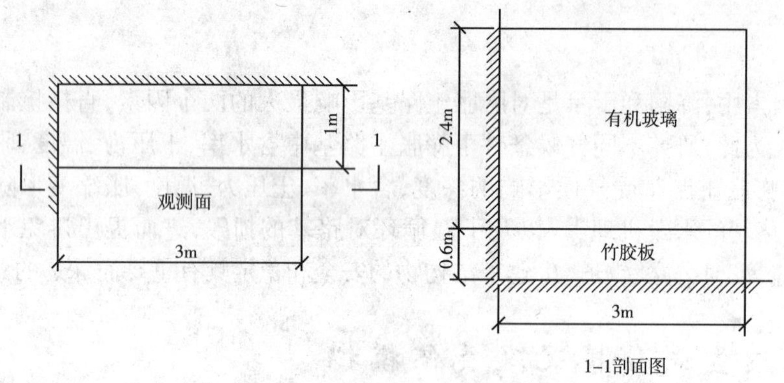


图4-1　模型箱示意图

为了能随时测量模型试验中路基土体的含水率,采用一套MG-2型高精度测墒仪和埋设于土体中的三只MS-2型FDR土壤水分探测器来测量模型箱内土在任意时刻的含水率,并用JMZX-300监测仪对预埋在模型箱中的七只ZX-506带记忆温度型土压力盒进行监测,随时记录土压力和温度。测墒仪和监测仪见图4-2和图4-3。

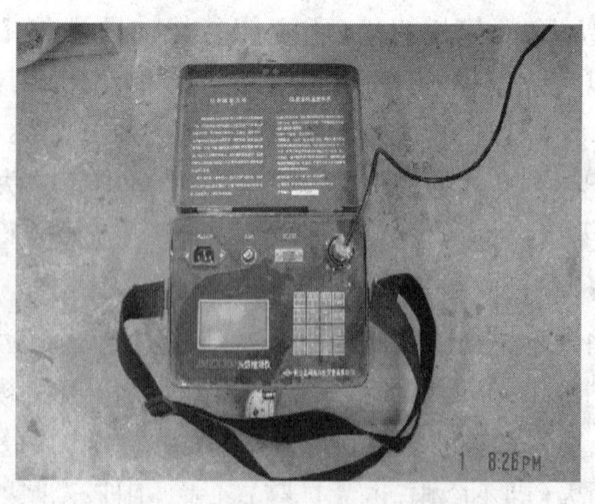


图4-2　测试土压力及温度的仪器

图4-3　土壤水分测试仪

第一组试验到第五组试验，在模型箱底部铺了一层沙，属于模拟透水边界条件，第六组到第九组试验在模型箱底部都铺了一层土工布，属于模拟不透水边界条件。在第一组试验中，含水率探头和土压力盒的埋设位置如图 4-4 所示。

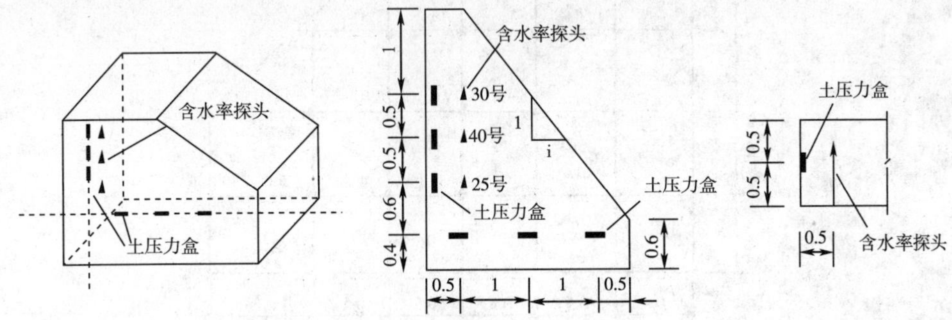


图 4-4　第一组模型试验元器件布置(尺寸单位:m)

在第二组试验至第九组试验中，含水率探头和土压力盒的埋设位置如图 4-5 所示。膨胀土湿水后膨胀力非常大，为了保证试验顺利进行和与以后的试验相比照，在每一个可观测的横竖支撑之间设置了一个测点，测点位置的具体尺寸如图 4-6 所示。在每个测点附近靠近观测面处设置有窄长彩条纸和钢钉来标示土体膨胀变形的大小。为了便于观测，在每列测点设置有钢卷尺。

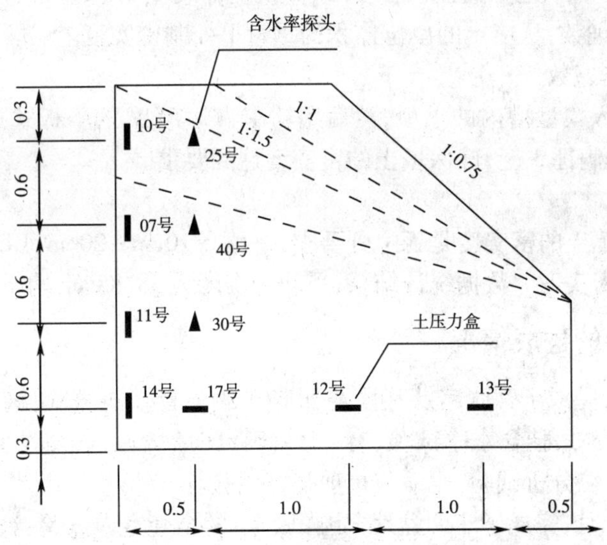


图 4-5　第二组～第九组模型试验元器件的布置(尺寸单位:m)

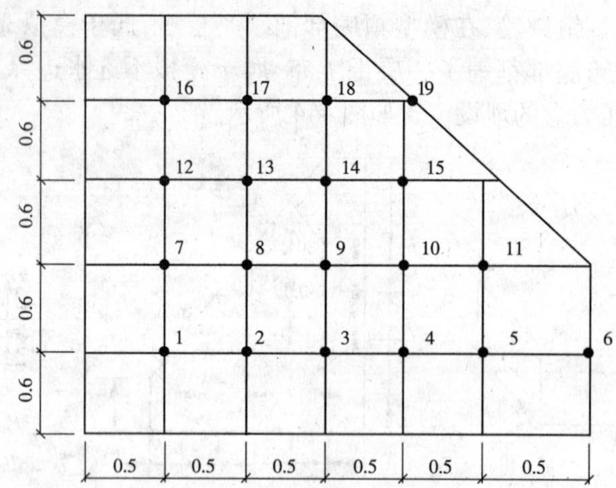


图 4-6 第二组～第九组模型试验测点布置图(尺寸单位:m)

为了保证填土路基的密实度,具体从以下几点来控制:

(1)控制膨胀土填料的单位体积质量

根据击实试验确定的最大干密度,以常张路弱膨胀土为例,其最大干密度为 1.56g/cm$^3$,最优含水量为 26.0%,模拟压实度为 90% 的路堤。在 3m(长)×3m(高)×1m(宽)的模型槽内每 10cm 厚填土 420kg 重。风干、碾碎,过 5mm 筛的土样,按重量比掺入最佳含水量的水后,拌和并闷料 1～2 天,使其含水量均匀,称量胶皮桶装土 15kg。因此,每次填土是采用打"正"字标记装土的桶数,从填土的单位体积的重量上控制密实度。

(2)振动及锤击遍数

用土耙找平倒入模型槽内的填料,然后用功率为 1.5kW 的平板式振动器振动压实第一遍,再用 4 磅的铁锤满锤 3 遍,确保填土的密实度达到要求。

(3)环刀取土

为了跟踪检测填土的密实度是否达到要求,每填高 10cm～20cm,用环刀取土的方法取五个试样测量填土的密实度。数据统计结果,平均密实度为 88.88%,均方差为 3.55。

### 4.1.2 试验的进展情况

2003 年 9 月前,完成了常张路慈利段弱膨胀土的全套室内试验:液塑限试验、自由膨胀率试验、最大干密度与最佳含水率试验、有(无)荷膨胀量试验、收缩试验、膨胀总率试验、承载比(CBR)试验、颗粒分析试验、压缩与抗剪强度试验。

2003 年 10～11 月,完成了宁明盆地"中膨胀土"的全套室内试验:液塑限试验、自由膨胀率试验、最大干密度与最佳含水率试验、有(无)荷膨胀量试验、收缩试验、膨胀总率试验、承载比(CBR)试验、颗粒分析试验、压缩与抗剪强度试验。

2003 年 9 月 13 日～11 月 1 日,完成了第一组模型试验。该组试验用南友路宁明地段

“中膨胀土”作为试验填料,路堤边坡坡度为1:0.5,土样含水率为5% ~7%,密实度仅为60% ~70%,带有摸索经验和验证模型箱强度的作用,同时测试地表水在土中的入渗速度及浸润线的变化规律。

2003年11月1日~12月7日,完成第一组模型试验的卸料、模型箱的调整与加固工作,并对第二组模型试验进行装料,第二组试验用料为常张路慈利东互通的弱膨胀土。各组试验的时间及试验内容如表4-1所示。

**模型试验时间安排及试验内容** 表4-1

| 组别 | 填料及边界条件 | 起始时间 | 模拟入渗坡面积水 | 模拟天气 | | |
|---|---|---|---|---|---|---|
| | | | | 模拟阴天 | 模拟晴天 | 模拟降雨 |
| 第一组 | 中膨胀土、透水边界 | 03.10.6 ~03.11.1 | 03.10.6 ~03.10.17 | 03.10.31 ~03.11.1 | 03.10.18 ~03.10.24 | 03.10.25 ~03.10.30 |
| 第二组 | 弱膨胀土、透水边界 | 03.12.8 ~04.1.6 | 03.12.8 ~03.12.16 | 03.12.17 ~03.12.23 | 03.12.24 ~03.12.30 | 03.12.31 ~04.1.6 |
| 第三组 | 弱膨胀土、透水边界 | 04.1.30 ~04.2.27 | 04.1.30 ~04.2.5 | 04.2.6 ~04.2.12 | 04.2.13 ~04.2.19 | 04.2.20 ~04.207 |
| 第四组 | 弱膨胀土、透水边界 | 04.2.29 ~04.3.7 | | | | 04.2.29 ~04.3.7 |
| 第五组 | 弱膨胀土、透水边界 | 04.3.8 ~04.3.15 | | | | 04.3.8 ~04.3.15 |
| 第六组 | 中膨胀土、不透水边界 | 04.4.5 ~04.4.27 | 04.4.5 ~04.4.22 | 04.4.22 ~04.4.27 | | |
| 第七组 | 中膨胀土、不透水边界 | 04.4.28 ~04.5.30 | 04.4.28 ~04.5.26 | 04.5.27 ~04.5.30 | | |
| 第八组 | 中膨胀土、不透水边界 | 04.5.31 ~04.6.21 | | 04.5.31 ~04.6.6 | 04.6.7 ~04.6.16 | 04.6.17 ~04.6.26 |
| 第九组 | 中膨胀土、不透水边界 | 04.6.24 ~04.7.8 | | 04.6.24 ~04.6.30 | | 04.7.1 ~04.7.8 |

2003年12月8日~2004年1月8日,进行了第二组模型试验。第二组试验采用常张路慈利东互通弱膨胀土作为模拟路堤的填料,按最佳含水率进行配比、闷料,路堤填筑时严格按90%的密实度进行夯实,路堤边坡坡度为1:0.75。12月8日~12月16日为模拟路堤顶面积水共9天;12月17日~12月23日模拟无降雨、无日照的阴天气候条件,共7天;12月24日~12月30日为模拟路堤日照共7天,每天在坡顶用4支、坡面用6支,共10支碘钨灯,每支功率为1000W。碘钨灯能上下左右移动,保证照射均匀,照射的高度以保持土表面温度40℃为准;12月30日~2004年1月7日,模拟降雨共8天,用6个淋喷头在路堤顶面、坡面降雨,每日降雨量约为0.5m$^3$,历时1个小时左右。安装淋喷头的架子可沿X、Y方向移动,淋喷头本身可作360°旋转,以保证洒水均匀。研究路基在干湿循环作用下水的入渗、蒸发,以及土中含水率、温度、胀缩变形、土压力沿不同深度的变化规律等,并了解膨胀土路堤的破坏类型及破坏过程。

2004 年 1 月 30 日 ~2004 年 2 月 27 日,进行了第三组模型试验。第三组试验是在第二组试验完成后,将路堤边坡削成坡度为 1∶1 而成。2004 年 1 月 30 日 ~2 月 5 日为模拟路堤顶面积水共 7 天;2 月 6 日 ~2 月 12 模拟无降雨无日照的阴天气候条件共 7 天;2 月 13 日 ~12 月 19 日为模拟路堤日照共 7 天,每天在坡顶用 4 支、坡面用 6 支,共 10 支碘钨灯,每支功率为 1000W。碘钨灯上下左右移动,保证照射均匀,照射的高度保持土表面温度为 40℃;2004 年 2 月 20 日 ~2 月 26 日,模拟降雨共 7 天,按同样的方法保证洒水均匀。研究路基在干湿循环作用下水的入渗、蒸发,以及土中含水率、温度、胀缩变形、土压力沿不同深度变化规律等,并了解膨胀土路堤的破坏类型及破坏过程。

2004 年 2 月 29 日 ~3 月 7 日,第四组模型试验。第四组试验是在第三组模型试验完成后,将路堤边坡削坡成坡度为 1∶1.5 而成,本组试验主要了解水对膨胀土路堤边坡的冲刷破坏情况。

2004 年 3 月 8 日 ~3 月 15 日,第五组模型试验。第五组试验是在第四组模型试验完成后,将路堤边坡削坡成坡度为 1∶2.0,本组试验主要解决模拟降雨情况下,水对膨胀土路堤边坡的冲刷破坏情况。

2004 年 3 月 19 日 ~4 月 27 日,第六组模型试验。第六组试验从 3 月 19 日开始填筑路堤到 4 月 3 日路堤填筑完毕。将路堤填筑成边坡坡度为 1∶0.75。从 4 月 5 日到 4 月 22 日为坡顶积水阶段,为期 18 天。每一天在坡顶面注水,保持坡顶面有积水。从 4 月 23 日到 4 月 27 日为模拟无降雨、无日照的阴天气候条件阶段。在这两个不同的阶段,测试不同位置点的含水率、土压力、温度,以及不同测点的竖向变形、侧向变形情况。

2004 年 4 月 28 日 ~5 月 30 日,第七组模型试验。第七组试验是在第六组模型试验完成后,将路堤边坡削坡成坡度为 1∶1。第七组试验第Ⅰ阶段从 4 月 28 日开始到 5 月 25 日为模拟路堤堤顶积水阶段,每一天在坡顶面注水,保持坡顶面有积水,为期 28 天。第Ⅱ阶段从 5 月 26 日到 5 月 30 日为模拟无降雨、无日照的阴天天气条件,为期 5 天。在这两个不同的阶段,测试不同位置点的含水率、土压力、温度,以及不同测点的竖向变形、侧向变形情况。

2004 年 5 月 31 日 ~6 月 23 日,第八组模型试验。第八组试验是在第七组模型试验完成后,将路堤边坡削成坡度为 1∶1.5。第八组试验第Ⅰ阶段从 5 月 31 日开始到 6 月 6 日为模拟无降雨、无日照的阴天天气条件,为期 7 天。第Ⅱ阶段从 6 月 7 日到 6 月 16 日为模拟日照阶段,为期 10 天,每天用 10 支各 1000W 的灯照射 6 小时,保持土面平均温度为 40℃。第三阶阶段从 6 月 17 日到 6 月 23 日,为期 7 天,为模拟降雨阶段。在这三个不同的阶段,测试不同位置点的含水率、土压力、温度,以及不同测点的竖向变形、侧向变形情况和雨水冲刷路堤的破坏情况。

2004 年 6 月 24 日 ~7 月 8 日,第九组模型试验。第九组试验是在第八组模型试验完成后,将路堤边坡削成坡度为 1∶2。第九组试验第Ⅰ阶段从 6 月 24 日开始到 6 月 30 日为模拟无降雨、无日照的阴天天气条件,为期 7 天。第Ⅱ阶段从 7 月 1 日到 7 月 8 日为模拟日照阶段,为期 8 天,为模拟降雨阶段。在这二个不同的阶段,测试不同位置点的含水率、土压力、温度,以及不同测点的竖向变形、侧向变形情况和雨水冲刷路堤的破坏情况。

### 4.1.3 不同气候的模拟

在试验过程中,分别模拟了在路堤坡顶面积水情况下,出现无降雨、无日照的阴天、晴天和降雨四种气候情况。现以第二组试验为例来分别说明四种气候的模拟情况。第二组试验的第Ⅰ阶段为期9天(2003年12月8日~12月16日),在控制含水率、分层填筑好模型槽内的路堤后,采用先在膨胀土路堤坡面敷设土工布,在坡顶面积水9天,使水能充分渗入到模型箱的整个膨胀土体中,观测在模拟路堤坡顶积水情况下,水在土中的渗透情况。

模拟路堤坡顶面积水9天后。12月9日17:00左右,由于支承坡面面板的钢管松动,使路堤坡面靠箱壁一侧土体崩落;12月10日,松开坡面支挡板。从有机玻璃板上可观测到:在$x=2.20$m、$y=1.65$m处出现一条长为7cm、宽为3cm的垂直裂缝,在$x=2.15$m、$y=1.75$m处出现一条长为8cm、宽为3cm的垂直裂缝。

第二组试验的第Ⅱ阶段为期7天(2003年12月17日~12月23日),模拟无降雨、无日照的阴天气候条件7天,观测膨胀土路堤中含水率、土压力、温度、胀缩变形等的变化情况。

模拟无降雨、无日照的阴天气候条件7天。12月19日,距坡边缘20cm的坡面出现一横向通长裂缝,坡顶面即出现龟裂,坡面水平向外侧膨胀2cm。

第二组试验的第Ⅲ阶段(2003年12月24日~12月30日),模拟日照7天。分别在坡顶安装4支、坡面安装6支各1000W的碘钨灯,模拟日照,坡顶、坡面的灯可以作$X$、$Y$方向的运动,保证日照均匀。调整灯的安装高度,保持土表面温度为40℃左右。

模拟日照7天,保持土表面温度为38℃~42℃。12月24日开始照射时,有大量水分蒸发,坡面、坡顶均出现了细裂缝;12月28日出现宽度为8mm的龟裂缝,坡顶裂缝为龟裂,坡面裂缝为不规则方形网裂,如图4-7。

图4-7 常张路膨胀土第二组模型试验日照后坡面的裂缝图

第二组试验的第Ⅳ阶段(2003 年 12 月 31 日 ~2004 年 1 月 6 日),模拟自然降水 7 天,用六个淋喷头喷出的水模拟降雨。安装淋喷头的架子能在 $X$、$Y$ 方向移动,淋喷头自身能作 360°的旋转,保证淋雨均匀。模拟自然降水 7 天,用六个淋喷头喷出的水模拟降雨。12 月 31 日模拟日照完毕开始加水前,从有机玻璃上可观测到裂缝深 2 ~3cm,沿坡面共有 3 条。加水后坡顶面的水沿裂缝向坡面冲刷,在雨滴溅到处,出现局部冲刷情况。坡面已开裂块体表面脱落,顶面有细小土颗粒被水冲刷带走。12 月 31 日 9:20 坡面降雨,如图 4-8 所示。

图 4-8　常张路膨胀土第二组模型坡面晴天后降雨的模拟情况

30 分钟后,坡面水流呈波浪形,水流冲刷表面颗粒土,使其沿坡面向下滚落,如图 4-9。

图 4-9　常张路膨胀土第二组模型试验降雨后坡顶的径流图

12 月 31 日 11:00 坡面出现水流沟,通过原有裂缝向下冲刷坡面,形成宽约 15cm、深约 10cm 的坡面沟槽。11:00 停止降雨,坡面原有 2 ~3cm 深的裂缝消失。坡面沟槽深处为压实时密实度较小的每一层的下部位,在坡面上出现从上到下的锯齿形沟槽。2004 年 1 月 1 日,坡顶膨胀土细颗粒被水带走,中等颗粒土被冲松散,表面径流形成弯曲路径,宽约 3 ~5cm,深约 2 ~ 3cm 的水流沿沟径流。坡面在水滴垂直落下处，局部出现崩落。1 月 2 日 8:30 ~ 9:30 降雨，坡顶边缘冲刷破坏，雨滴使模拟路堤逐渐破坏，即：将膨胀土细颗粒带走→松动→崩落→垮塌→中等颗粒被水带走→出现局部冲刷坑，如图 4-10 所示。

图 4-10　常张路膨胀土第二组模型试验降雨后坡面的冲蚀图

## 4.2　不同气候下膨胀土路基含水率变化规律

路基土体中含水率的变化常会引发各种工程问题，而膨胀土对含水率的变化尤其敏感。土体中含水率的变化是膨胀土产生膨胀与收缩、土中吸力及强度变化等重要特性的基础，是影响边坡稳定的重要因素，所以，对于膨胀土路基，水毁试验中含水率的量测是最重要的。图 4-11、图 4-12 和图 4-13 中曲线就是模型试验中气候引起膨胀土路基含水率发生变化的曲线。

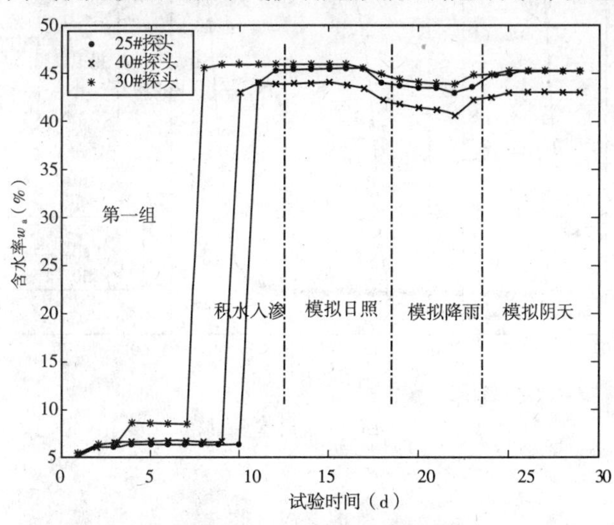


图 4-11　南友路第一组模型试验

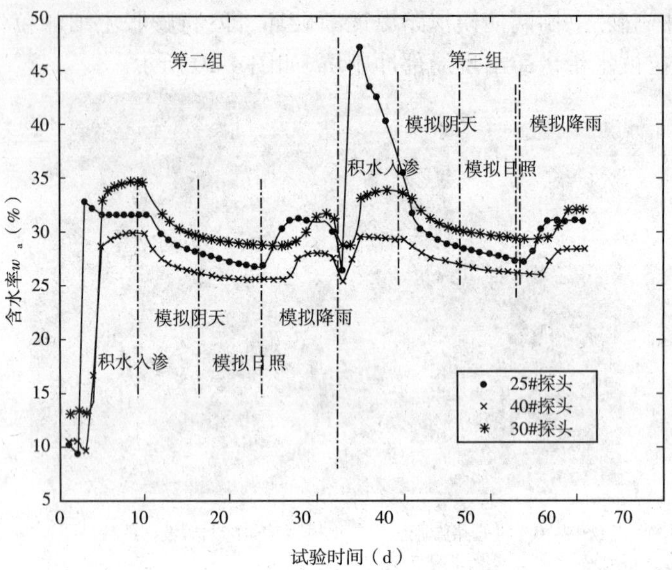


图 4-12　常张路模型试验

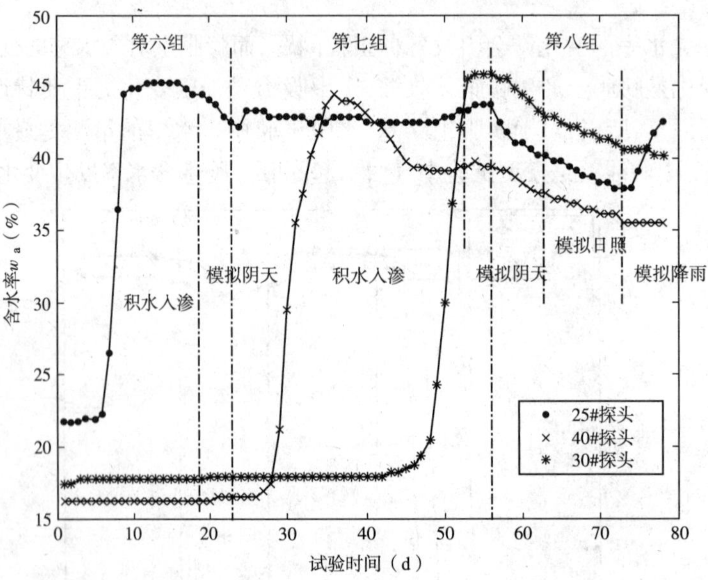


图 4-13　南友路模型试验

### 4.2.1 试验分析

现以第二组模型试验为例说明膨胀土路基含水率在不同气候条件下的变化规律。第二组试验填料为常张路弱膨胀土，坡度为1∶0.75，进行了四个阶段的模拟试验。第二组模型试验含水率在不同气候条件下的变化曲线如图4-14所示：从起始含水率10%～13%左右，到积水3～4d后的30%左右，随后含水率基本保持稳定，日照后含水率缓慢降低，降雨后含水率又缓慢上升。

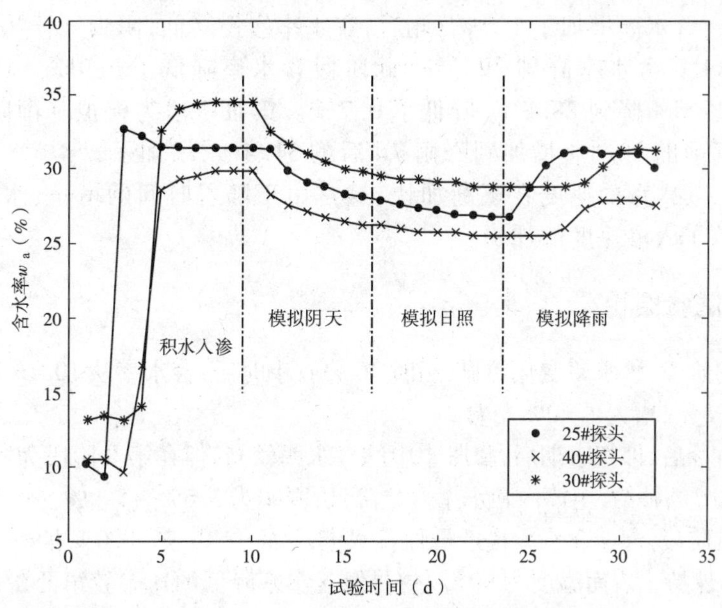


图4-14 第二组模型试验含水率在不同气候条件下的变化曲线

埋设在最顶层的25#含水量探头，距路堤顶面0.3m，从12月8日开始的10.1%到积水36小时后的32.6%，入渗速度为8.33mm/h。此后的积水阶段，含水率基本保持稳定，到12月17日开始模拟无日照、无降雨的阴天气候条件前的含水率31.5%，降低了1.1%；此后，含水率缓慢降低，阴天气候7d后，即开始日照前的12月24日含水率降到27.9%，此阶段含水率降低了3.6%。随后，模拟日照7d，含水率由27.9%降到26.7%，含水率降低了1.2%。第Ⅲ阶段为模拟降雨阶段，含水率上升，由模拟降雨前的26.7%增加到降雨8d后的31.0%，含水率增加了4.3%。

中间层的40号含水率探头，距路堤顶面0.9m，从12月8日开始的10.5%到积水84小时的28.6%，入渗速度为10.71mm/h。此后的积水阶段，含水率基本保持稳定，到12月17日开始模拟无日照、无降雨的阴天气候条件前的含水率29.8%，含水率增加了1.2%；此后，含水率缓慢降低，阴天气候7d后，即开始日照前的12月24日含水率降到26.2%，此阶段含水率降低了3.6%。随后，模拟日照7d，含水率由26.2%降到日照的第7d，含水率降为25.5%，含水率降低了0.7%。第Ⅲ阶段为模拟降雨阶段，含水率上升，由模拟降雨前的25.5%增加到降雨8天后的27.9%，含水率增加了2.4%。

最底层的30#含水率探头，距路堤顶面1.5m，从12月8日开始的13.1%，到积水4d后，即12月12日，历时96小时的32.6%，入渗速度为15.63mm/h。此后的积水阶段，含水率基本保持稳定，到12月17日开始模拟无日照、无降雨的阴天气候条件前的含水率34.5%，含水率增加了1.9%；此后，含水率缓慢降低，阴天气候7d后，即开始日照前的12月24日含水率降到29.5%，此阶段含水率降低了5.0%。随后，模拟日照7d，含水率由29.5%降到28.8%，降低了0.7%。第Ⅲ阶段为模拟降雨阶段，含水率上升，由模拟降雨前的28.8%增加到降雨7d后的31.4%，增加了2.4%。可以看出随着水的向下入渗，其入渗的速度在逐渐加快，这是由于随着时间的增长，水柱形成的压力不断增大，导致了入渗速度的加快。

### 4.2.2 试验结论

(1)不同的阶段，含水率变化明显，历时36~96小时后，含水率从10.1%~13.1%，增大到29.8%~34.5%，增大了20%左右。

(2)第Ⅰ阶段后，即积水期后，膨胀土中的含水率较高，但在第Ⅱ阶段为阴天的气候条件下，由于没有水分的补给，土体内含水率开始降低，降幅为3.6%~5.0%。

(3)在第Ⅲ阶段，起始含水率接近最佳含水率，尽管有10支1000W的碘钨灯照射7d，每天照射6小时，保持土表面温度为40℃左右，但含水率降低的速率较第Ⅱ阶段小，降幅仅为0.7%~1.2%。

(4)第Ⅲ阶段，为模拟降雨阶段，每天降雨0.5小时，含水率增大了2.4%~4.3%。

(5)相对而言，路基中含水率越高，受气候条件影响越明显，水分越容易降低，在最优含水率时水分变化较慢。

(6)在排水边界条件下，水的入渗速度随入土深度的增大而增大。

(7)在模拟阴天和模拟降雨阶段的含水率的离散性最大，说明此阶段对含水率的变化影响较大。

### 4.2.3 其他组含水率变化曲线

第三组、第六组、第七组、第八组试验中含水率在不同气候条件下的变化曲线如图4-15、图4-16、图4-17、图4-18所示。

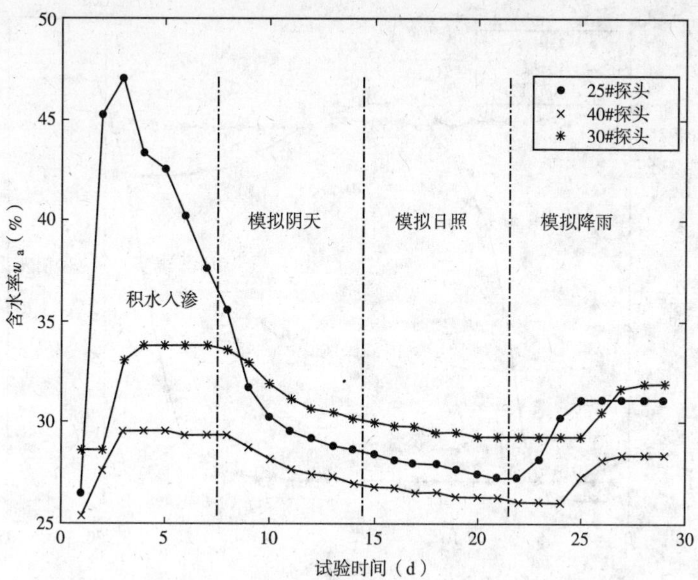


图 4-15　第三组模型试验含水率在不同气候条件下的变化曲线

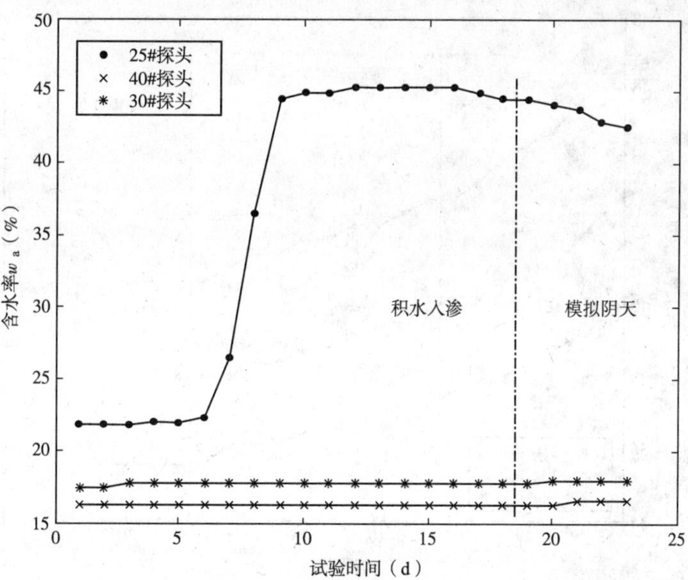


图 4-16　第六组模型试验含水率在不同气候条件下的变化曲线

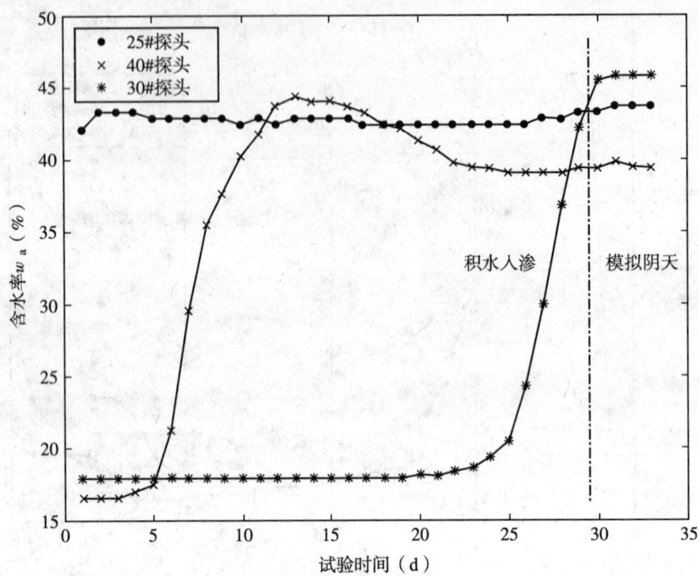


图 4-17　第七组模型试验含水率在不同气候条件下的变化曲线

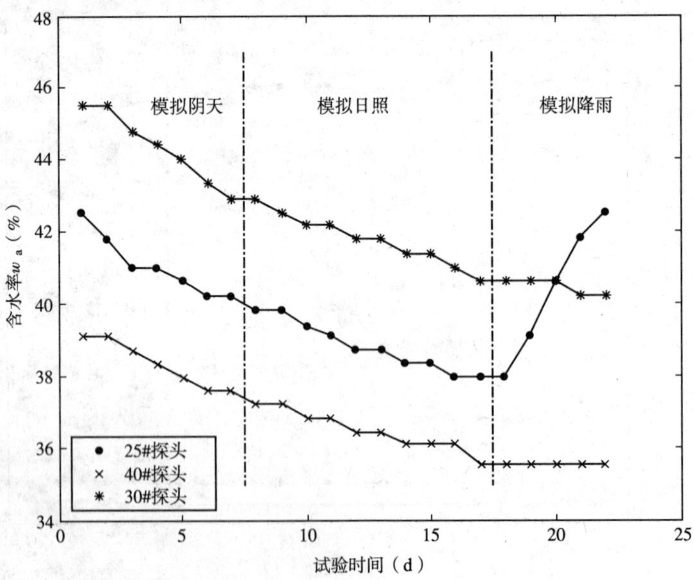


图 4-18　第八组模型试验含水率在不同气候条件下的变化曲线

从以上图中可以得到如下试验结论：

(1)随着水的入渗，其入渗的速度在逐渐加快。

(2)上部土体的含水率受外部条件变化的影响较大。

(3)膨胀土含水量越高，失水速率越快；含水率的变化受深度的影响较大。

(4)第三组试验是在第二组试验路堤的基础上进行削坡的，含水率探头距坡面较近，埋藏较浅，所以第三组含水率的变化幅度比第二组大。

(5)在模拟不透水边界条件下，路堤积水的渗透速率远远小于模拟透水边界路堤。

(6)与模拟透水边界条件所填筑路堤不同的是，在模拟不透水边界条件下，积水的渗透速率在不断减小。之所以出现这种情况，一方面与边界条件有关，另一方面与两种土体的性质有关。

## 4.3　不同气候下膨胀土路基土压力变化规律

### 4.3.1　第二组模型试验土压力分析

第二组模型试验采用了常张路弱膨胀土，坡度为1∶0.75，进行了四个阶段的试验。侧壁土压力在不同气候条件下的变化曲线如图4-19。

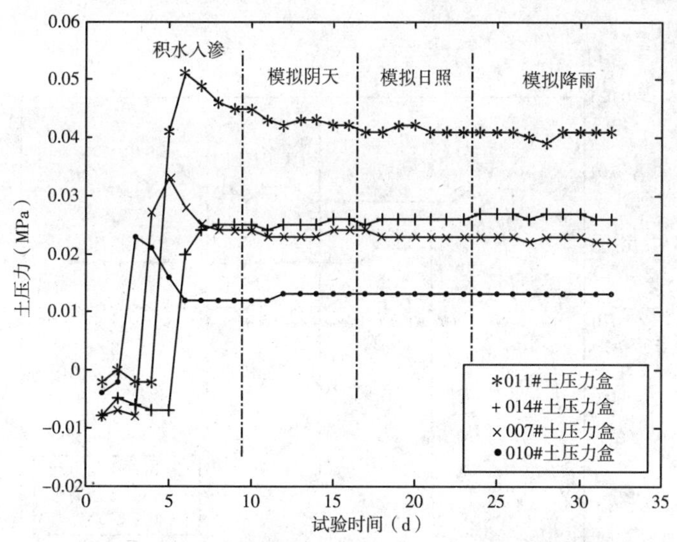


图4-19　第二组模型试验侧壁土压力在不同气候条件下的变化曲线

从图4-19侧壁的土压力盒的曲线可以看出侧壁土压力在填筑完路堤后，在积水阶段，由于坡顶积水向膨胀土体中渗透，土压力随水的入渗自重增大，膨胀土水平侧向膨胀，与侧壁产生了向内的水平摩擦力，从而使侧壁的土压力增大。从下向上分别增大了0.016、0.032、0.045、0.007(MPa)。侧向土压力变化最大值发生在距基底$H1/3$处。坡顶积水完全入渗到整个膨胀土体后，在随后的阴天、日照、降雨阶段，由于含水率变化相对较小，所以自重变化不大，此时，由于膨胀土已完成了膨胀，膨胀力变化很小，侧向土压力变化不大，膨胀土自重及侧壁水平摩阻力变化很小，所以在阴天、日照、降雨阶段土压力变化很小，大多变化范围在±0.001MPa。

从图4-19还可以看出：侧壁土压力在开始阶段保持不变，当积水渗透到侧壁土压力盒的埋设位置的时候，此位置的土压力才开始突然增大。这是因为当水渗透到土压力盒埋设位置的时候，在同一高度的土体产生侧向膨胀，土体与侧壁的摩阻力正好对土压力盒产生侧压力。

底层土压力变化与侧壁土压力在这点上是不同的，第二组模型试验底层土压力在不同气候条件下的变化曲线如图4-20所示，底层的土压力从第一天开始就逐渐增大的，当增大到一个较大数值后，最后趋于稳定。从图4-20底层的土压力盒的曲线可以看出底层土压力变化在填筑完路堤后，在积水阶段，由于坡顶积水向膨胀土体中入渗，土压力随水的入渗由于自重增大和膨胀土向上膨胀，从而使底层的土压力增大。从坡脚向路基中心分别增大了0.011、0.017、0.010(MPa)。坡顶积水完全入渗到整个膨胀土体后，在随后的阴天、日照、降雨阶段，由于含水率变化相对较小，膨胀土已完成了膨胀，膨胀力自重及侧壁的摩阻力变化很小，所以在阴天、日照、降雨阶段土压力变化很小，变化范围在±0.001MPa。

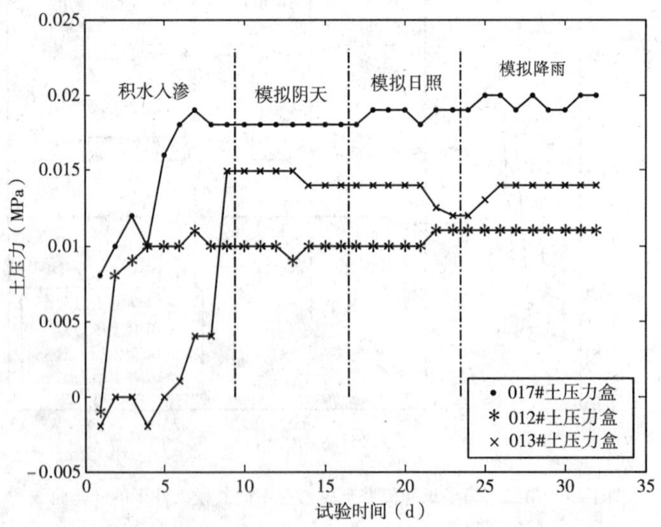


图4-20　第二组模型试验底层土压力在不同气候条件下的变化曲线

### 4.3.2　试验结论

(1)积水阶段,由于坡顶积水向膨胀土体中入渗,土压力随水的入渗由于自重增大和膨胀土向上膨胀,与侧壁产生了向上的摩擦力,从而使底层的土压力增大。

(2)侧向土压力变化最大值发生在距坡顶 $H2/3$ 处,底层土压力变化的最大值发生在距路基中心 1.5m 的位置处。

(3)当积水渗透到侧壁土压力盒的埋设位置的时候,此位置的土压力才开始突然增大。这是因为,当水渗透到土压力盒埋设位置的时候,在同一高度的土体产生侧向膨胀,土体与侧壁的摩阻力正好对土压力盒产生较大压力。

### 4.3.3　其他组土压力变化曲线

第三组、第六组、第七组试验侧壁土压力在不同气候条件下的变化曲线如图 4-21、图 4-23、图 4-25 所示,第三组、第六组、第七组试验底层土压力在不同气候条件下的变化曲线如图 4-22、图 4-24、图 4-26 所示。

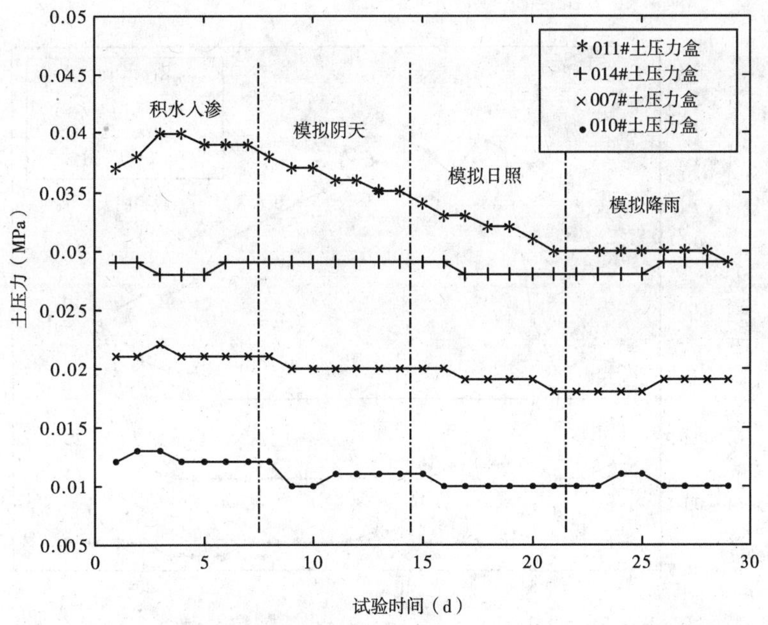


图 4-21　第三组模型试验侧壁土压力在不同气候条件下的变化曲线

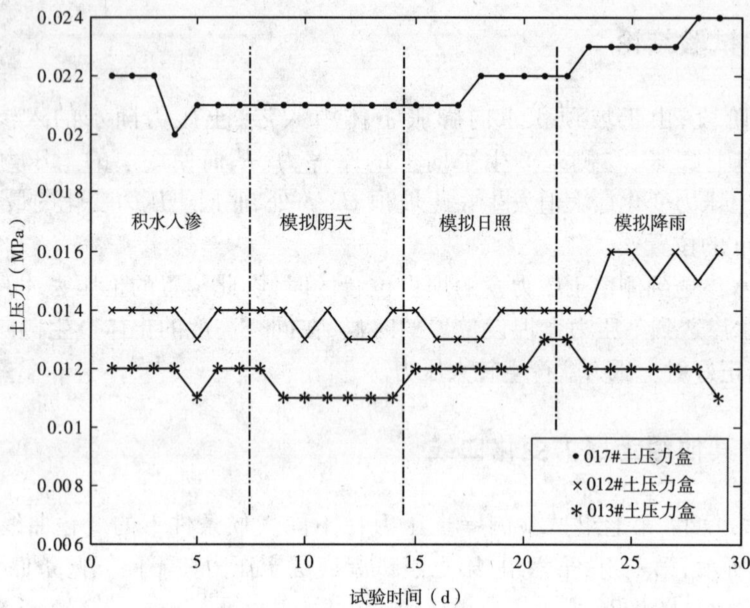


图 4-22　第三组模型试验底层土压力在不同气候条件下的变化曲线

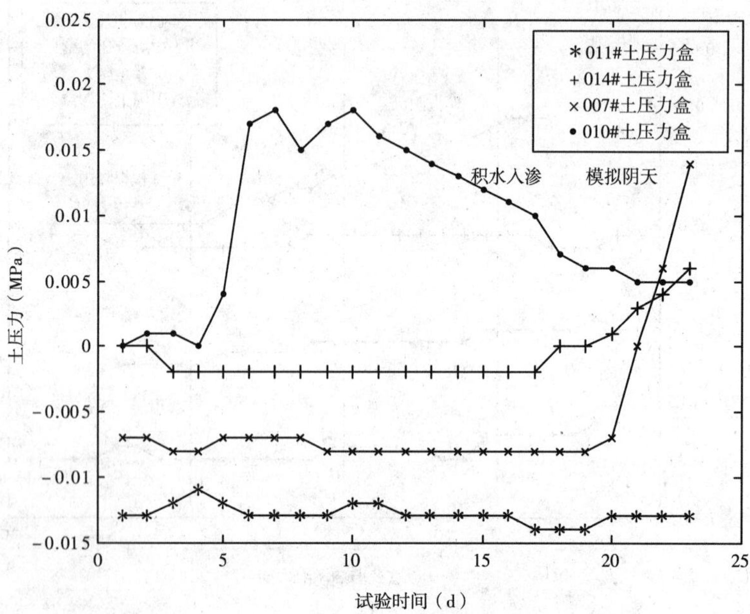


图 4-23　第六组模型试验侧壁土压力在不同气候条件下的变化曲线

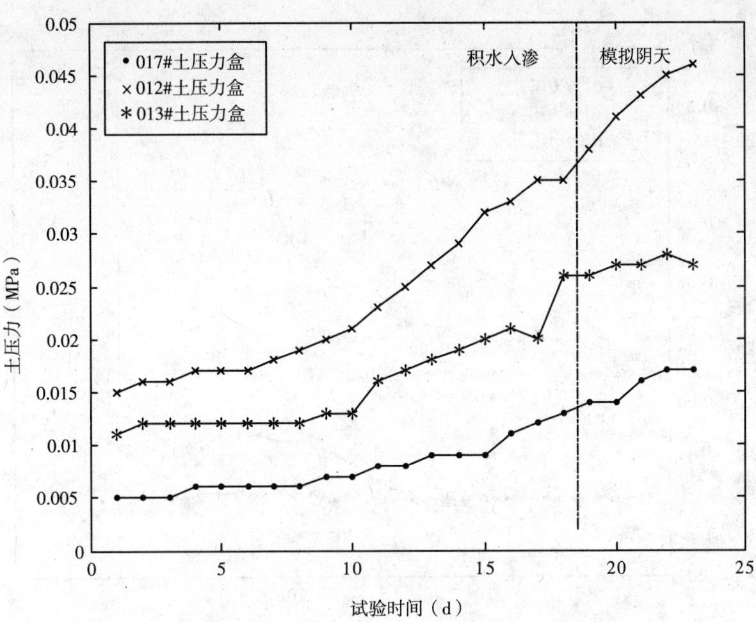


图 4-24　第六组模型试验底层土压力在不同气候条件下的变化曲线

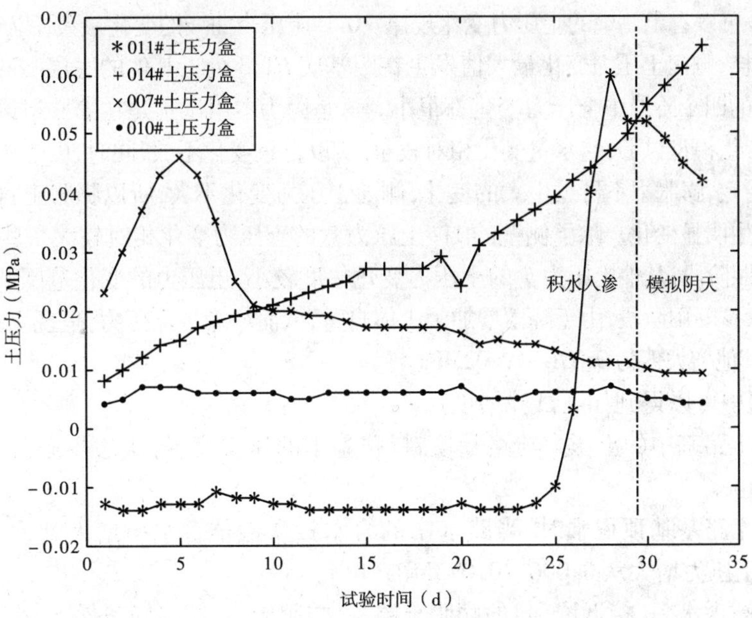


图 4-25　第七组模型试验侧壁土压力在不同气候条件下的变化曲线

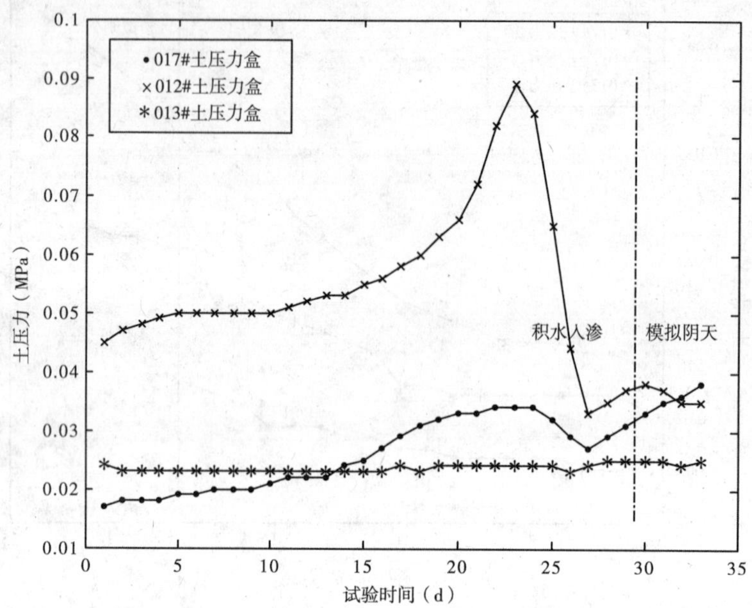

图 4-26 第七组模型试验底层土压力在不同气候条件下的变化曲线

从图 4-21 可以看出侧壁的土压力变化规律。011#土压力曲线的变化最大，所以与第二组模型试验的结论一样，侧向土压力变化最大值发生在距基底 $H1/3$ 处。其他的底层和侧壁土压力在第三组模型试验的四个阶段中土压力变化都很小。这是因为本组试验是在第二组试验的基础上进行的，经过第二组模型试验，含水量变化相对较小，所以自重变化不大，同时，由于土体已完成了膨胀，膨胀基本稳定，膨胀力不再发生大的变化，侧向土压力变化不大，所以膨胀土自重及侧壁水平摩阻力不再发生明显变化。除了侧壁的 11#土压力盒的土压力变化相对较大一些（-0.004MPa）外，在阴天、日照阶段，其他土压力盒的土压力变化幅度较小，土压力的变化范围 ±0.001MPa。在降雨阶段，即模拟降雨阶段，由于降雨增加了土体自重，从而增大了土压力，呈现土压力增大，除坡脚的 013#外，其他增大值为 0.001 ~ 0.002MPa。

从以上图中可以得到如下试验结论：

（1）膨胀土路基中的土压力与路基填料、路基土的压实度、排水边界条件和路基中的含水量等密切相关。

（2）膨胀土路基基顶积水时，当路基中的含水量从最佳含水率增大到饱和含水率左右时，路基中的土压力增大从 0.006 ~ 0.073MPa 不等。

（3）有较高含水率（接近饱和）的膨胀土路基，在阴天、日照气候条件下，由于膨胀土路基中含水率的减小使膨胀土路基中土压力减小 0.001MPa，减小一般不会超过 0.002MPa；在降雨气候条件下，由于路基中含水率的增加使土压力增加 0.001MPa，一般不会超过 0.002MPa；

在阴天、日照和降雨气候条件下膨胀土路基中的土压力变化在±0.001MPa,一般不会超过±0.002MPa。

(4)大气影响深度范围内(2.5~3m),越靠近膨胀土路基表面,土压力变化幅度越大。

(5)膨胀土路基中的土压力变化,由膨胀土路基中含水率变化所引起的土体自重的变化和膨胀土在不同气候条件下不同含水率所产生膨胀土压力的变化所致。

(6)所作的这些模型试验,都有同样的一个结果,那就是在模拟积水阶段时,侧壁土压力的变化的最大值发生在距路基顶面 $H2/3$ 处;而底层土压力的变化最大值发生在距路基中心1.5m 处。

(7)就所有的模型试验而言,都有这么一种现象,就是模拟积水开始时,侧壁土压力基本保持不变,当积水渗透到侧壁土压力盒的埋设位置的时候,侧壁土压力突然增大,而从试验一开始,底层土压力就开始逐渐增大。

## 4.4 不同气候下膨胀土路基温度变化规律

### 4.4.1 第二组模型试验温度分析

对于侧壁温度,变化趋势在模拟试验的四个阶段中比较明显,就是在模拟积水和模拟阴天这两个阶段中,温度持续降低,在模拟日照的时候,温度又有所上升,最后在模拟降雨的阶段,温度又有所减小;同时我们也能够从011#和014#所测温度的数据看出来,对模拟试验的几个阶段,温度变化并不敏感,这可能是因为他们埋设在路基较深的位置,这也说明,外界环境的变化对较深的土体温度变化影响较小。每天的测试数据基本都有一种规律:上部土体较下部土体温度偏低些。

对于底层温度,越是接近路基边坡的位置,其温度越低,其变化规律和侧壁土体温度变化规律是一致的。就是在模拟积水和模拟阴天这两个阶段中,温度持不断低,在模拟日照的时候,温度又有所上升,最后在模拟降雨的阶段,温度有所减小。

在四个不同的阶段,温度变化量不尽相同,在积水阶段,膨胀土中温度降低最大值为2℃;在阴天气候件下,温度变化较小,最大降温0.5℃;在模拟日照的第三阶段,温度升高最大为值2.5℃;而在降雨的第四阶段,温度最低降温为2.0℃。说明在路堤中1~2m 深度范围内,土中温度直接受外部气候条件的影响,温度变化幅度为±2.5℃以内。而且随着土体不同的埋深,土体温度存在明显的梯度。温度试验曲线如图4-27。

从图4-27 和图4-28 试验温度变化曲线可以看出,上部土体温度相对下部土体温度较低。

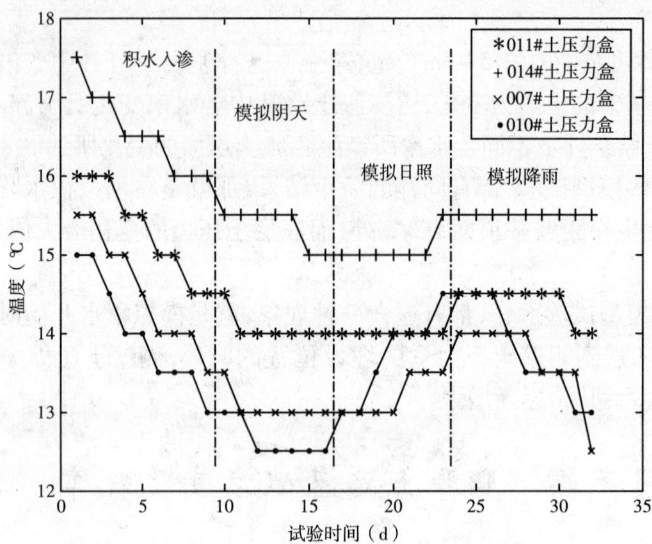


图 4-27　第二组模型试验侧壁温度在不同气候条件下的变化曲线

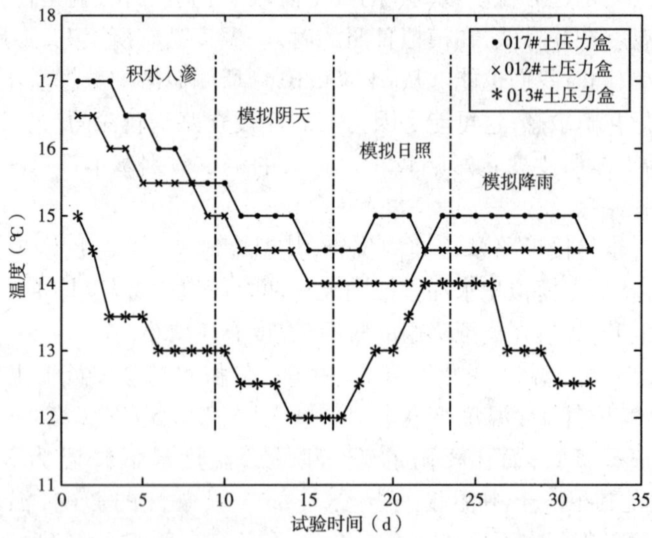


图 4-28　第二组模型试验底层温度在不同气候条件下的变化曲线

### 4.4.2　试验结论

(1)在路堤中 1 ~2m 深度范围内,土中温度直接受外部气候条件的影响,温度变化幅度为 ±2.5℃以内。

(2)随着土体埋深的不同,土体的温度存在明显的梯度。越是上部的土体受外界环境变化的影响越大。

(3)模拟降雨阶段和模拟日照阶段对土体的温度影响最大。

### 4.4.3　其他组温度变化曲线

第三、四、五、六、七、八、九组的侧壁温度在不同气候条件下的变化规律曲线如图 4-29、图 4-31、图 4-33、图 4-35、图 4-37、图 4-39、图 4-41 所示。第三、四、五、六、七、八、九组的底层温度在不同气候条件下的变化规律曲线如图 4-30、图 4-32、图 4-34、图 4-36、图 4-38、图 4-40、图 4-42 所示。

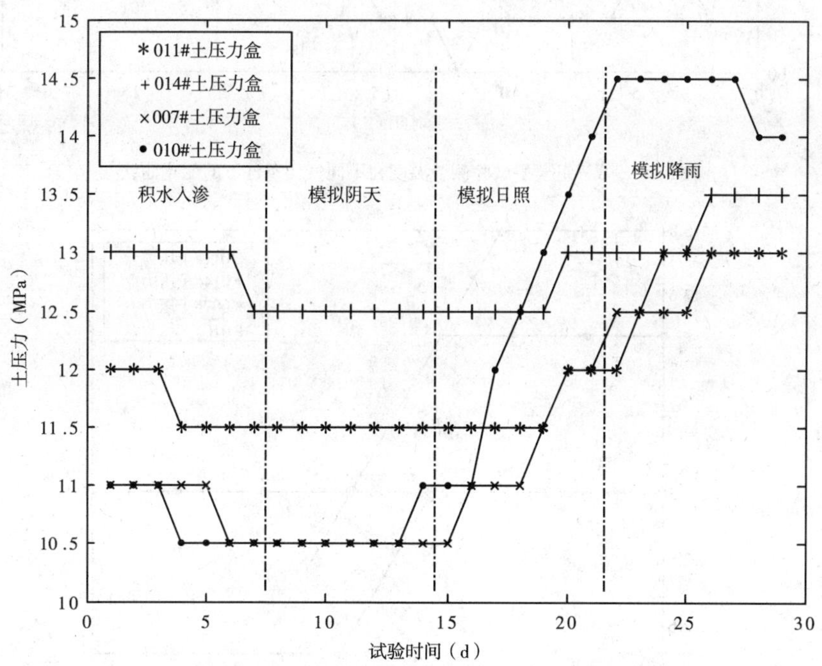


图 4-29　第三组模型试验侧壁温度在不同气候条件下的变化曲线

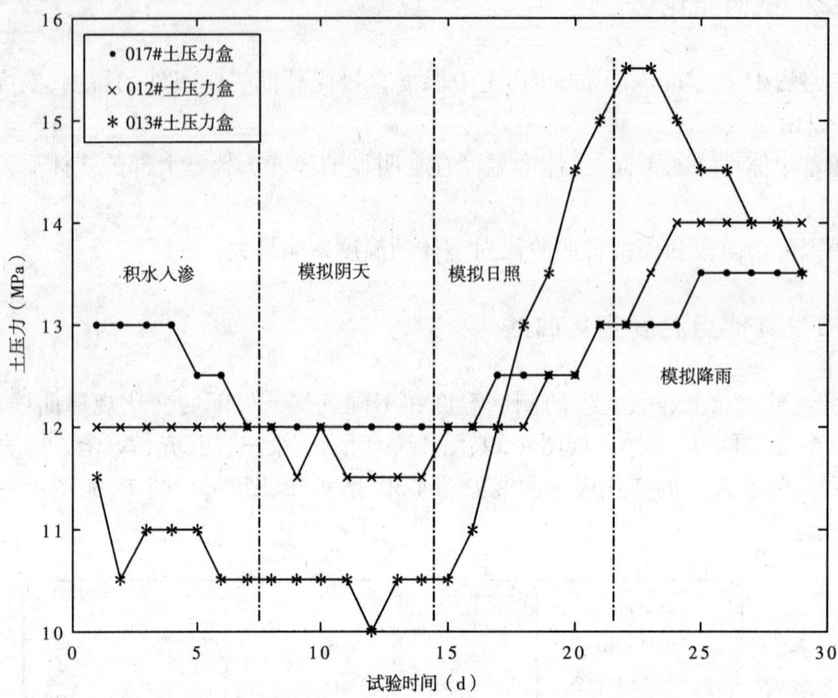


图 4-30　第三组模型试验侧壁温度在不同气候条件下的变化曲线

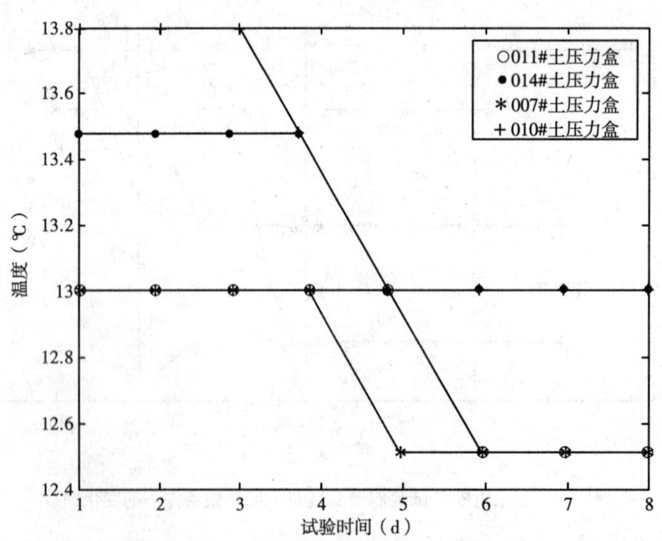


图 4-31　第四组模型试验侧壁温度在不同气候条件下的变化曲线

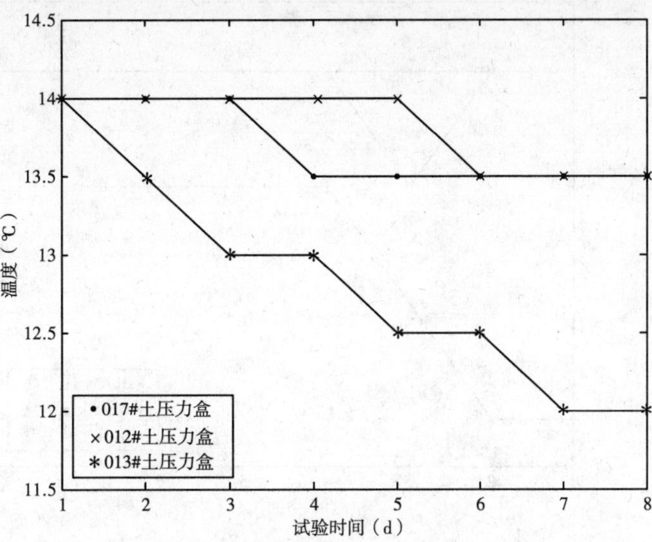


图 4-32　第四组模型试验侧壁温度在不同气候条件下的变化曲线

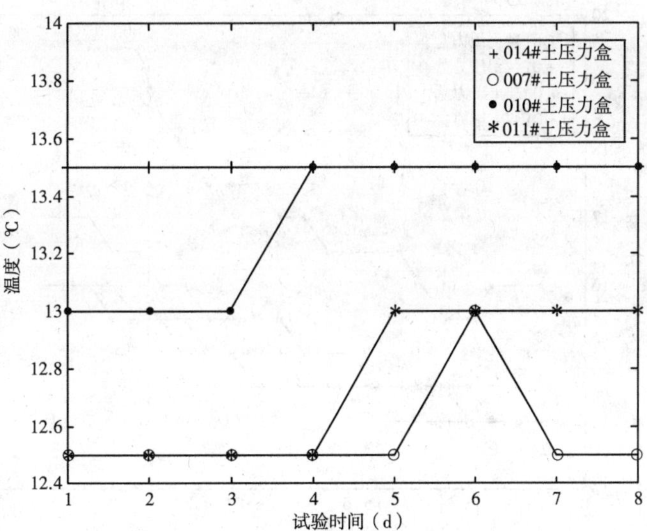


图 4-33　第五组模型试验侧壁温度在不同气候条件下的变化曲线

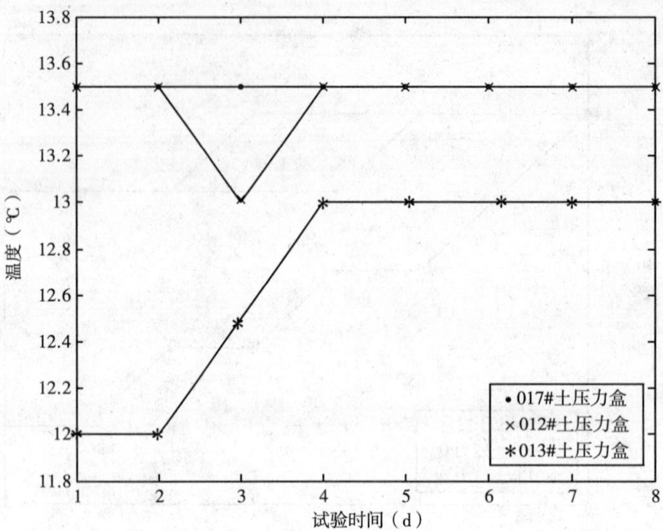


图 4-34　第五组模型试验底层温度在不同气候条件下的变化曲线

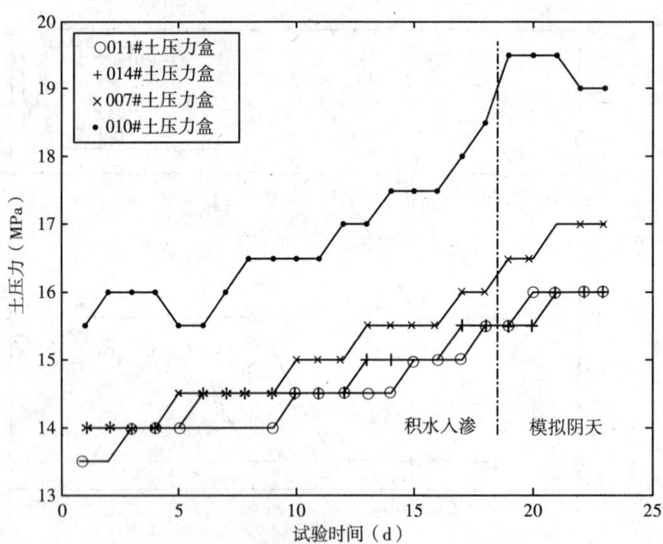


图 4-35　第六组模型试验侧壁温度在不同气候条件下的变化曲线

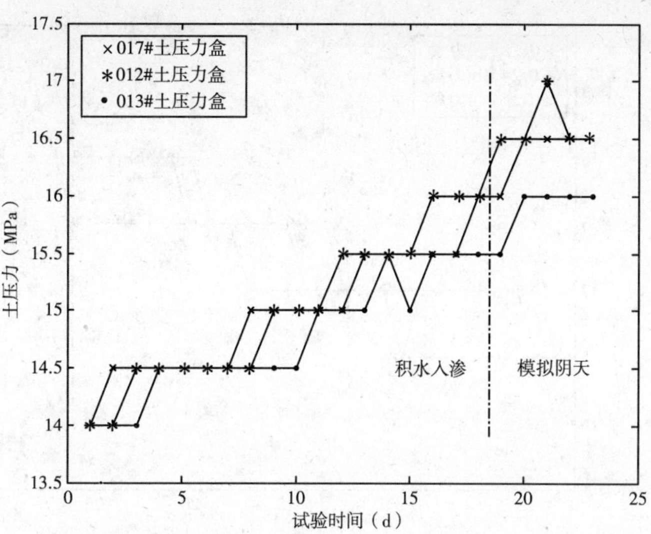


图 4-36　第六组模型试验底层温度在不同气候条件下的变化曲线

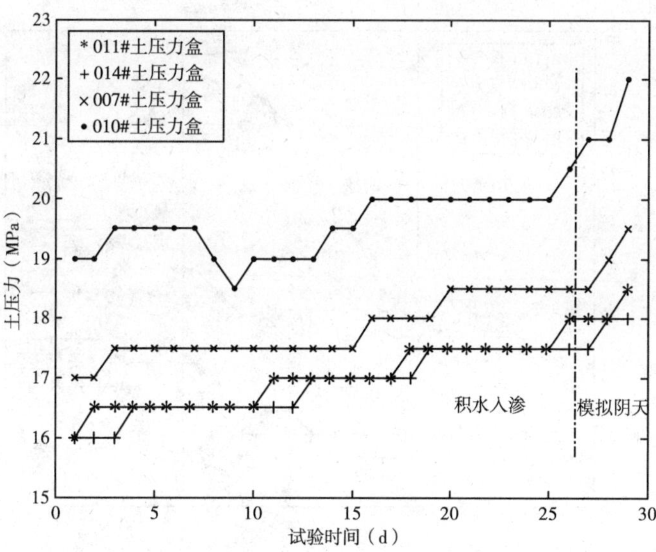


图 4-37　第七组模型试验侧壁温度在不同气候条件下的变化曲线

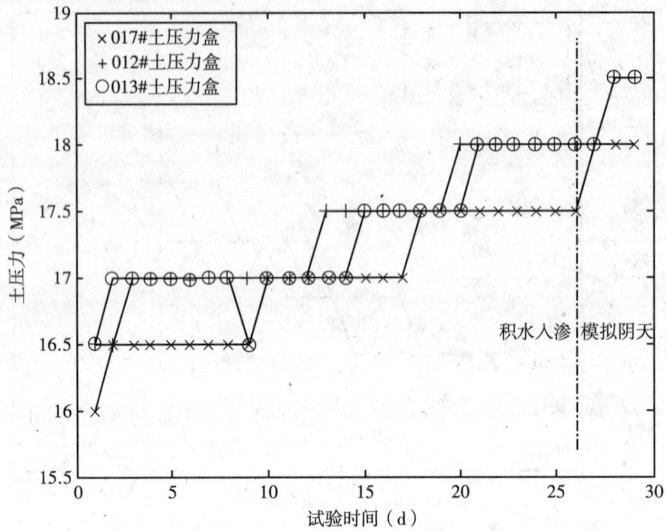


图 4-38　第七组模型试验底层温度在不同气候条件下的变化曲线

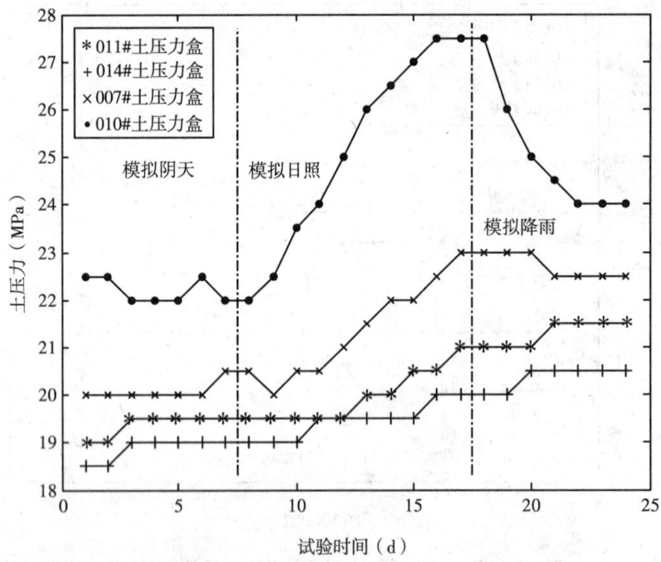


图 4-39　第八组模型试验侧壁温度在不同气候条件下的变化曲线

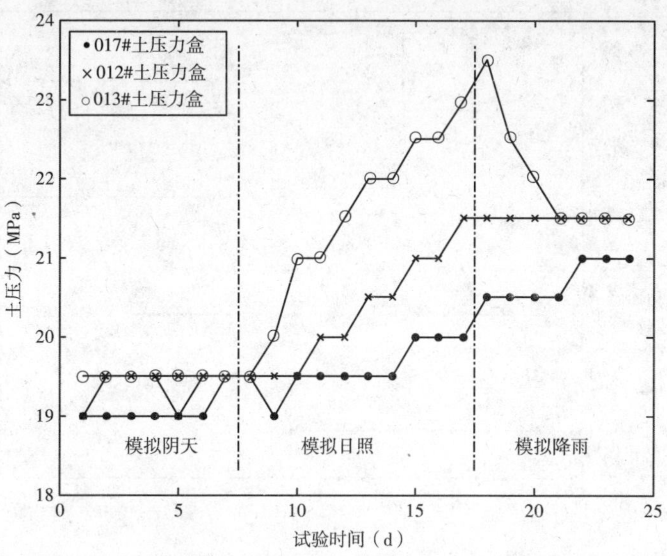


图4-40　第八组模型试验底层温度在不同气候条件下的变化曲线

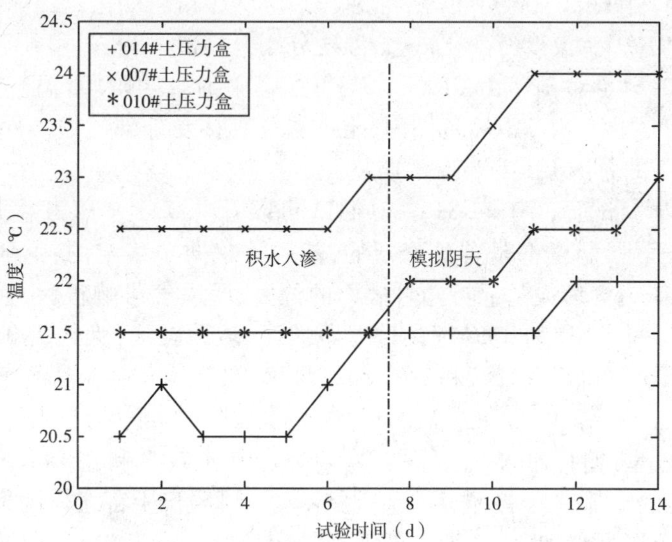


图4-41　第九组模型试验侧壁温度在不同气候条件下的变化曲线

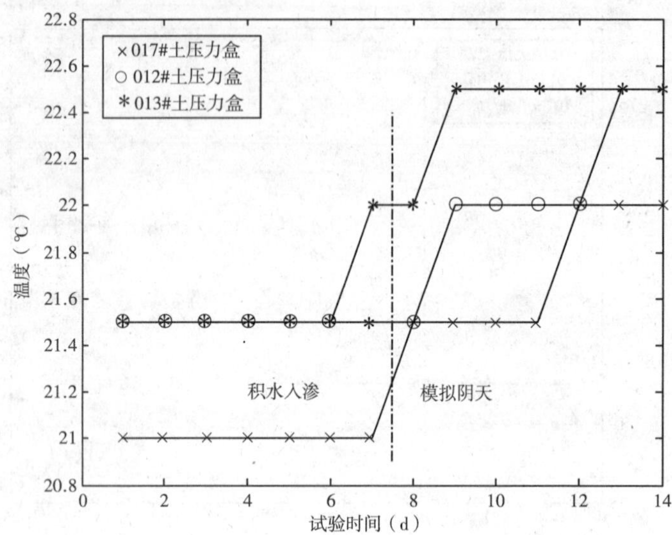

图4-42　第九组模型试验底层温度在不同气候条件下的变化曲线

在四个不同的阶段，温度变化不尽相同，在积水阶段，膨胀土中温度降低最大值为 -0.5℃ ~ -1.0℃；在阴天气候件下，温度变化较小，大多滑有变化；在模拟日照的阶段，距路基表面最近的010#、013#温度升变化最大，温度分别升高值 +3.5℃和4℃，而埋深相对较大的011#、014#和012#温度升高0.5℃ ~1.0℃；在降雨的第四阶段，温度变化 -0.5℃ ~ +1.0℃。说明在路堤中1~2m深度范围内，土中温度直接受外部气候条件的影响。当然，并不能排除室内温度的总体上升所带来的误差。

对于第四组模型试验，由图4-31和图4-32可以看出，7个土压力盒所测的温度在第四组模拟降雨的过程中，温度都是首先降低的，然后再趋向于稳定的；上部土体温度降低先于下部土体。土压力盒埋设越靠近边坡表面的位置，受大气影响很大，在模拟降雨后很快温度就下降了。由于013#和010#埋设位置距坡面、坡顶较浅，大约为0.6m左右，其变化幅度较其他的大，分别降低了1℃和2℃，而距坡面、坡顶大于1m深的土体的温度变化幅度只有0.5℃。

对于第五组模型试验，如图4-33、图4-34可以看出017#盒和014#盒埋设于土体的最深处，在第五组试验的全部过程中，温度一直保持不变。埋设于上部土体的土压力盒010#及距坡面距离较近的土压力盒式013#，所测的温度的变化量分别为0.5℃和1℃。总体说来，温度的变化量不大，大多数是在起始温度基础上有0.5℃的变化。

如图4-33、图4-34可以看出：土压力盒所测的温度都是逐渐上升的，对于侧壁土压力盒010#、007#、011#及014#所测的温度分别由试验开始时的15.5℃、14℃、13.5℃和14℃分别增大到试验结束时的19℃、17℃、16℃和16℃，变化量分别为3.5℃、3℃，

2.5℃和2℃。这4个土压力盒是由浅到深埋设的，所以可以看出随着埋设深度的增加，其温度变化量减小。

埋设在底层的土压力盒所测的稳定也是逐渐上升的，017#、012#和013#土压力盒所测温度由试验开始时的14℃、14℃和14℃分别增大到试验结束时的16℃、16.5℃和16.5℃。同样，对于埋设于土体表层的土压力盒，其所测的温度的变化分别为2℃、2.5℃和3℃。

如图4-35、图4-36可以看出：除了010#土压力盒测得的温度在不同气候条件下有些变化以外，其他位置点的温度在不同气候条件下变化曲线的变化趋势是一致的，都是温度上升到一个阶段，维持几天以后，温度继续上升，温度总的变化趋势是在不断增大的(这可能与室温逐渐变暖有关)。对于010#，在浸水后的第七天，温度出现了一段时间的下降，随后又开始上升，总的变化趋势是上升的，010#曲线温度从试验开始时的19℃增大到试验结束时的22℃，温度增大了3℃。从图中可以看出随着土压力盒埋设深度增大，温度的变化量变小。但总的变化趋势仍是从上到下，随着测点距基顶埋深越大，温度变化越小；从里到外，随着测点距坡面越近，温度变化越大。

第六组和第七组模型试验都是模拟积水过程的试验，这两组试验持续了很长时间，如图4-37、图4-38可以看出：010#温度在上升的时候有些波动外，但总体趋势是上升的，其他的压力盒所测温度都是稳步上升的，到积水试验结束时，温度都上升了6℃左右。其中010#和013#变化最大分别达到6.5℃和5℃，之所以产生这么大的变化，与天气气候变化有关，因为这两组试验始于2004年4月5日于2004年5月27日结束，外界温度上升了很多。

如图4-37、图4-38可以看出：越是靠近坡顶或坡面的土体，即靠近土-大气界面，如010#和013#的在的位置，其温度受外部气候条件的变化影响最大。本组试验的三个阶段中，日照阶段对路基中温度的变化影响为最大。在路基中，距基顶分别为0.3m、0.9m、1.5m、2.1m的点，在日照的10天中，温度分别升高了5.5℃、2.5℃、1.5℃、1.0℃；距坡脚分别为0.5m、1.5m、2.5m的点，在日照的10天中，温度分别升高了3.0℃、2.0℃、1.0℃。

模拟降雨阶段的7天中，距基顶0.3m的位置点的温度降低了3.5℃；距坡脚0.5m的位置点的温度降低了2.0℃；其他位置点的温度变化较小，在0.5℃范围内变化。模拟阴天阶段7天，温度变化最小，在±0.5范围内。

如图4-39、图4-40可以看出：本组试验的两个阶段中，由于削坡后，探头距土—界交界面较近，在模拟阴天与模拟降雨两阶段温度均略有上升，在0℃~1℃之间，这主要受室内气温升高的影响。

如图4-41、图4-42可以看出：各土压力盒所测的温度都有所上升，最大的增加了1.5℃，最小的也有1℃，之所以在膨胀土体的膨胀基本稳定后，在模拟阴天和降雨阶段时温度有所增加，这主要是由于气候条件所致，因为这段时间天气温度逐渐升高。

从以上图中可以得到如下试验结论：

(1)膨胀土路基中的温度与路基填料、路基土的压实度、排水边界条件和路基中的含水量等密切相关。

(2)模型试验的积水、阴天、日照、降雨四个阶段中，日照阶段对路基中温度的变化影响为最大，其次是降雨，阴天影响最小。在路基中，距基顶分别为0.3m,0.9m,1.5m,2.1m的点，在模拟日照的10天中，温度分别升高了5.5℃、2.5℃、1.5℃、1.0℃；距坡脚分别为0.5m、1.5m、2.5m的点，在日照的10天中，温度分别升高了3.0℃、2.0℃、1.0℃。模拟降雨阶段的7天中，距基顶0.3m的位置点的温度降低了3.5℃；距坡脚0.5m的位置点的温度降低了2.0℃；其他位置点的温度变化较小，在0.5℃范围内变化。模拟阴天阶段7天，温度变化最小，变化幅度在±0.5范围内。在积水阶段，膨胀土路基中温度降低最大值达2℃。

(3)路基中温度的变化与含水量的变化相对应，当含水量增大时，温度相对降低；当含水量降低时，温度相对升高。

(4)大气影响深度范围内(2.5~3m)，越靠近膨胀土路基表面，温度变化幅度越大。

(5)土体内的温度梯度的存在，将促使土体中水分的迁移更加活跃。

(6)在积水时，由于土颗粒与水分子的相互作用，引起水分子定向排列并受到束缚，从而在土颗粒表面形成结合水的吸附水膜，在水分子被吸附过程中，水分子从相对自由的状态变为束缚状态，原来自身所具有的动能伴随着水分子被颗粒表面吸附以湿润热放出；同时，土体中的物质可能与水作用时也会放出相当的热量。

## 4.5 不同气候下膨胀土路基胀缩变形规律

各观测点的位置是以图2中左下角为坐标原点，$X$为水平方向位置，$Y$为竖直方向位置。在各测点位置靠有机玻璃观测面内侧埋设彩色石子观测点，彩色石子随路基的胀缩变形而变化，通过有机玻璃上的方格网可测到胀缩变形的大小。

### 4.5.1 第一组试验结果及分析

1. 试验结果

第一组模型试验，以不同位置观测点(2#、9#、12#、18#、22#、27#、32#)为代表，将竖向胀缩变形测试结果整理，如表4-2所示。

第一组模型试验不同位置测点的竖向胀缩变形测试结果表 表4-2

| 观测点 | | 2# | 9# | 12# | 18# |
|---|---|---|---|---|---|
| 观测点坐标 | X(cm) | 101.5 | 204.0 | 101.5 | 150.3 |
| | Y(cm) | 74.0 | 102.8 | 133.5 | 163.0 |
| 模拟积水9天 | 路堤筑完后 | 14.1 | 42.3 | 73.8 | 103.1 |
| | 模拟积水结束时 | 13.0 | 41.5 | 72.8 | 102.3 |
| | 前后竖向胀缩变形差 | -0.9 | -0.8 | -1.0 | -0.9 |
| 模拟阴天7天 | 模拟阴天开始时 | 13.0 | 41.3 | 72.8 | 102.4 |
| | 模拟阴天结束时 | 13.0 | 41.2 | 72.8 | 102.4 |
| | 前后竖向胀缩变形差 | 0.0 | -0.1 | 0.0 | 0.0 |
| 模拟日照7天 | 模拟日照开始时 | 13.0 | 41.3 | 72.8 | 102.4 |
| | 模拟日照结束时 | 13.0 | 41.3 | 73.0 | 102.3 |
| | 前后竖向胀缩变形差 | 0.0 | 0.0 | +0.2 | -0.1 |
| 模拟降雨7天 | 模拟降雨开始时 | 13.0 | 41.3 | 73.0 | 102.3 |
| | 模拟降雨结束时 | 13.0 | 41.2 | 73.0 | 102.4 |
| | 前后竖向胀缩变形差 | 0.0 | -0.1 | 0.0 | 0.1 |

2. 试验结果分析

从表4-2可知,竖向胀缩变形主要发生在路堤坡顶积水阶段。在 $Y = 223.5$cm 处,向上膨胀量为0.5cm;在 $Y = 254.0$cm 处,向上膨胀量为0.8cm。这些位置因土体上部含水量的增加而自重增加,使土体下部产生压缩。在 $Y = 194.0$cm 处,向下压缩量为0.2cm;在 $Y = 74.0 \sim 163.0$cm 各点,向下压缩量为0.8~1.0cm。在模拟阴天阶段,发生-0.3~-0.1cm的收缩。日照和降雨阶段胀缩变形不明显。

### 4.5.2 其他组试验结果及分析

1. 第二组试验结果及分析

第二组模型试验竖向胀缩变形观测数据如表4-3所示。

各位置测点的竖向胀缩变形,由于填料为弱膨胀土,在第一组试验中,膨胀变形已基本完成,所以在第二组试验中,胀缩变形不明显,各点的竖向胀缩变形均在±0.2cm范围内。

2. 第三组试验结果及分析

第三组膨胀土室内模型试验竖向胀缩变形观测数据见表4-4。

第二组模型试验不同位置测点的竖向胀缩变形测试结果表 表 4-3

| 观测点 | | 2# | 9# | 12# | 18# |
|---|---|---|---|---|---|
| 观测点坐标 | X(cm) | 101.5 | 204.0 | 101.5 | 150.3 |
| | Y(cm) | 74.0 | 102.8 | 133.5 | 163.0 |
| 模拟积水7天 | 路堤筑完后 | 12.8 | 41.3 | 72.9 | 102.5 |
| | 模拟积水结束时 | 13 | 41.2 | 72.8 | 102.4 |
| | 前后竖向胀缩变形差 | 0.2 | -0.1 | -0.1 | -0.1 |
| 模拟阴天7天 | 模拟阴天开始时 | 13.0 | 41.2 | 72.8 | 102.5 |
| | 模拟阴天结束时 | 12.8 | 41.3 | 72.6 | 102.4 |
| | 前后竖向胀缩变形差 | -0.2 | 0.1 | -0.2 | -0.1 |
| 模拟日照7天 | 模拟日照开始时 | 12.8 | 41.2 | 72.8 | 102.4 |
| | 模拟日照结束时 | 12.8 | 41.1 | 72.8 | 102.4 |
| | 前后竖向胀缩变形差 | 0 | -0.1 | 0.0 | 0.0 |
| 模拟降雨7天 | 模拟降雨开始时 | 12.7 | 41.1 | 72.7 | 102.4 |
| | 模拟降雨结束时 | 12.6 | 41.2 | 72.8 | 102.5 |
| | 前后竖向胀缩变形差 | -0.1 | 0.1 | 0.1 | 0.1 |

第三组模型试验不同位置测点的竖向胀缩变形测试结果表 表 4-4

| 观测点 | | 2# | 9# | 12# | 18# |
|---|---|---|---|---|---|
| 观测点坐标 | X(cm) | 101.5 | 204.0 | 101.5 | 150.3 |
| | Y(cm) | 74.0 | 102.8 | 133.5 | 163.0 |
| 模拟降雨7天 | 路堤筑完后 | 12.8 | 41.2 | 72.8 | 102.5 |
| | 模拟积水结束时 | 12.8 | 41.2 | 72.8 | 102.2 |
| | 前后竖向胀缩变形差 | 0.0 | 0.0 | 0.0 | -0.3 |

各位置测点的胀缩变形,由于填料为弱膨胀土,在第一、二组试验中,膨胀变形已基本完成,所以在第三组试验中,胀缩变形不明显。这说明膨胀土路基在水充分入渗发生湿胀干缩后,其后的干湿循环特性减弱。

3. 第四组试验结果及分析

膨胀土室内模型试验第四组观测数据如表 4-5 所示。

第四组模型试验不同位置测点的胀缩变形测试结果表　　表4-5

| 观测点 | | 2# | 9# | 12# | 18# |
|---|---|---|---|---|---|
| 观测点坐标 | X(cm) | 101.5 | 204.0 | 101.5 | 49.5 |
| | Y(cm) | 74.0 | 102.8 | 133.5 | 165.0 |
| 模拟降雨7天 | 路堤筑完后 | 12.8 | 41.2 | 72.8 | 104.7 |
| | 模拟积水结束时 | 12.7 | 41.2 | 72.8 | 102.5 |
| | 前后竖向胀缩变形差 | -0.1 | 0.0 | 0.0 | -0.2 |

各位置测点的竖向胀缩变形，由于填料为弱膨胀土，在第一～三组试验中，膨胀变形已基本完成，所以在第四组试验降雨8天中，胀缩变形不明显，各点的胀缩变形均在±0.2cm范围内。

4. 第五组试验结果及分析

第五组模型试验的竖向胀缩变形观测数据、水平侧向变形观测数据见表4-6。

(1)路基竖向胀缩变形测试结果及分析

在每个层面上，选择一个点作为代表，即表4-6中3#、8#、13#、17#点。在路堤下部的点如3#和8#由于在该组试验中，水还没有渗透到其所在的位置所以其胀缩变化并不明显。路基竖向胀缩变形如表4-6所示。13#点在试验开始后发生少许下沉，随即就发生膨胀，其膨胀量到试验结束时达到0.6cm；17点是位于路堤上部的点，从一开始就发生膨胀，到本组试验结束时其膨胀量达到5.2cm，上部土体的膨胀量是下部土体胀缩变形的累积结果。

第五组模型试验不同位置测点的胀缩变形测试结果表　　表4-6

| 观测点 | | 竖向 | | | | 水平 | | | |
|---|---|---|---|---|---|---|---|---|---|
| | | 3# | 8# | 13# | 17# | 6# | 11# | 15# | 19# |
| 观测点坐标 | X(cm) | 154.0 | 100.0 | 100 | 105.0 | 275.0 | 195.0 | 195.0 | 145.0 |
| | Y(cm) | 61.0 | 120.0 | 183.0 | 260.0 | 62.0 | 121.0 | 180.0 | 260.0 |
| 模拟积水到发生滑坡7天 | 路堤筑完后 | 13.4 | 73.8 | 135.2 | 195.7 | 275.0 | 235.0 | 194.5 | 144.5 |
| | 模拟积水结束时 | 13.4 | 73.8 | 135.8 | 200.9 | 279.0 | 241.0 | 201.5 | 155.5 |
| | 前后竖向胀缩变形差 | 0.0 | 0.0 | 0.6 | 5.2 | 4.0 | 6.0 | 7.0 | 11.0 |
| 削坡后模拟阴天结束5天 | 路堤筑完后 | 13.3 | 73.7 | 136.2 | 201.0 | 279.0 | 243.0 | 206.0 | — |
| | 模拟积水结束时 | 13.3 | 73.5 | 136.5 | 201.1 | 280.0 | 245.0 | 207.0 | — |
| | 前后竖向胀缩变形差 | 0.0 | -0.2 | 0.3 | 0.1 | 2.0 | 2.0 | 1.0 | — |

(2)路基水平侧向变形测试结果及分析

选择模拟试验路堤坡面的点是6#、11#、15#、19#。根据胀缩测试结果分析,边缘点的水平侧向变形相对于其他点来说是最大的,所以就选择19#、15#、11#、6#点(最边缘的点)作为代表性的点2004年4月5日开始试验,同年4月21日发生滑坡。选取4月5日至4月20日这段时间上面4个点的水平侧向变形作为分析对象。土体水平侧向变形如表6所示。在模拟积水的过程中,下部边缘的点如6#,其发生侧移的时间明显滞后于上部土体边缘的点;同理11#点和15#点也滞后于19#点;从路堤的上部边缘到下部边缘,其侧向变形量逐渐减小,这4个点的侧移量由大到小依次是19#点侧移、15#点侧移、11#点侧移、6#点侧移。从2004年4月5日试验开始到同年4月21日土体滑坡这段时间,这4个点侧移的变形量分别达到11、7、6、4cm。

5. 第六组试验结果及分析

(1)路基竖向胀缩测试结果

模拟试验路堤的最下部分土体的3观测点胀缩变形不明显。在积水阶段:17#观测点在试验进行到第19天时,发生滑动;8#、13#点的膨胀量分别为1.3cm、1.5cm。在阴天阶段,竖向胀缩变形在±0.1cm范围内变动。总的来说,路堤上部竖向胀缩变形量大于下部,如表4-7所示。路堤竖向胀缩变形量:在积水阶段最大值为1.3~1.5cm;在阴天阶段,竖向胀缩变形在±0.1cm范围内变动。总的来说,路堤上部竖向胀缩变形量大于下部。

**第六组模型试验不同位置测点的胀缩变形测试结果表** 表4-7

| 观测点 | | 竖向 | | | | 水平 |
|---|---|---|---|---|---|---|
| | | 3# | 8# | 13# | 6# | 11# |
| 观测点坐标 | X(cm) | 154.0 | 100.0 | 100 | 275.0 | 195.0 |
| | Y(cm) | 61.0 | 120.0 | 183.0 | 62.0 | 121.0 |
| 模拟积水到边坡坍塌20天 | 路堤筑完后 | 13.2 | 73.5 | 136.5 | 275.0 | 234.0 |
| | 模拟积水结束时 | 13.0 | 74.8 | 138.0 | 277.2 | 236.2 |
| | 前后竖向胀缩变形差 | -0.2 | 1.3 | 1.5 | 2.2 | 2.2 |
| 模拟阴天4天 | 路堤筑完后 | 13.0 | 74.8 | 138.1 | 277.4 | 236.2 |
| | 模拟积水结束时 | 13.1 | 74.7 | 138.2 | 277.4 | 236.2 |
| | 前后竖向胀缩变形差 | 0.1 | -0.1 | 0.1 | 0.0 | 0.0 |

(2)路基水平侧向变形测试结果

位于模拟试验路堤坡面的点是11#、6#。根据侧向变形测试结果,边缘点的膨胀变形相对于其他点来说是最大的,所以就选择11#和6#点(最边缘的点)作为代表性的点。2004年4

月28日开始试验,同年5月17日发生坍塌。笔者就取这段时间这两个点的水平侧向变化量。从开始试验到坍塌,这两个点的水平侧向变形均为2.2cm。模拟阴天阶段水平侧向变形量均很小,在±0.1cm范围内变动。路堤边坡水平侧向变形量:在积水阶段最大值达2.2cm。模拟阴天阶段水平侧向变形量均很小,在±0.1cm范围内变动。

6. 第七组试验结果及分析

(1)竖向胀缩变形和第五、六组相同,选取了侧向变形最大的4个点作为代表进行分析,其中17#观测点是第一层的点,在进行本组试验时,在刷坡时已经被破坏了。可以看出,由于第五、六组试验都用同一填料,已经经过了约2个月的变形,土体的变形已经基本稳定,其后胀缩变形很小,如表4-8所示。由于第五、六组试验已经经过了约2个月的竖向胀缩变形,土体的变形已经基本稳定,变形很小。模拟阴天阶段有0.2cm的竖向膨胀变形;模拟日照阶段有0.3~0.5cm的竖向膨胀变形。

(2)水平侧向变形位于模拟试验路堤坡面的点是6#、10#和13#。根据侧向变形测试结果的初步分析,边缘点的膨胀变形相对于其他点来说是最大的,所以就选择6#、10#、13#点(最边缘的点)作为代表性的点,如表4-8所示。由于第五、六组试验已经经过了约2个月的水平侧向变形,土体的变形已经基本稳定,变形很小,模拟阴天阶段有0.2cm的水平侧向变形。

**第七组模型试验不同位置测点的胀缩变形测试结果表**　　表4-8

| 观测点 | | 竖向 | | | 水平 | | |
|---|---|---|---|---|---|---|---|
| | | 3# | 8# | 13# | 6# | 10# | 13# |
| 观测点坐标 | X(cm) | 154.0 | 100 | 100.0 | 275.0 | 204.0 | 100.0 |
| | Y(cm) | 61.0 | 120.0 | 183.0 | 62.0 | 121.0 | 183.0 |
| 模拟阴天7天 | 模拟阴天开始时 | 13.1 | 74.8 | 138.0 | 275.0 | 203.3 | 97.5 |
| | 模拟阴天结束时 | 13.1 | 75.0 | 138.0 | 275.0 | 203.5 | 97.5 |
| | 前后竖向胀缩变形差 | 0.0 | 0.2 | 0.0 | 0.0 | 0.2 | 0.0 |
| 模拟日照7天 | 模拟日照开始时 | 13.1 | 75.0 | 138.0 | 275.0 | 203.5 | 97.5 |
| | 模拟日照结束时 | 13.1 | 75.5 | 138.3 | 275.0 | 203.5 | 97.5 |
| | 前后竖向胀缩变形差 | 0.0 | 0.5 | 0.3 | 0.0 | 0.0 | 0.0 |
| 模拟降雨7天 | 模拟降雨开始时 | 13.1 | 75.5 | 138.3 | 275.0 | 203.5 | 97.5 |
| | 模拟降雨结束时 | 13.1 | 75.8 | 138.2 | 274.0 | 203.5 | 97.5 |
| | 前后竖向胀缩变形差 | 0.0 | 0.3 | -0.1 | 1.0 | 0.0 | 0.0 |

7. 第八组试验结果及分析

第八组模型试验结果如表4-9所示。

第八组模型试验不同位置测点的胀缩变形测试结果表　　表4-9

| 观测点 | | 竖向 | | | 水平 | | |
|---|---|---|---|---|---|---|---|
| | | 3# | 8# | 12# | 3# | 8# | 12# |
| 观测点坐标 | X(cm) | 154.0 | 100 | 50.0 | 154.0 | 100 | 50.0 |
| | Y(cm) | 61.0 | 120.0 | 183.0 | 61.0 | 120.0 | 183.0 |
| 模拟阴天7天 | 模拟阴天开始时 | 13.0 | 75.0 | 137.2 | 149.8 | 98.3 | 49.7 |
| | 模拟阴天结束时 | 13.1 | 75.1 | 137.4 | 149.5 | 98.3 | 49.5 |
| | 前后竖向胀缩变形差 | 0.1 | 0.1 | 0.2 | -0.3 | 0.0 | -0.2 |
| 模拟降雨7天 | 模拟降雨开始时 | 13.1 | 75.1 | 137.4 | 149.5 | 98.3 | 49.5 |
| | 模拟降雨结束时 | 13.0 | 75.0 | 137.5 | 149.5 | 98.2 | 49.5 |
| | 前后竖向胀缩变形差 | -0.1 | -0.1 | 0.1 | 0.0 | -0.1 | 0.0 |

由于第五~七组试验已经经过了2个多月的竖向胀缩变形和水平侧向变形,土体的变形已经稳定,变形很小。模拟阴天阶段有-0.3~0.2cm的胀缩变形;模拟降雨阶段有±0.1cm变形。

## 4.5.3 胀缩变形规律

(1)常张路弱膨胀土的竖向胀缩变形规律为:膨胀土路基的竖向胀缩变形主要发生于路基基顶积水处。在竖向存在一临界深度,此处膨胀量等于上部土自重产生的压缩量,不发生竖向胀缩变形;在临界深度以上的膨胀土层膨胀量大于压缩量,向上发生膨胀,最大膨胀量达0.8cm;在临界深度以下,土体产生的压缩量大于膨胀量,从而产生向下的压缩变形,向下压缩量达0.8~1.0cm。在阴天气候条件下,膨胀土路基竖向可发生-0.3~-0.1cm的收缩。当膨胀土已充分胀缩变形以后,其后的干湿循环胀缩变形量均在±0.2cm范围内。

(2)南友路中等膨胀土的竖向胀缩变形及水平侧向变形规律为:当膨胀土路基基顶积水时,竖向胀缩变形最大可达5.2cm,路堤上部土体的膨胀量是下部土体的膨胀变形的累积结果;土体水平侧向变形从路堤上部边缘到下部边缘,其侧向变形量逐渐减小,从坡顶到坡脚的4个点侧向的变形量分别为11cm、7cm、6cm、4cm。在阴天阶段,竖向胀缩变形在±0.1cm范围内变动;水平侧向变形量均很小,在±0.1cm范围内变动,总的来说,路堤上部边坡水平侧向变形量大于下部边坡。日照阶段有0.3~0.5cm的变形量。

(3)膨胀土路基的侧向变形大于竖向变形;4种不同条件对膨胀土路基变形的影响由大到小依次为路基基顶积水、日照、降雨、阴天。

# 第五章　极端气候对膨胀土路基的影响

在气候因素中,降雨和干旱是对膨胀土路基影响最大的两个因子,直接控制着路基失稳的发生时间。在气候正常的年月,旱涝的周期性变化会对膨胀土路基的稳定性产生影响;在气候异常的情况下,特别是出现有特大的干旱时,会对膨胀土路基稳定造成更大的影响。膨胀土路基边坡的雨季失稳破坏一直影响着众多公路和铁路的交通运输。膨胀土路基边坡在持续降雨后常常出现大面积表层滑坍失稳,造成巨大的经济损失。本章将从膨胀土路基边坡的水毁入手,着重探讨极端降雨、极端干旱和晴雨转换对膨胀土路基边坡稳定性所产生的影响。

## 5.1　极端降雨对膨胀土路基的影响

### 5.1.1　雨水对膨胀土路基的影响

1. 雨水对膨胀土路基的损害机理

膨胀土路基土体中含水量的改变将使膨胀土强度特性发生变化。膨胀土路基破坏的原因是由膨胀土自身的组构及其强度特性所决定,并由气候等自然因素所造成。其破坏作用机理如下:

1)膨胀土的湿化性破坏作用机理

湿化是亲水性粘土矿物吸水崩解过程,它的结果是在无约束的情况下,块体湿化解体成碎粒状散体,是一个不可逆过程。膨胀土的失水干燥使其吸湿压力提高,大量裂隙、孔隙中充满空气,当干燥膨胀土浸水后,由于吸湿压力的作用,水很快沿裂隙通道渗入,土块内空气被挤压到内部而被压缩。随着外部水浸入量的增加,内部空气压力上升,导致矿物骨架沿最弱面发生破裂而逐渐崩散解体。膨胀土的湿化性是由其矿物成分、粒度组成、结构特征及胶结物决定的。粘粒含量愈多,比表面积愈大,表面张力也大,亲水性愈强。片状或扁平状黏土颗粒形成的叠聚体是膨胀土的主要结构单元,又由于各种微孔隙和微裂隙的存在,有利于水的渗入与渗出,为膨胀土的湿化创造了水分迁移的必要条件。各种胶结物的胶结作用,使膨胀土叠聚体之间产生了一种不可逆的联结强度,其数值的大小将直接控制着膨胀土遇水湿化的难易程度。亲水性矿物和微裂隙的存在是湿化的前提条件,吸湿压力是湿化的动力,它克服胶结联结强度的时间也就反映出膨胀土湿化的难易性。

2）膨胀土的风化性破坏作用机理

开挖后形成的路堑，出现了新的临空面；新填筑的路堤，若坡面不加保护，也将暴露于大气中。这些坡面，在长期的温度、湿度变化的干湿循环作用下，破坏了土体表面的粒间连接，形成风化带。风化带的出现对边坡产生剥落侵蚀，改变了边坡的外形。在干旱季节，坡面出现裂缝，裂隙结构面上强度丧失；而在降雨季节，由于粒间连接减弱，体积膨胀，使坡面成为泥泞状态，大大降低了抗剪强度，使膨胀土路基边坡发生失稳等破坏。

3）地表水径流与侵蚀破坏作用机理

坡面流是指降雨形成的沿坡面向下的薄层水流。坡面流是坡面发育的主要外营力，坡面以降雨径流为主要侵蚀动力，使坡面产生动力侵蚀，通过物质和能量的转换使坡地形态不断发生变化。坡面流滚动波的波谷与坡面交接处，由于坡面流的动能全部转化成势能，加之水层薄，降雨溅蚀作用力影响也大，使该点受侵蚀强而首先形成小侵蚀穴；而后这些串珠状的小侵蚀穴相连而成细沟。目前普遍认为：雨强较大时会产生片流，但因坡面凹凸不平而难以形成大面积的片状水流。大暴雨是产生径流和侵蚀的主要降雨，坡度越大，坡面径流的重力顺坡分力就愈大。若不考虑流动摩擦阻力，则径流在坡面以加速度的方式流动，其动能与流量的一次方和流速的二次方成正比。径流以加速流动，故径流冲刷力以等比级数增加，坡度增加，流速增加，牵引剪切力也增大，导致径流更大的挟带和输移能力。

综上所述，膨胀土具有蒙脱石、伊利石粘土矿物含量高，亲水性强和强度低等特点，是边坡失稳的内在因素。而外因则是环境平衡的丧失，在边坡开挖成形过程中，上覆土层重量卸除，引起土体结构松弛和应力状态改变，而应力重分布导致软弱结构面剪应力增大；由于干湿循环作用，引起膨胀土路基的湿化、风化破坏作用；地表水的径流和侵蚀破坏作用也是导致膨胀土路基破坏的主要外因。同时，雨水下渗促使结构面强度软化并产生动水压力，致使坡脚部位剪应力超过土体抗剪强度，土体局部破坏，并进而使坡腰受拉而开裂，随后雨水直接渗入裂缝中，两端剪损处浸水软化，开裂和滑动继续向坡顶发展而形成了多级滑坡台阶的牵引式滑坡破坏。

2. 含水量对膨胀土路基的影响

填筑膨胀土路基时，受到填筑含水量的影响更显著，一般表现为填筑含水量越大，收缩量越大；填筑含水量越小，收缩量越小。两者规律与原状土相同，为一直线关系。但是原状土经过扰动重塑以后，一是由于原状结构受到破坏，土的结构粘聚力丧失，二是部分颗粒产生重新定向，使定向程度增加。因此，重塑土试验吸水膨胀比原状土试验要大，同样失水收缩也更充分。所以，同类膨胀土在相同条件下，重塑土试样失水产生的收缩变形比原状土要大。填筑干容重对土的收缩变形影响不大。膨胀土在自然条件下的收缩变形，实际上是水分蒸发，引起土的孔隙比减小、密度增大的结果。这与土体在压力作用下的固结变形有点相同，但是压力的作用主要是使土体沿受力方向发生压密，而土体在收缩过程中的密度增大，则是以一定的收缩源为中心而产生的收缩变形。

按照膨胀土的收缩量有随着初始密度增大而减小的规律，若对土体施加较大的初始压力，使之固结后的密度增大，则有可能减少其收缩量[147]。从膨胀土的收缩试验研究可知，膨胀土的收缩潜势，主要取决于组成膨胀土的黏土矿物成分、物理化学特性和结构类型。但是，膨胀土的收缩量还同时取决于膨胀土的起始湿度与干燥条件，而与土的起始密度关系不密切。相同类型膨胀土的收缩量主要由起始湿度控制，与干燥温度和时间密切相关。膨胀土的收缩量也是随着起始湿度和失水量的变化而变化。

3. 水分蒸发对膨胀土路基的影响

实验室对膨胀土的膨胀与收缩性质的研究，主要是模拟土体在自然界的变形过程。处于自然界的膨胀土体由于湿度状态的改变而产生的体积变化，除一部分与人工因素（如管道与灌溉等渗水）有关外，主要还是受到气候因素的影响。大气降雨和地表径流的渗透使土中含水量增加，温度的热力作用和风的吸扬作用使土中水分蒸发。一般来说，降雨量越大，渗入土中的水量越多，土体的湿度也越大；当蒸发量超过降雨量时，土中水分也被蒸发散失，土体处于干燥状态。由于土体的这种一干一湿，造成土中水分的迁移变化，从而导致土体产生膨胀与收缩变形。

另外，土的收缩是与土中水分的蒸发条件密不可分的，只有当土中水分被蒸发散失以后，土体才有可能产生收缩，而且水分蒸发散失量越大，收缩量也越大，两者基本上也为一直线关系，近似于膨胀量与吸水量之间的一般规律。土的收缩变形与水分的蒸发散失条件有着密切关系，即收缩量的大小直接受到干燥温度的控制。安康膨胀土在干燥温度为30℃～50℃范围内逐渐升温，收缩量增大比较快；超过此温度后升温，则收缩量的增长速度较慢；持续干燥时间越长，则土中水分蒸发较完全，收缩量也越大。

因此，膨胀土地区土体的收缩变形大小，不仅与地区干旱干燥温度的绝对值有关，而且还与旱季干燥持续时间的长短、温差的大小密切相关。大量工程实践表明，即使地区的干燥温度不是最高，但只要干燥时间很长，土体产生的实际收缩变形也有可能相当严重。

根据南宁膨胀土不同起始含水量和干容重试样，在室内相同干燥条件下进行的收缩试验表明，试样起始状态不同，缩限却很近似，收缩系数也相差不大，但收缩量随起始状态的变化却十分显著。当试样 $w=36.0\%$ 时，$e_s=3.7\%$；$w=41.9\%$ 时，$e_s=5.7\%$；$w=44.7\%$ 时，$e_s=7.3\%$。可以看出，起始含水量增加 8.7%，土的收缩量则增大一倍[4]。

图 5-1 为平顶山膨胀土采用人工热压板干燥法进行原位收缩试验的结果。在连续 50 天的干燥收缩过程中，绘制了土的收缩量与时间和含水量之间的关系曲线，由曲线图可以看出收缩量随着时间的延长而有逐渐增大的趋势，而且含水量损失越多，收缩量越大。曲线 1 含水量只减少 8%，收缩下沉量为 9mm；曲线 2 和 3 含水量只减少 1%（在有覆盖条件下），其收缩下沉量仅仅 1～2mm。这也同样证明了土的收缩变形量不仅受起始状态制约，而且与土中水分的散失条件及其减少量有着密切的关系。

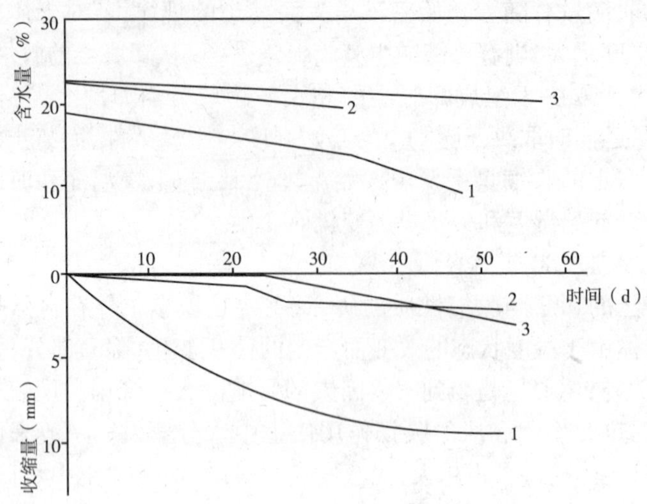


图 5-1　原位收缩曲线

雷州半岛[148]地处北回归线以南低纬地带，属北热带半湿润季风气候区，具有气温高、蒸发量大、台风多、雷暴频繁、雨量充沛、旱雨季节分明等气候特征。但旱雨季节集中、时空分布不均、年际和年内雨量丰歉偏差过大、干旱时间长、地方性小气候明显等则是诱发地裂缝的灾害性气候。据分析统计，区内膨胀土地裂缝发生的时间与气候上的干旱年相吻合，且具有雨水丰年不发、特大干旱年多发的特点。绝大多数暗裂牵动式膨胀土地裂缝均发生于持续干旱月数达 7、8 个月以上的特大干旱年份，即月降雨量 < 100mm 的连续干旱月数比正常年份长 2 ~ 3 个月，具体发生时间则是久旱后第一场暴雨之时。可见，干旱的气候环境是膨胀土地裂缝形成过程中不可或缺的重要因素。

4. 植被对膨胀土路基的影响

随着我国国民经济建设的蓬勃发展，基础设施建设日新月异，基础设施建设与环境保护的矛盾也日益突出，不断开发出来的路基边坡，对水土保持、生态保护、环境保护都极为不利。采用植被护坡是快速恢复被开挖或填土边坡生态环境的一种重要方法，一般的膨胀土路基也是采用植被方法进行护坡的。

植被护坡的作用可以通过它的水文效应和机械效应来实现。在水文方面，植被调节地面气候、地表和地下水文状况，使植被生长地区的水循环途径发生一定的变化，因而影响侵蚀过程。在机械方面，植被通过其枝干、根系与土壤的机械作用，增加根系土层的机械强度，甚至直接加固土壤，起到抗蚀固坡的作用。水文效应和机械效应相互补充，形成了复杂的因果关系，一部分降雨在到达坡面以前就被植被截留，之后重新蒸发到大气或下落到坡面，植被能够拦截高速下落的雨滴，起到了减少能量及土粒飞溅的作用。

但是在干旱季节，植被的根茎却吸走了土中的水分并蒸发到大气中，使土中含水量很快降低。当干旱持续时，由于一般黏土的特性，土体会出现干缩裂缝，膨胀土路基表现尤为明显。此时，土中的植被根系犹如土体中的加筋材料，抵抗土体收缩引起的开裂。但是如果遇到很长时间的干旱，比如据新华网吉林频道报道，"部分地方干土层厚度达1.0~1.5m"，"通榆、乾安、长岭的部分地块土壤含水量只有5%"的极端干旱情况下，植被虽然对土体有加筋作用，但是如前所述，此时膨胀土路基土体的含水量已经低于极度收缩时的含水量（缩限状态），失水引起的收缩接近于零。由干旱引起的收缩已经到达了极值，对于膨胀土路基而言，持续干旱对膨胀土路基的影响已经达到极致。可以认为，再持续下去的干旱对膨胀土路基的收缩已经没有多大的影响了。

没有植被护坡的膨胀土路基在施工期间，由于没有植被的防护，在持续干旱的情况下，膨胀土路基的水分也会很快被蒸发，在这种情况下比有植被的路基边坡的蒸发速度更快。

植被因素对地裂缝形成的贡献主要表现在对膨胀土含水量的影响方面，不同类型的地裂缝，植被的影响有较大的差异。面裂式膨胀土的地裂缝实际上是一般膨胀土地区常见的一种地裂缝，分布在地表为膨胀土的、地形高亢的、植被发育不良的向阳山坡上。这种裂缝具有一般裂隙的性质，裂面粗糙，延伸方向亦受原始裂隙边界的限制。地裂缝规模一般都较小，宽度一般<0.20m、长<35m，向下延深一般小于大气影响深度和限于膨胀土层内，可测深度通常<3m。这类地裂缝季节性相当明显，雨季闭合、旱季张开和极易被雨水携来的泥沙充填。气候越干旱，持续时间越长，膨胀土失水越充分，裂缝规模就越大。植被对面裂式地裂缝而言，有植被覆盖时，膨胀土水分不易散失，不利于形成地裂缝。

对于暗裂牵动式膨胀土地裂缝，开裂前地表无任何迹象（个别情况下可见极不明显的小裂缝或落水洞穴），总是在久旱大雨之时突然发生。它既可发育于厚度较大的膨胀土裸露区，也可发生在膨胀土浅埋区，主要分布于微地貌发育的平原（或台地）边缘地带，尤以地形反差明显、临空面大的孤山、残丘、垄岗、山脊等地段最为常见，具体的发育位置绝大多数为林地边缘、林间空地、林间道路上，其形状和延伸方向明显受树林边界条件的限制。对于暗裂牵动式地裂缝来说，植被反而是地裂缝形成过程中至关重要的失水途径和不可缺少的诱发条件。

在气候因素中，降雨和干旱是对膨胀土路基影响最大的两个因子，直接控制着路基失稳的发生时间。降雨使膨胀土含水量增加和发生膨胀变形，干旱使膨胀土含水量不断降低而发生收缩变形，导致膨胀土路基裂隙发育，同时也使膨胀土积蓄膨胀潜势。由于持续干旱，膨胀土中水分将被强烈地蒸发散失，土体收缩达到极限（如缩限状态），并伴随着严重开裂，这将造成路堤的不均匀下沉和破坏。然而，强烈干缩的土体再度吸水产生的体积膨胀，将伴随着产生强大的膨胀压力。所以，大量膨胀土路基的破坏大多数集中在久旱以后的第一个雨季，甚至取决于干旱后第一次持续降雨量的大小，因此，对膨胀土路基水毁分析不能忽视干旱的影响[149]。在气候正常的年月，旱涝的周期性变化会对膨胀土路基的稳定性产生影响；在气候异常的情况下，特别是出现有特大的干旱时，会对膨胀土路基稳定造成更大的影响。温度主要起到加速地表膨胀土中水分转移的作用，温度越高，地表胀缩土失水越迅速，失水量也就越大。

## 5.1.2 降雨入渗对路基含水量的影响

由于降雨入渗对膨胀土的强度影响很大,在膨胀土路基水毁的模型试验中可以通过分析不同填筑条件下同一个位置的含水量探头的读数,得出降雨入渗的规律。如图 5-2、图5-3、图 5-4 所示,可以得出如下结论:

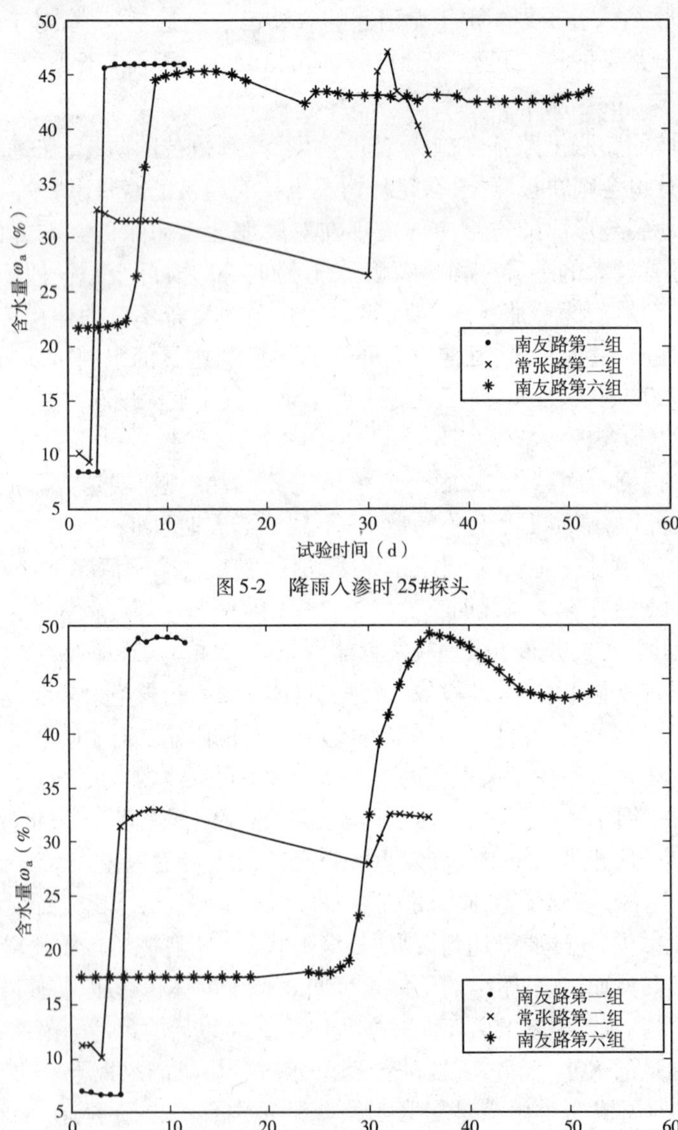


图 5-2 降雨入渗时 25#探头

图 5-3 降雨入渗时 40#探头

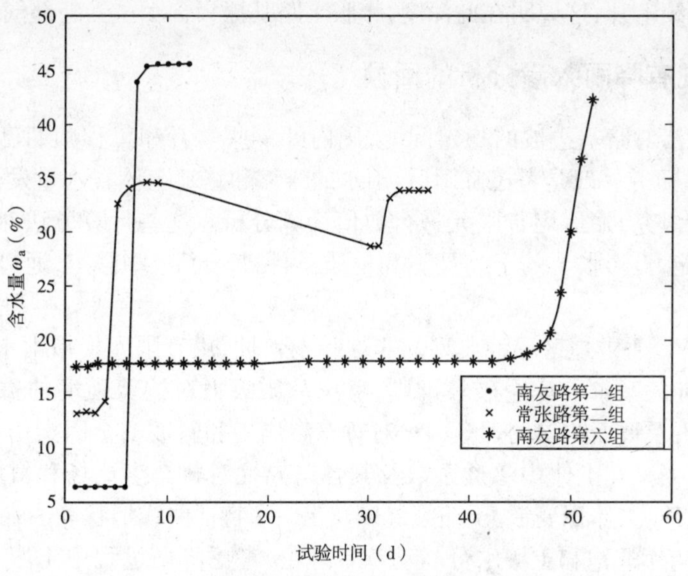


图 5-4　降雨入渗时 30#探头

(1)从图 5-2 所示,初始含水量越低的膨胀土吸收水分至饱和的斜率越大,在同样的时间内达到饱和的速度越快。这说明膨胀土初始含水量越低,其吸收水分的能力越强,其吸收能力与膨胀土的胀缩等级无关;

(2)广西南友路宁明地段中等膨胀土:密实度为 60% ~70%,模拟排水边界条件下,水在路基中的入渗速度为 13.9mm/h;在 90% 压实条件,模拟不排水边界条件下,水在路基中的入渗速度为 1.33 ~1.56mm/h;

(3)湖南常张路慈利地段弱膨胀土:在模拟排水边界条件下,在较低含水量(10.1% ~13.1%)路堤中,水的入渗速度为 8.33 ~15.63mm/h;而在较高含水量(25.3% ~28.6%)路堤中,水的入渗速度为 12.50 ~20.83mm/h。这一试验结果说明:在排水边界条件下路基中含水量越高,水的入渗速度越快;

(4)由于南友路第六组试验是采用不排水边界条件,距膨胀土路堤顶面 0.9m 的 40#探头测得的入渗明显比距路基顶面 0.3m 的 25#探头慢;

(5)在此深度,在阴天的含水量仍然有小幅度下降,说明在此深度,气候对膨胀土路基内部含水量仍然有一定的影响;

(6)在不排水边界条件下,水在膨胀土路基中的入渗速度随路基深度的增大而减缓。受不排水条件的影响,距路基顶面 1.5m 的 30#探头的含水量过了近 50 天才发生变化,其入渗速度为 1.33mm/h,比同为南友路中膨胀土但底面为排水条件入渗速度 15.63mm/h 差了一个数量级。这也说明现实中膨胀土路基的降雨入渗非常缓慢;

(7)在图 5-4 中,试验中最后几天模拟的天气均为阴天,但是 30#探头所测的含水量仍然保持不变或者持续上升,这说明在此深度,膨胀土路基探头含水量受外部气候影响不很明显。

### 5.1.3 现有降雨入渗分析的回顾

对于降雨入渗对路基边坡的稳定问题,国内外一些学者和工程师们已经开展了不少的研究[150、151],这些研究一般是考虑降雨后,雨水的入渗和路基土体含水量发生变化,对暂态渗流场的参数进行研究,并运用有限元进行数值计算分析。这些计算方法对雨型、雨量、降雨持时、土的入渗能力、膨胀土的干缩裂隙和地质条件进行了一些假定,通过数值计算得出了一些重要的结果。

吴宏伟[73]针对香港地区一种典型的非饱和土斜坡,用有限元模拟雨水入渗引起的暂态渗流场,采用延伸的摩尔－库仑破坏准则,考虑基质吸力对抗剪强度的贡献研究了降雨特征、水文地质条件及坡面防渗处理等因素对暂态渗流场和斜坡安全因素的影响,分析了降雨强度、降雨历时、雨型和土体中渗透系数及其各向异性对暂态渗流场和斜坡安全的影响,但未考虑孔隙空气压力、体积变形、干缩裂缝以及土－水特征曲线形状等因素的影响。

李兆平[152]应用非饱和土壤水分运动基本理论,考虑降雨过程中土壤入渗能力的变化,采用非饱和强度理论,编制了可考虑基质吸力影响的边坡安全系数计算程序,讨论了降雨强度、降雨持时、土壤初始含水量和土的渗透系数等参数对降雨入渗及边坡安全的影响,得出了降雨入渗引起非饱和土中基质吸力的消失或减小是引起边坡安全系数降低的主要因素。但这种方法的可靠性主要取决于土壤水分运动参数、降雨参数和边界条件的设置是否符合实际情况。

秦禄生[75]应用基于 DUCAN－CHANG 模型的有限元法,对膨胀土路基边坡雨季失稳进行了分析。通过路基边坡降雨前后应力应变分布的差异对照,发现边坡表层土体吸水所产生的较大膨胀力是膨胀土路基边坡出现表层滑坍的主要原因。但该文仅仅以含水量沿路基深度的变化来假定膨胀力,未考虑降雨过程中雨型、雨量、降雨持时对路基土体的影响。

林鲁生[72]分析了降雨入渗情况下土体抗剪强度降低的主要原因,运用非饱和土强度理论,提出非饱和土等效凝聚力新概念,探讨用常用的 Bishop 法等极限平衡法进行考虑雨水入渗影响的边坡稳定分析计算。但该方法也未考虑降雨过程中雨型、雨量、降雨持时对路基土体的影响,仅从理论上分析含水量的状态,通过土水特征曲线确定土中吸力,计算土体的抗剪强度值来反映土体确定降低的现象,其参数的确定存在一定的困难,该方法还有待进一步实践和验证。

姚海林[153]在考虑降雨强度、降雨历时、雨型、前期雨量、边坡地形地貌等初始条件对膨胀土边坡稳定分析的研究成果的基础上,通过对膨胀土边坡暂态饱和-非饱和渗流的参数研究,指出裂隙的存在对边坡中孔隙水压力和体积含水量分布有重大影响,膨胀土渗透性越低越应注意裂隙的影响。

以上这些计算和假定对降雨入渗针对边坡稳定分析探讨的较多,而对雨水冲刷和地表径流对路基边坡的稳定影响却考虑得较少或者完全没有考虑。试验中雨水冲刷及地表径流对膨胀土边坡的稳定到底起着多大的作用？为此,有必要从影响膨胀土路基边坡稳定的因素着手,结合试验和有关资料对膨胀土路基边坡失稳的破坏机理进行分析。

## 5.1.4 现有降雨入渗分析假定的不足

现有降雨入渗问题的研究实际上主要倾向于考虑入渗,对降雨本身对路基的损害考虑得较少。降雨入渗的规律[154]是:降雨入渗初期,由于降雨强度往往小于土壤的入渗能力,所以实际发生的入渗量即为降雨强度。随着累积入渗量的增加,土壤剖面含水率逐渐增大,入渗能力逐渐减小,到一定时刻后,就会出现降雨强度大于土壤的入渗能力,此时,超出入渗率的降雨则形成积水和地表径流。

徐永福[155]推导出膨胀土的浸水速率的对数与时间对数呈线性相关,且与上覆荷载呈直线相关。但是膨胀土饱和时渗流系数也不是很大[156],大约为 $10^{-8} \sim 10^{-4}$m/s,因此降雨由入渗转化为积水和地表径流的时间不是很长,大约在降雨后的十分钟内就完成了这个转变,在降雨量较大时所需时间更短。

由于膨胀土大多是一种典型的非饱和土,其渗流系数较小,渗流所需的时间很长,为了与现场实际对应起来,一般的算例将降雨持续时间考虑得很长。这样就导致了算例中的假定工况与实际情况明显不符。比如在姚海林[153]的文章中就存在这样的情况:第一,如图5-5,一般单次暴雨的降雨持续时间不会有 72h,反观其不同降雨强度条件下,安全系数与降雨持时的关系如图 5-5 可知:降雨持时小于 5h 时,相差两个数量级的降雨强度,其安全系数的下降基本上差别不大;第二,在其不同裂隙深度条件下,安全系数与降雨持时的关系如图 5-6 所示,可以看到:裂隙深度为 0. 0m、2. 0m、4. 0m 时,安全系数只是在绝对值上有所不同,并不

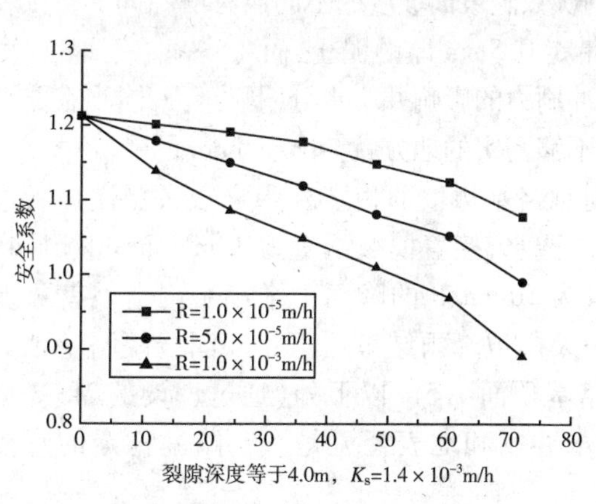


图 5-5 不同降雨强度条件下,安全系数与降雨持时的关系

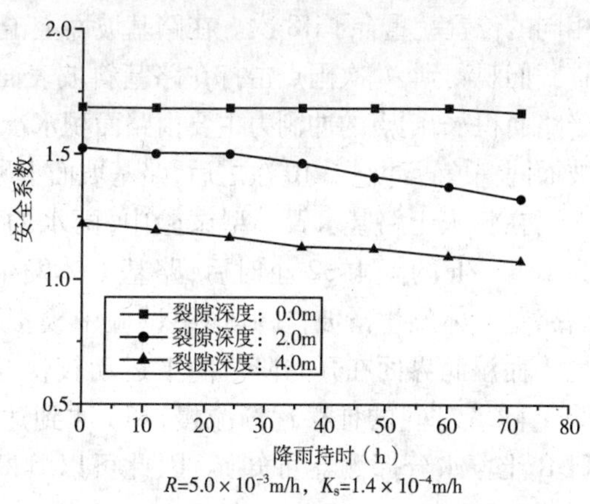


图 5-6 不同裂隙深度下,安全系数与降雨持时的关系

随降雨持时的增加有明显的下降,这说明路基的稳定与降雨持时无关。很明显,这与常识不符;第三,根据铁道部门[4]对多年膨胀土路基的调查资料显示,降雨后路基土体吸水只发生在边坡表层2.0m范围内,而且在膨胀土路基中开度为1.5cm的宏观裂隙不可能深达4.0m,而如该文在不同裂隙深度条件下,安全系数与降雨持时的关系图所示那样:只考虑裂隙深度为0.0m和2.0m时安全系数在1.7~1.5之间变化,不同的裂隙深度对安全影响的变化不是很大。由此可以得到与该文结论相悖的结果,裂隙的存在与否对路基边坡的稳定影响不大。图5-5和图5-6中$R$表示降雨强度,$K_s$表示饱和渗透系数。

### 5.1.5 降雨冲刷对膨胀土路基的影响

1. 土体吸水湿化破坏

降雨最直接的效果就是对膨胀土路基土体的含水量进行了补给,使土体表层含水量增加。土块表面颗粒首先吸附水分子形成水膜,使粒间连接削弱;同时,一部分胶结物质被水溶解,更破坏了土的结构连接;而且膨胀土是具有多裂隙特性的黏性土,所以水渗入土中则很快沿裂隙通道浸湿两侧土壁并使之膨胀软化,使土内产生不均匀应力。于是,在水膜楔入效应的作用下,使土块周围首先出现各种形状不一的土粒或小块碎落与崩散等解体现象。土体由吸水产生体积膨胀引起的结构破坏,最终会导致土体破坏。

2. 强降雨的冲击

从上可知,降雨持时较长时,更多需要考虑的是雨水的冲刷力和地表径流对膨胀土路基稳定的影响。现假定降雨为50mm/h的较大降雨,持时一小时,雨点直径为4mm的水球。此时在每平方米上有雨量$5\times10^{-2}m^3$,共计$1.49\times10^6$颗雨点,而每颗雨点的投影面积为$1.256\times10^{-5}m^2$。如果雨点互相不重合地落在地面,需要$18.7m^2$,而如果是落在一平方米的地面上,则在相同的位置就重合了18次。在路基坡面上击打的次数随坡面坡度的不同而有所不同。在试验中我们观测到,每次雨点击打在路基斜坡表面将带走0.5mm厚的泥土,而在路基水平地面,由于路面积水,雨点的冲刷力主要由路面积水承受,冲刷力的影响并不十分明显。因此,当在路基坡面同一位置冲刷了10次之后,路基坡面上碾压不够密实的地方就会出现5mm的随机冲沟。

在膨胀土路基水毁模型试验中,雨水的冲刷对路基边坡的稳定性影响很大。模拟雨量为16mm/h的降雨32小时后,路基土体发生局部透水,接着模拟雨量为35mm/h的降雨4h后路基土体发生滑坡,在其他组试验中模拟雨量为50mm/h的降雨1个小时内滑坡就可发生。而湿润界面在开始阶段向下运动较快,第一天模拟降雨结束后可见浸润线距路基顶面8cm,随着时间的推移逐渐减慢,45d才到达距路基顶面1.5m以下处(通过埋设的MS-2型FDR土壤水分探测器可知)。因此可以判断雨水冲刷和地表径流是影响路基稳定的直接原因。

3. 地表径流的冲刷

在路基土体表面含水率逐渐增大、入渗能力逐渐减小、对路基坡面进行冲刷的降雨还来不及入渗时，由于重力作用顺坡而下，形成了地表径流。地表径流在路基较高、坡度很大的情况下速度会变得很大，快速流动的径流会对坡面形成的冲沟进行二次冲刷。因此，在很多路基坡面的坡脚冲沟较发育，为路基稳定的破坏创造了主要条件。

根据香港地区研究人员安装的自动雨量记录系统，Brand[70]详细分析了1953年至1983年的降雨与滑坡事件，得出了以下重要结论：①绝大多数的滑坡是短期强烈降雨所引起，而且滑坡发生事件与小时峰值雨强几乎同时发生；②对于持续时间较短、雨势较弱的“少数”滑坡，仅仅几天以前的降雨是重要的，除此之外，前期雨量不是滑坡产生的主要原因；③70mm/h的降雨强度是滑动产生的阈值，超过这个降雨强度，滑动产生的数量和严重程度随着雨强增加而急剧地增加；④24h雨量反映了短期雨强，因此可用24h雨量作为判别滑坡可能性的依据。通常24h雨量小于100mm时，滑坡不可能发生，这也从实践上证明了冲刷和地表径流是发生滑坡的主要原因。

4. 干缩裂隙的促进

强度小的或者持续时间较短的降雨并不会使路基当时就失稳，但是在干旱季节，由于日晒风干作用，坡面表层水分蒸发，膨胀土失水干缩开裂，整个坡面满布长短不一的大小裂纹，这些裂纹与冲沟相互交织、互相影响，并随时间推移逐步形成纵贯坡面的竖向裂纹，为下次降雨形成更深更大的冲沟直至给整个路基边坡的破坏创造了条件。但是裂隙的通道作用并不明显。在膨胀土路基水毁模型试验中，用10支1 000瓦的碘钨灯离土体20cm模拟日照30天后，干缩的宏观裂隙深入土体的深度并不会超过3cm。而且在第二次降雨时，水分的补给会使土块崩坍，填塞裂隙。此时宏观裂隙中的土体马上饱和，雨水的入渗速度就与膨胀土饱和渗流速度相同，在降雨过程中的渗流由于时间短，对路基稳定的影响不是很大。

在强降雨过后积水入渗或者在长时间小雨量的降雨过程中，雨水入渗会使膨胀土路基浅表层的孔隙水压力增大，路基边坡向临空面膨胀，同时基质吸力的丧失会使土体更易发生崩坍。随着冲沟的加深，渗流影响深度也会扩大，裂隙间的湿润前锋的相互交叉使边坡纵向冲沟之间形成具有一定深度的饱和区，这对膨胀土边坡稳定更为不利。这种破坏经常表现为在强降雨过后积水入渗或者在长时间小雨量的降雨过程中路基边坡发生的鼓胀破坏，而边坡防护的破坏又为下一次降雨时的雨水冲刷及地表径流对路基的破坏提供了更为便利的条件。

## 5.2 极端干旱对膨胀土的影响

### 5.2.1 干旱对膨胀土收缩性的影响

干旱对膨胀土土块的直接影响是使膨胀土土体失水，失水后的膨胀土产生收缩。收缩同膨胀一样，其性质的强弱、变形的大小以及收缩规律，均取决于土的物质组成，即土的矿物成分、物理化学特性和结构类型[157]。土的粒度成分及其颗粒的定向程度和分散度,对土的收缩影响也是很大的。一般情况下,体缩有随粘粒(包括胶粒)成分含量增加而增大的趋势,颗粒定向度越大的土,其收缩性越大,分散度越高,收缩也越显著。

膨胀土的起始含水量和干容重(密度)不同,失水时所产生的收缩变形也是不一样的[158]。对于同种性质的膨胀土来说,其缩限受土的起始状态的影响不大,基本上可以视为一常数。收缩量同膨胀量一样受起始条件的影响很大,都不是一个恒定值,而是随土的起始含水量和干容重的改变而变化。而且收缩量的变化规律与膨胀量相反,即收缩量随起始含水量的增大而变大,随起始干容重的增大而变小。

当原状土的起始含水量从饱和状态、扰动土的起始含水量从液限状态开始失水产生收缩,直到缩限状态时收缩量将达到最大值。此时,即使含水量再减少,土的体积也不会再缩小,表明收缩变形已经结束。很明显,土体越干燥,产生的收缩变形将越小。一旦土的起始含水量已经接近缩限状态,再失水则很困难,收缩也会很微弱,以致接近于零。如果土的起始含水量低于缩限,则根本不可能产生收缩。然而,此时的土体如果吸水,其产生的膨胀将会十分强烈。大量试验研究表明,土的收缩量与起始含水量之间的一般规律如图5-7所示,为一直线关系。

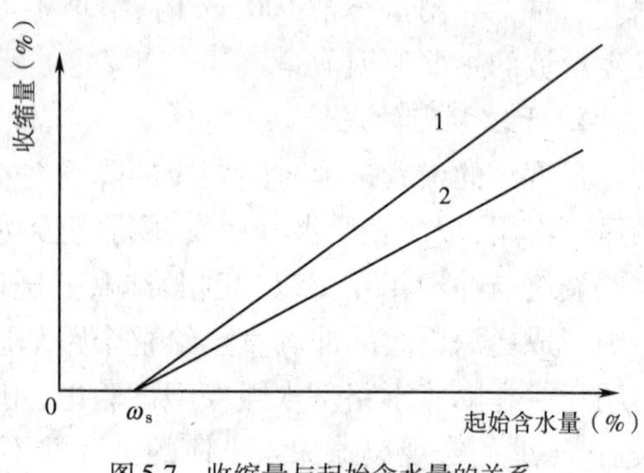


图5-7 收缩量与起始含水量的关系

### 5.2.2 干旱对膨胀土崩解性的影响

干旱对膨胀土路基破坏最大的还不是由于干缩引起的沉降,而是经过强烈干燥后的土体再度吸水湿化而产生的体积膨胀,此时往往会伴随着强大的膨胀压力。崩解就是干燥的膨胀土块浸入水中所发生的一种吸水湿化现象,是膨胀变形的极限——土体由吸水产生体积膨胀引起结构破坏,最终导致解体。如果膨胀土块不是很干燥,或者膨胀性不强,其裂隙不发育,崩解作用一般是从外部向土块中心逐渐发展的;若膨胀土块很干燥,裂隙较发育,其崩解作用主要是受到裂隙分布的控制,崩解速度快,崩解比较完全。

影响膨胀土吸水湿化丧失强度的因素,如同影响土的膨胀和抗剪强度特性一样,主要取决于膨胀土的矿物成分、粒度成分、结构特征及其胶结物以及水介质的成分和浓度等,特别是土的初始含水量。野外和实验室测试膨胀土的崩解性表明,烘干试样在水中崩解速度最快,且崩解最完全,一般在数分钟内即可全部崩解完毕;自然风干试样在水中崩解速度次之,崩解由完全到不完全;保持天然含水量状态的试样,崩解速度极慢,且崩解也极不完全;天然含水量较高的土块则不显示出崩解性。

图 5-8 是湘渝铁路安康地区三种类型膨胀土的不同含水量试样，在无约束静水条件下测得的崩解量与时间的关系曲线[4]。试样为 5cm × 5cm × 5cm 原状土体，分别处于接近缩限含水量的干燥状态和接近塑限含水量的湿度状态下不同类土的崩解情况。图 5-8 清楚地表明崩解速度和初始含水量的密切关系，揭示了膨胀土路基在久旱之后遭遇大雨迅速破坏的规律。

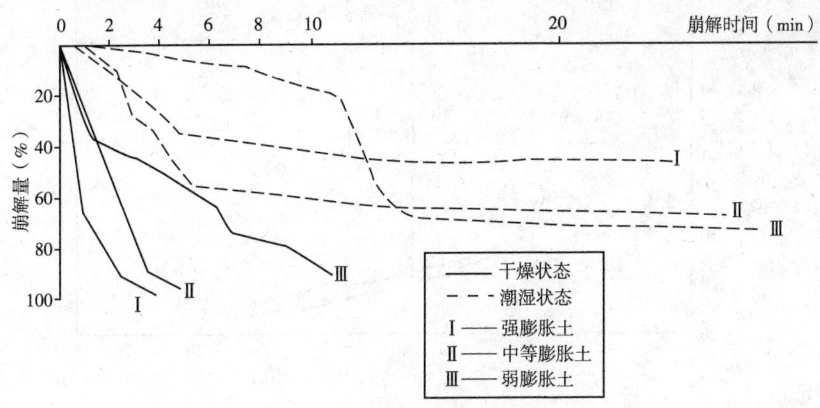


图 5-8 不同类型膨胀土的崩解特性

## 5.2.3 持续干旱对含水量的影响

膨胀土路基对含水量的变化非常敏感[159]，而气候是影响膨胀土路基含水量变化的重要原因。不同的气候条件是导致路基含水量发生变化的直接原因，比如说持续的干旱、晴天和雨天的转换、降雨入渗等都会使膨胀土路基土体中的含水量发生变化，会对膨胀土路基的稳定带来不利影响。在膨胀土路基水毁的模型试验中，除了不同气候条件下含水量的变化外，试验还测得了不同气候条件下膨胀土路堤土压力、温度、胀缩变形的规律。但是考虑到持续干旱对土体含水量的影响，有必要分析模型试验中持续干旱时土体含水量的变化规律。

在模拟阴天和日照天气时，由于路基土体没有水分的补给，可以认为此时路基正在经历持续的干旱天气。通过三个含水量探头可以测得在持续干旱时膨胀土土体含水量的变化情况，如图 5-9、图 5-10、图 5-11 所示。

从以上三图可以得到如下规律：

(1) 在持续干旱时，膨胀土路基含水量将持续下降；

(2) 在同一深度，膨胀性较强的土体含水量下降较慢；

(3) 在同一深度，初始含水量高的土体在持续干旱时失水较慢；

(4) 在不同深度，持续干旱对膨胀土路基含水量的影响规律大致相同。

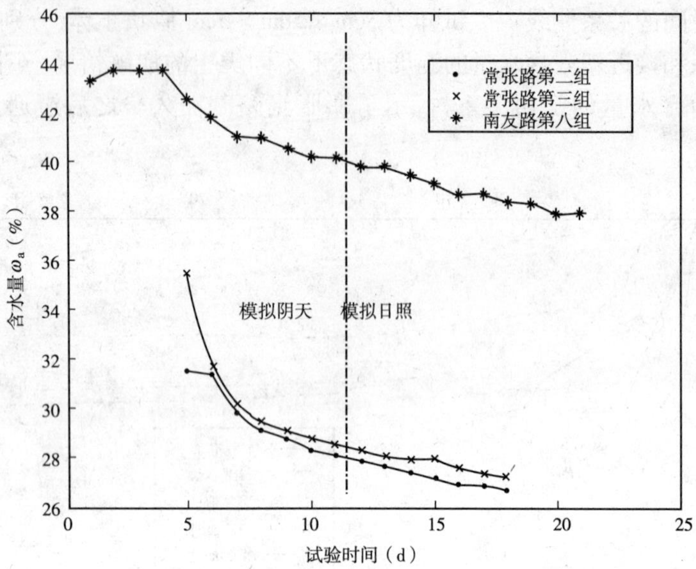


图 5-9　持续干旱时 25#探头

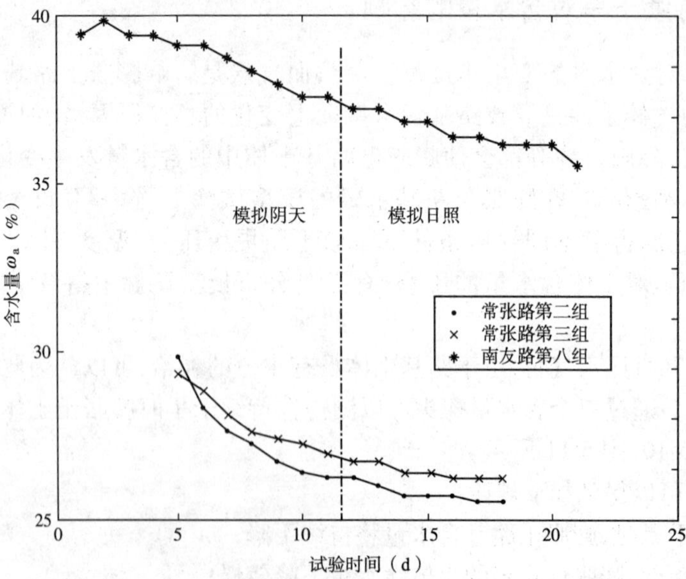


图 5-10　持续干旱时 40#探头

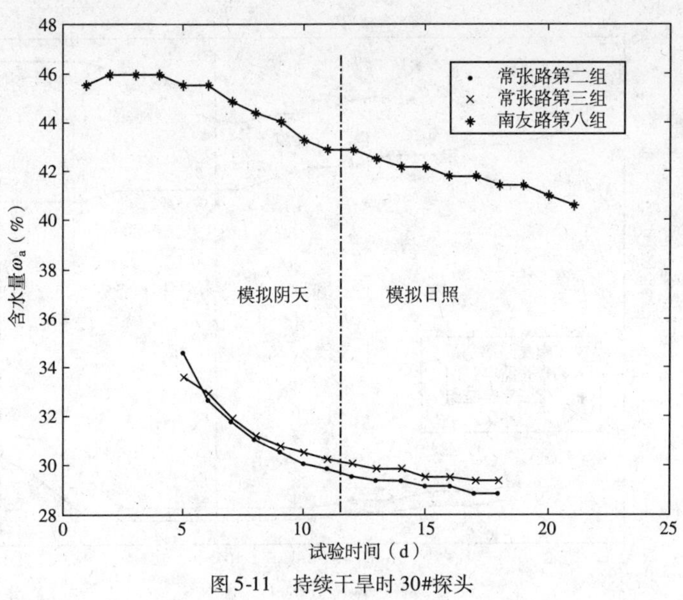


图 5-11　持续干旱时 30#探头

# 5.3　晴雨转换对路基水毁的影响

## 5.3.1　晴雨转换对路基含水量的影响

在图 5-12、图 5-13 和图 5-14 中，可以知道在晴雨转换时，膨胀土路基含水量变化有如下规律：

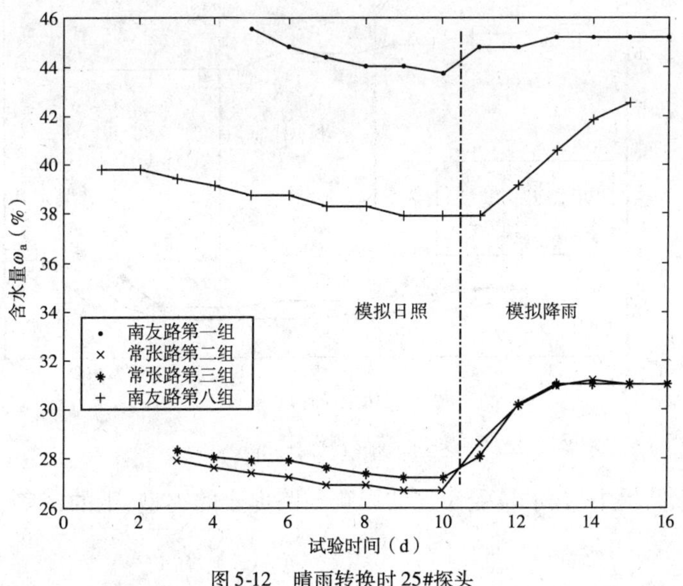


图 5-12　晴雨转换时 25#探头

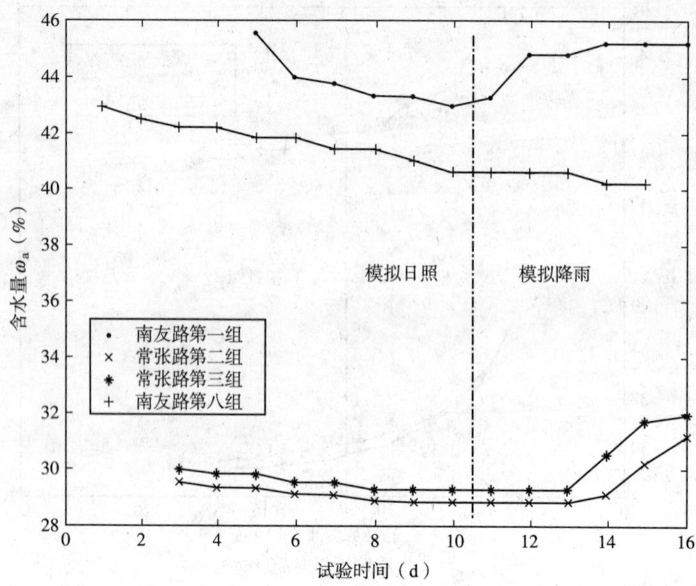


图 5-13　晴雨转换时 40#探头

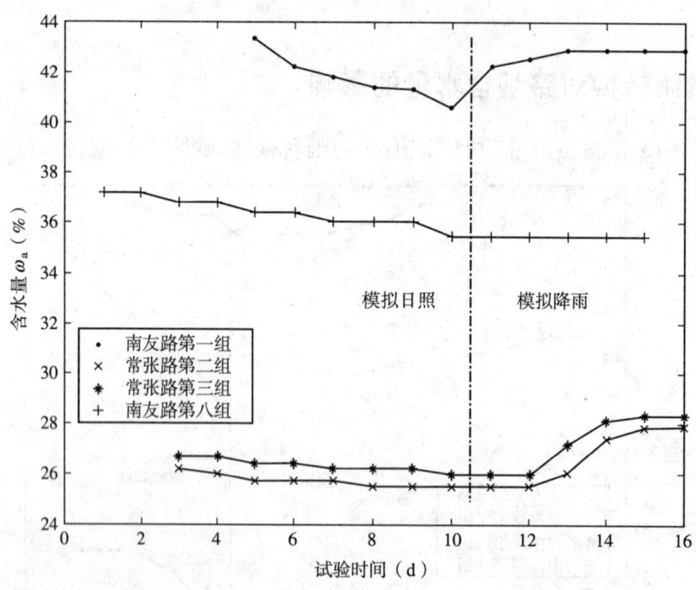


图 5-14　晴雨转换时 30#探头

（1）在膨胀土路堤中，含水量受大气的影响与路堤土的类型、土的密实、排水边界条件关系密切；

(2)相比较而言,膨胀土路基中水分的蒸发速度慢于入渗速度;

(3)广西南友路宁明地段中等膨胀土的吸收水分的能力比湖南常张路慈利地段弱膨胀土要强;

(4)从25#、40#、30#探头所测含水量的变化幅度可以看出:含水量变化受深度的影响较大,膨胀土埋藏较浅,其含水量的变化受大气影响越大;

### 5.3.2　晴雨转换对膨胀土路基的影响

路基表面受到降雨和干旱的影响,不断地进行干湿循环。湿胀干缩变形较大是膨胀土的典型特征,所以气候的晴雨转化促使和加强了膨胀土路基土体的干湿循环。由于干湿循环的作用,膨胀土路基中水分发生迁移,导致了膨胀土强度特性发生变化,因此,晴雨转化的气候变化对膨胀土路基的稳定有着重要影响。在大气营力(主要是降雨、蒸发和温度)作用下,膨胀土反复胀缩,产生的内应力导致新裂隙产生和原生裂隙扩展,最终形成错综复杂的裂隙网络。裂隙破坏了膨胀土体的完整性,使其强度降低,造成膨胀土边坡发生溜坍和滑坡等病害。正是由于裂隙的演化,使施工初期稳定的膨胀土边坡,随气候变化逐渐发生失稳滑动。因此研究膨胀土裂隙随气候的演化规律,对膨胀土边坡的设计和边坡失稳的早期预报有较大意义。

迄今为止,系统定量地研究膨胀土裂隙演化的试验资料比较少见。卢再华[65]通过计算机断面成像技术,对试样断面进行了CT扫描,定量地量测岩土材料的内部结构变化,对重塑膨胀土在干湿循环过程中裂隙的演化进行了量测,认为干湿循环过程中膨胀土的胀缩变形并不是完全可逆的。随着干湿循环次数增大,相对体积膨胀率和相对体积收缩率逐渐减小。干湿循环后,土样中原有裂隙开展,新裂隙产生,裂隙数量增加并连通,最后形成网状裂隙。

膨胀土路基的干湿循环会导致膨胀土路基的破坏,其破坏程度不但与路基填料的膨胀性、粘粒含量、压实度、坡度、渗透性、排水边界条件等密切相关,还与气候条件产生的静水压力、温度势、风化以及蒸发引起的水分迁移等有关。这种迁移的水分在膨胀土孔隙中移动,导致亲水性矿物吸水崩解、失水收缩,土颗粒之间的粘聚力几乎完全丧失,从而导致路基破坏。其破坏作用机理如下:

(1)膨胀土路基的破坏是由于湿化、风化及水的冲刷破坏作用等引起的,其破坏与路基填料的膨胀性、粘粒含量、压实度、坡度、渗透性、自然气候条件、排水边界条件等关系密切;

(2)不同晴雨转换顺序对膨胀土路基的破坏作用显著不同。干旱将引起水分蒸发及产生裂缝;降雨将产生坡面流的侵蚀及水的径流冲刷破坏。最不利的干湿循环顺序为长期曝晒之后的暴雨,在曝晒之后膨胀土路基出现较大的裂缝,雨水将沿裂缝进行入渗,坡面地表径流对路基进行侵蚀和冲刷破坏。

(3)在降雨期间,雨水沿裂缝向坡面冲刷,在雨滴溅到处,出现局部蚀穴;坡面已开裂块体表面脱落,顶面有细小土颗粒被水冲刷带走;坡面水流呈波浪形,水流冲刷表面颗粒土,使其沿坡面向下滚落。坡面出现蚀沟,坡面沟槽深处为压实时密实度较小的每一压实层的下部位,开始时在坡面上出现从上到下的锯齿形沟槽,随着冲刷的进一步加剧,将出现多级台阶形。冲刷过程是:雨滴首先将膨胀土细颗粒带走→松动→崩落→垮塌→中等颗粒被水带走→出现局部冲刷坑;

(4)膨胀土路基坡度越缓,冲沟越浅、越宽、越弯曲,水流速较小,冲刷作用越小;

(5)冲沟位置和形状与冲刷开始时形成的冲沟的位置与坡面起伏有关;

(6)在每一分层夯实层的上部,因受夯实的功较大,夯实较密实,具有较强的抗冲刷能力;而分层夯实的下部,因夯实时的影响不如上部大,夯实不如上部密实,抗冲刷能力较弱,所以,冲刷大多从每层的下部开始,在坡面形成锯齿状的冲刷沟;

(7)南友路膨胀土路基雨水冲刷时,细小的颗粒被首先冲走,最后剩下较大的颗粒,呈很松散状(类似于自然状态下的松散砂),土颗粒之间的粘聚力几乎完全丧失,强度很低。

# 第六章　极端气候的概率模型

国家气象局的统计结果表明,因大气环流异常、厄尔尼诺现象、拉尼娜现象等因素的影响,约有60%的年份与标准年的气象参数相差20%甚至50%以上。灾害性气候除了与单日单次极端天气有关外,还与该天气持续性关系较大,久旱和大雨如果超过正常值范围就可能成为灾害性气候,膨胀土路基就最容易在久旱过后的大雨中发生损毁。要预测膨胀土路基是否能在极度干旱后抵御大雨的洗礼,首先就要确定发生多久干旱和多大降雨,以及二者之间的转化的计算模型[161]。而天气现象是一种随机现象,降雨量的大小和连雨连晴,以及持续旱涝等都可以用概率模型来表示。

## 6.1　频率分析法的引入

气象现象和其他自然现象一样,在它本身的发生、发展和演变过程中,既包含必然性的一面,也包含偶然性的一面。促使气象现象发生的根本原因规定了它的规律性,这种规律性按照一定不移的秩序贯穿在全部发展过程中,致使气象现象具有了必然性的一面;但是也应看到,气象现象的发展不仅由其根本原因所决定,也受到周围许许多多因素或大或小的影响,这些影响的无限复杂性和多样性促使气象现象在演变过程中不断地发生各种程度的非根本性的偏差,致使气象现象演变的固定秩序不会以单一的形式出现,从而导致了其偶然性和不确定性的一面,也使得我们无法用其固有规律推知其真实出现的状况及其在时间上和地区上的分布。必然性和偶然性在气象现象的演变过程中不但始终同时存在,而且还相互密切联系。一般认为,在任何自然现象中,起主导作用的乃是必然规律,偶然性只是起着从属的作用。这也使得我们在研究过程中,必须把研究必然性规律的物理成因分析和研究偶然性规律的统计分析密切结合起来,以解决实际问题。

### 6.1.1　频率分析法

我国地域辽阔,地形、气象的变化十分复杂,作为自然地理因素之一的降雨也具有明显的地域关系,并反映出地理环境的影响[162]。Brand 考虑了降雨强度、降雨持时、暴雨前降雨量、间隙性降雨以及降雨雨型等情况,研究了降雨对路基稳定性的影响。但是为了方便统计业已发生的实测和调查的暴雨资料[163],分析暴雨的分布规律,尽可能利用要研究地区现有的降雨记录来研究稀遇暴雨对膨胀土路基水毁的影响。本研究采用日(24 小时)降雨量作为暴雨研究的对象。

频率分析法[164]是指在对事物规划设计和管理运用时,通过分析已有事物特征值的相关规律,给出该事物具有几率含义的特征值。该分析法适合对日降雨量极值进行分析。为使频率分析的成果有较为可靠的基础,必先做好研究样本的审查工作:详细审查它们的一致性、代表性、可靠性和独立性,在有了审定后的极端日降雨量系列样本后,就可以开展频率分析和计算工作了。其主要过程有:

(1)频率分布曲线(概率分布曲线和密度曲线)数学形式的选择;

(2)将计算好的参数考虑抽样误差与具有一定数学形式的频率曲线进行协调;

(3)对获得的结果可靠性进行检验。

### 6.1.2 重现期和保证率的确定

重现期是指在许多次试验里某一事件重复出现的时间间隔的平均数,也就是平均的重现间隔期[165]。在研究中,频率 $P(\%)$ 与重现期 $T$ 的关系可表示为:

$$T=\frac{100}{P} \tag{6-1}$$

式中:$T$——重现期,年;

$P$——频率,%。

为体现日降雨量极值与膨胀土路基稳定的关系,决定对极端降雨的重现期分别按 10 年一遇,20 年一遇,50 年一遇和 100 年一遇的情况进行分析。相应地,所确定的 $T$ 值分别为:$T=10(P=10)$、$T=20(P=5)$、$T=50(P=2)$和 $T=100(P=1)$。值得特别说明的是,所谓重现期为 100 年一遇并不是说正好 100 年出现一次,事实上也许 100 年出现数次,或是一次也未出现。它的含义仅表示每个年份出现的可能程度为 1%,只有在较长时间内,才能体现出其规律性。

保证率则指的是保证安全的概率。在本研究中,设计频率 $P$ 表示每年会出现超过某个降雨极值的几率。按保证率的计算公式,在 $n$ 年内均出现不超过该值的几率为 $1-P^n$,因此保证率为:

$$P_{\mathrm{b}}=(1-P^n) \tag{6-2}$$

式中:$P_{\mathrm{b}}$——保证率,%;

$n$——考虑保证率的年数,年。

对于不同等级的路基而言,其使用期一般很长。对于不同重现期的极端日降雨量,由上式可计算其相应的保证率,如表 6-1 所示。由表中数据可看出,即便是 100 年一遇的极端日降雨量,膨胀土路基仍有 4.9% ~26% 的可能会遇到,这也说明了本研究的必要性。

保 证 率 表 $P_b$(%) 表6-1

| *n* (年) | | 5 | 10 | 20 | 30 |
|---|---|---|---|---|---|
| 频率(%) | 1 | 95.1 | 90.4 | 81.8 | 74.0 |
| | 2 | 90.4 | 81.7 | 66.8 | 54.5 |
| | 5 | 77.3 | 59.9 | 35.9 | 21.5 |
| | 10 | 59.0 | 34.7 | 12.2 | 4.2 |

### 6.1.3 选样方法的确定

选样是指从现有记录中合理地选出若干个数值以组成一个样本来作为频率分析的依据。因此,在选样时要求样本中每个单元具有一致性和独立性,所组成的样本还必须富有代表性和足够的可靠性。频率分析中常用的选样法有年最大值法、年超大值法和超定量法。

(1)年最大值法

每年中仅选取一个最大值的方法称为年最大值法,这种方法非常简单且易于选取,在我国暴雨和洪水的统计分析中多采用此法。同时,许多学者的研究也指出,相邻年份中年最大值的关系十分微弱,可以认为是独立的。用年最大值法选样,在 *n* 年的观测资料中能选出 *n* 个最大值。所以,确定每年中日降雨量最大作为频率分析依据。

(2)年超大值法

在 *n* 年观测资料中不逐年选取最大值,而是按数值的大小依次选取 *n* 个最大值,这种方法称为年超大值法。由该法选取的样本往往有些年份没有选到,而个别年份中则有两个或两个以上。这样,可能在一年中连取数个最大值,其独立性较差;同时,采用该方法在选用时比年最大法费时,且在成果的主要部分两法一般都比较接近。

(3)超定量法

凡每年中超过一定量的数值均选取的方法称为超定量法。超定量法的选样非常麻烦且相互独立性较差,特别是在观测年份短时就缺乏代表性;同时,选取定量的最小限值亦有主观成分。一般,超定量法主要应用于洪水的分析上。

由于选样工作是频率分析中重要的一环,如果选择不合理就会影响到成果的代表性和可靠性,而具体的选样方法则应根据具体研究目的来定。在本次研究中,根据表6-2列出了某地建站以来的日降雨极值,使用日降雨量极值较为合适。

### 6.1.4 频率分布曲线的选择

频率分析中,除需要求得在已有系列期内的出现状况,还需要推求超出系列年限可能的发生情况,此时需要用频率曲线求解[166]。频率曲线分为两大类,一为经验频率曲线,靠研究者主观看法,外延没有一定的准则,误差较大,一般不推荐使用。另一种为具有一定数学形式的频率曲线,按照某种统计上的法则,来确定曲线的方程式,因为这类线形与数学有密切联系,故能探讨其性质并能减少主观外延的弊病。

某地逐年日降雨极值(1952~2005)　表6-2

| 年份 | 雨量(mm) | 年份 | 雨量(mm) | 年份 | 雨量(mm) |
|---|---|---|---|---|---|
| 1952 | 57.0 | 1970 | 153.7 | 1988 | 126.7 |
| 1953 | 133.1 | 1971 | 100.1 | 1989 | 87.8 |
| 1954 | 246.1 | 1972 | 47.3 | 1990 | 118.9 |
| 1955 | 57.7 | 1973 | 100.1 | 1991 | 87.9 |
| 1956 | 312.4 | 1974 | 109.4 | 1992 | 49.9 |
| 1957 | 74.0 | 1975 | 97.1 | 1993 | 102.0 |
| 1958 | 87.0 | 1976 | 72.2 | 1994 | 121.0 |
| 1959 | 51.2 | 1977 | 192.0 | 1995 | 189.1 |
| 1960 | 52.6 | 1978 | 69.9 | 1996 | 121.9 |
| 1961 | 105.0 | 1979 | 190.0 | 1997 | 61.0 |
| 1962 | 144.7 | 1980 | 176.1 | 1998 | 143.2 |
| 1963 | 40.7 | 1981 | 58.7 | 1999 | 161.6 |
| 1964 | 171.6 | 1982 | 89.2 | 2000 | 58.4 |
| 1965 | 72.1 | 1983 | 82.1 | 2001 | 77.6 |
| 1966 | 105.9 | 1984 | 48.5 | 2002 | 217.0 |
| 1967 | 157.8 | 1985 | 93.8 | 2003 | 60.6 |
| 1968 | 103.2 | 1986 | 59.4 | 2004 | 87.7 |
| 1969 | 128.3 | 1987 | 133.7 | 2005 | 205.0 |

能用数学式表示的频率曲线线形有好几种,这些曲线的建立大多自下列两个角度出发:

一是试图从理论上(成因上和统计上)证明气象现象所服从的规律,从而依据这些规律制定出分布函数。这类曲线如正态分布、对数正态分布和极值分布(包括耿贝尔分布、伏瑞谢分布等)。

二是纯从配合资料角度着手,视资料的分布趋势来定出线形的公式。这类曲线可由下列三种方法得到:

(1)用概括某些分布通行的方法。这类曲线是以实测资料的相对频率的分布图或累积频率的分布图为依据,找出线形的方程式,如皮尔逊曲线族和古德力区曲线等。

(2)用函数转换的方法。这种曲线是以某种常用的线性为基础,经过变数的函数转换,导出新的方程式，如以皮尔逊－Ⅲ型为基础和用幂函数转换的克里茨基－文凯里曲线，以正态分布为基础和用对数转换的对数正态曲线等。

(3)用多项式展开修正基本分布的方法。这种曲线也是以常用的线性为基础，通过概率密度函数的级数展开，再截取有限项作为新的线形方程，如以正态分布为基础和用埃尔米特多项式展开的格拉姆-夏里埃分布，以皮尔逊－Ⅲ型为基础和用拉盖尔多项式展开的波洛夫科维奇分布等。

由于频率分布曲线的线型不同，在日降雨量极值的研究中选取不同的曲线对应着不同的精确度。所以，频率分布曲线的选择应参照下列原则：

(1)计算方便，线形的数学特性简单且易探讨和理解。

(2)参数不超过三个，以避免高阶矩阵难以确定的困难。根据目前的资料水平最好采用三参数体系，从而使曲线具有一定程度的弹性。

在下文中，研究者将用皮尔逊－Ⅲ型分布和耿贝尔分布对表6-2中数据进行分析并对结果予以验证，以确定在本次气候异常模型中极端日降雨量确定上所采用的频率曲线类型。

## 6.2 极端日降雨量的皮尔逊－Ⅲ型分布

英国生物学家皮尔逊在1895年创造了一种概括性的曲线以与实际资料相结合。他所建立的是一大族分布曲线，在某种程度上能大致符合二项分布、普阿松分布、超几何分布和正态分布等。该曲线族的研究是从概率密度取向出发，然后再研究出它的频率曲线。

在气象领域中，皮尔逊－Ⅲ型分布曲线应用广泛，并不是由于它对气象现象的物理意义能予以解释，而仅仅是因为它的计算简便，并且许多气象研究者分析的实践表明，皮尔逊－Ⅲ型曲线能与大部分气象资料具有良好配合性的结果[167]。

### 6.2.1 皮尔逊曲线族的通用性公式

皮尔逊在很多资料中发现，概率密度曲线的图形是单峰的且峰形两边的出现频次逐渐减少，成为近似于铃形的曲线。同时，曲线的两端或一端与横轴渐近而至相切。于是，皮尔逊提出了创立曲线族的两个条件：

(1)在峰顶端，即众值处，切线的斜率等于零，如坐标原点取在均值的位置，即当 $x=-d$ 时，$dy/dx=0$。这里的 $d$ 为均值与众值间的距离，也称偏差半径。

(2)两端或一端以横轴为渐近线或是与横轴相切，即当 $y=0$ 时，$dy/dx=0$。

根据上述概念，皮尔逊建立了概率密度曲线的微分方程式：

$$\frac{\mathrm{d}y}{\mathrm{d}x}=\frac{(x+d)y}{g(x)} \tag{6-3}$$

式中：$g(x)$——$x$ 的函数，可用一升幂函数来表示，则式(6-3)可改写为：

$$\frac{\mathrm{d}y}{\mathrm{d}x}=\frac{(x+d)y}{b_0+b_1x+b_2x^2+\cdots+b_nx^n+\cdots} \tag{6-4}$$

式中 $b_0$、$b_1$、…、$b_n$ 等为待定参数，可以用资料中的各阶矩来代替。此外，虽函数 $g(x)$ 在理论上可展开成无穷级数，但实际上不可能如此，也没有必要取无穷项。皮尔逊在研究后认为，计算高阶矩会引起很大误差，因此只采用到 $b_2$ 即可，也就是说，只要四阶矩就行了。尔后的实践也证明用四参数已足够应用和概括，同时在计算和分析上又较为简单。因此，概率密度分布曲线的最后形式为：

$$\frac{\mathrm{d}y}{\mathrm{d}x}=\frac{(x+d)y}{b_0+b_1x+b_2x^2} \tag{6-5}$$

式(6-5)即为皮尔逊曲线族的通用型公式。

### 6.2.2 皮尔逊－Ⅲ型曲线的概率密度分布

Ⅲ型曲线的判别准则为 $b_2=0$。就数学上的解释，在 $b_0+b_1x+b_2x^2=0$ 中，如 $b_2\to 0$，则其中一根趋于无穷大，而另一根为 $-b_0/b_1$。此时，式(6-5)可变为：

$$\frac{\mathrm{d}y}{\mathrm{d}x}=\frac{(x+d)y}{b_0+b_1x} \tag{6-6}$$

将坐标轴由均值移至众值处，需以 $x-d$ 代替上式中的 $x$，故有：

$$\frac{\mathrm{d}y}{y}=\frac{x}{b_1\left(x+\dfrac{b_b}{b_1}-d\right)}\mathrm{d}x \tag{6-7}$$

令 $a=\dfrac{b_b}{b_1}-d$ 且由Ⅲ型分布曲线性质积分可推得：

$$y=y_0\left(1+\frac{x}{a}\right)^{\frac{a}{d}}e^{-\frac{x}{d}} \tag{6-8}$$

在此，将曲线坐标原点由众值处移至曲线起点处，同时令 $\alpha=\dfrac{a}{d}+1$，$\beta=\dfrac{1}{d}$，则：

$$y=\frac{\beta^{\alpha}}{\Gamma(\alpha)}x^{\alpha-1}e^{-\beta x} \tag{6-9}$$

如果再将式(6-9)的坐标原点移至极端气温系列的实际零点，则在本研究中皮尔逊－Ⅲ型密度分布曲线最终变为：

$$y=\frac{\beta^{\alpha}}{\Gamma(\alpha)}(x-x_0)^{\alpha-1}e^{-\beta(x-x_0)} \tag{6-10}$$

式中：$x_0$——Ⅲ型分布曲线的起点与系列零点的距离，即随机变量 $X$ 所能取到的最小值；

$\alpha$——形状参数；

$\beta$——尺度参数；

$\Gamma(\alpha)$——$\alpha$ 的伽马函数。

由矩法原则，三参数可分别用下式计算：

$$\alpha=\frac{4}{c_S^2} \tag{6-11}$$

$$\beta=\frac{2}{\sigma c_S} \tag{6-12}$$

$$x_0=m\left(1-\frac{2c_v}{c_S}\right) \tag{6-13}$$

式中：$m$——数学期望；

$\sigma$——均方差；

$c_S$——偏态系数；

$c_v$——变差系数。

这些特征数字的估计量分别为：

$$\widehat{m}=\bar{x}=\frac{1}{n}\sum_{i=1}^{n}x_i \tag{6-14}$$

$$\widehat{\sigma}=\sqrt{\frac{1}{n}\sum_{i=1}^{n}(x_i-\bar{x})^2} \tag{6-15}$$

$$\hat{c}_S=\frac{\frac{1}{n}\sum_{i=1}^{n}(x_i-\bar{x})^3}{\left(\frac{1}{n}\sum_{i=1}^{n}(x_i-\bar{x})^2\right)^{3/2}} \tag{6-16}$$

$$\hat{c}_v=\hat{\sigma}/\hat{m} \tag{6-17}$$

以上各统计量中，偏态系数$\hat{c}_S$ 含有三阶样本矩，故抽样误差较大，样本实测值$\hat{c}_S$ 与真值 $c_S$ 之间可能有比较大的差异，常需要对拟合的线形进行验证，并对其估计参值$\hat{c}_S$、$\hat{c}_v$ 进行适当地调整，以获得理想的分布曲线。其中一个主要原则为：

$$\hat{c}_S\geqslant 2\hat{c}_v \tag{6-18}$$

式(6-18)为$\hat{c}_S$的调整提供了一定的指导,尽管其具体值的确定仍在较大程度上依赖于试根和主观评价[168、169]。

### 6.2.3 皮尔逊-Ⅲ型频率分布曲线的确定

频率分析中,需要的是频率分布,也就是要知道对应于指定频率$P(\%)$的数值$x_p$,即要从下式中求解$x_p$值。

$$P = P(X \geqslant x_p) = \frac{\beta^\alpha}{\Gamma(\alpha)}\int_{x_p}^{\infty}(x - x_0)^{\alpha-1}e^{-\beta(x-x_0)}\mathrm{d}x \tag{6-19}$$

令$t=\beta(x-x_0)$,得:

$$P = \frac{\beta^\alpha}{\Gamma(\alpha)}\int_{p}^{\infty}t^{\alpha-1}e^{-t}\mathrm{d}t \tag{6-20}$$

式中:$t_p=\beta(x_p-x_0)$

进一步推得:

$$x_p = \frac{\bar{x}c_v c_S}{2}t_p + \bar{x} - \frac{2\bar{x}c_v}{c_S} \tag{6-21}$$

则:

$$\frac{x_p - \bar{x}}{\bar{x}} = \frac{c_v c_S}{2}t_p - \frac{2c_v}{c_S} \tag{6-22}$$

上式将$c_v$移项后,即化为标准化形式:

$$\varphi = \frac{c_S}{2}t_p - \frac{2}{c_S} \tag{6-23}$$

式中:$\varphi$——离差系数。

当已知$P$及$c_S$后,$t_p$即可获得,则$x_p$可从下式求得:

$$x_p = (\varphi c_v + 1)\bar{x} \tag{6-24}$$

因此,在已知$\bar{x}$、$c_v$及$c_S$的条件下,频率分布曲线($P$与$x_p$的关系)就能确定下来。

以表6-2中某地建站以来的日降雨量极值为样本,按式(6-14)、(6-16)和式(6-17)分别求得:

$$\bar{x}=112.0556;\hat{c}_v=0.5014;\hat{c}_S=1.22$$

显然,上述结果满足$\hat{c}_S \geqslant 2\hat{c}_v$的条件,因此,皮尔逊-Ⅲ型曲线可以较好地对日降雨极值进行拟合,具体如表6-3所示。

皮尔逊 - Ⅲ型分布离差系数 $\varphi$ 与 $x_p$ 的对应值　　表 6-3

| $P$(%) | 0.001 | 0.01 | 0.1 | 0.2 | 0.333 | 0.5 | 1 | 2 | 3 |
|---|---|---|---|---|---|---|---|---|---|
| $\varphi_p$ | 8.03 | 6.44 | 4.84 | 4.35 | 3.97 | 3.67 | 3.16 | 2.63 | 2.31 |
| $x_p$ | 563.44 | 473.91 | 383.88 | 356.44 | 335.18 | 318.52 | 289.40 | 259.71 | 241.93 |
| $P$(%) | 5 | 10 | 20 | 25 | 30 | 40 | 50 | 60 | 70 |
| $\varphi_p$ | 1.91 | 1.34 | 0.72 | 0.51 | 0.34 | 0.05 | −0.20 | −0.42 | −0.63 |
| $x_p$ | 219.41 | 187.10 | 152.78 | 140.98 | 131.43 | 114.89 | 101.09 | 88.66 | 76.73 |
| $P$(%) | 75 | 80 | 85 | 90 | 95 | 97 | 99 | 99.9 | |
| $\varphi_p$ | −0.73 | −0.84 | −0.95 | −1.08 | −1.24 | −1.32 | −1.44 | −1.58 | |
| $x_p$ | 71.04 | 65.04 | 58.48 | 51.29 | 42.59 | 37.96 | 30.88 | 23.35 | |

以表 6-3 中数据为依据，对于本次研究的 10 年一遇，20 年一遇，50 年一遇和 100 年一遇的重现期，其极端日降雨极值如表 6-4 所示。

某地不同重现率的极端日降雨量　　表 6-4

| 频率 | 10 年一遇 | 20 年一遇 | 50 年一遇 | 100 年一遇 |
|---|---|---|---|---|
| 降雨量(mm) | 187.10 | 219.41 | 259.71 | 289.40 |

## 6.3　极端日降雨量的耿贝尔分布

耿贝尔分布又称为第Ⅰ型极值分布，它可以分析给定时段内随机变量的极值，仍是随机变量的分布问题。耿贝尔分布主要取决于原始分布函数和样本容量。其中，原始分布为指数型分布（如正态分布、皮尔森 - Ⅲ型分布等）时，样本极值渐近服从于下列分布函数[170]：

$$F(x) = P(X < x) = e^{-e^{-a(x-b)}} \tag{6-25}$$

式中：$a$ ——尺度参数；

$b$ ——密度分布的众数。

其分布密度为：

$$f(x) = ae^{-a(x-b)-e^{-a(x-b)}} \tag{6-26}$$

保证率函数为：

$$P(x) = P(X \geqslant x) = 1 - e^{-e^{-a(x-b)}} \tag{6-27}$$

在尺度参数 $a$ 和密度分布众数 $b$ 的确定上，一般采用矩法和耿贝尔法，以下作一简单介绍。

### 6.3.1 耿贝尔分布的矩法确定

首先,令:

$$Y = a(X - b) \tag{6-28}$$

则式(6-25)至式(6-26)分别变为:

$$F(y) = P(Y < y) = e^{-e^{-y}} \tag{6-29}$$

$$f(y) = ae^{-y-e^{-y}} \tag{6-30}$$

对 $Y$ 的数学期望和均方差的定义式进行积分,分别得到:

$$\begin{cases} E(Y) = 0.5772 \\ \sigma_y = \pi/\sqrt{6} = 1.2825 \end{cases} \tag{6-31}$$

再由:

$$\begin{cases} E(Y) = E[a(X-b)] = aE(X) - ab \\ D(Y) = D[a(X-b)] = a^2 D(X) \end{cases} \tag{6-32}$$

得:

$$\begin{cases} a = \sigma_y/\sigma_x = 1.2825/\sigma_x \\ b = E(X) - 0.5662 \times \dfrac{\sqrt{6}}{\pi}\sigma_x \end{cases} \tag{6-33}$$

以实测统计量 $\overline{X}$、$\overline{\sigma}_x$ 作为 $E(X)$ 和 $\sigma_x$ 的近似值,则得 $a$、$b$ 的矩法估计值如下所示:

$$\begin{cases} \hat{a} = 1.2825/\hat{\sigma}_x \\ \hat{b} = \hat{E}(X) - 0.5662 \times \dfrac{\sqrt{6}}{\pi}\hat{\sigma}_x \end{cases} \tag{6-34}$$

### 6.3.2 耿贝尔分布的耿贝尔确定

设有实际观测得 $N$ 各极大值样本,将它们按由大到小的顺序排列为:

$$x_1 \geqslant x_2 \geqslant \cdots \geqslant x_m \geqslant \cdots \geqslant x_{N-1} \geqslant x_N$$

$x$ 的保证率经验分布为:

$$P(X \geqslant x_m) = 1 - e^{-e^{-a(x-b)}} \doteq \frac{m}{N+1} \tag{6-35}$$

令:

$$y_m = a(x_m - b) \tag{6-36}$$

则有:

$$\frac{m}{N+1} \doteq 1 - e^{-e^{-y_m}} (m = 1, \cdots, N) \tag{6-37}$$

移项后取对数得:

$$y_m = -\ln\left[-\ln\left(1 - \frac{m}{N+1}\right)\right] (m = 1, \cdots, N) \tag{6-38}$$

在得到 $y$ 的样本序列$\{y_m\}$,并计算样本均值$\bar{y}$和均方差 $\sigma_y$,利用式(6-32)进行变换后得 $a$、$b$ 的估计值:

$$\begin{cases} \hat{a} = \sigma_y / \sigma_x \\ \hat{b} = \bar{x} - \bar{y}\dfrac{\sigma_x}{\sigma_y} \end{cases} \tag{6-39}$$

由于 $y_m$ 仅与 $m$ 和 $N$ 有关,因此 $\bar{y}$、$\sigma_y$ 只是 $N$ 的函数,应用时只需查相关表格而不用具体计算。在得到参数估计量$\hat{a}$、$\hat{b}$后,即确定了耿贝尔分布形式。在应用时,需要的是设计概率 $P$ 所对应的 $x_p$。由:

$$P = P(X \geqslant x_p) = 1 - e^{-e^{-a(x_p - b)}} \tag{6-40}$$

解得:

$$x_p = \bar{x} - \frac{\sqrt{b}}{\pi}\sigma_x\{0.5772 + \ln[\ln(1-P)]\} \tag{6-41}$$

记:

$$\varphi_p = \frac{\sqrt{b}}{\pi}\{0.5772 + \ln[\ln(1-P)]\} \tag{6-42}$$

则:

$$x_p = \bar{x} + \varphi_p \sigma_x = \bar{x}(\varphi_p c_v + 1) \tag{6-43}$$

式中:$c_v$ ——变差系数,$c_v = \sigma_x / \bar{x}$;

$\varphi_p$——耿贝尔分布的离均系数,它仅与保证率 $P$ 有关。

### 6.3.3 耿贝尔频率分布曲线的确定

通过计算发现,使用矩法和耿贝尔方法计算所得结果相当接近。鉴于耿贝尔方法在使用计算机编程计算上相对简便,故决定采用该法确定耿贝尔频率分布曲线。计算结果如表 6-5 所示。

耿贝尔分布离差系数 $\varphi$ 与 $x_p$ 的对应值 表 6-5

| $P(\%)$ | 0.001 | 0.01 | 0.05 | 0.1 | 0.5 | 1 | 2 | 3 | 5 | 10 | 20 |
|---|---|---|---|---|---|---|---|---|---|---|---|
| $\varphi_p$ | 8.53 | 6.73 | 5.48 | 4.94 | 3.68 | 3.14 | 2.59 | 2.27 | 1.87 | 1.30 | 0.72 |
| $x_p$ | 591.31 | 490.18 | 419.95 | 389.61 | 318.82 | 288.48 | 257.57 | 239.59 | 217.12 | 185.10 | 152.51 |
| $P(\%)$ | 30.00 | 40.00 | 50.00 | 60.00 | 70.00 | 80.00 | 90.00 | 95.00 | 97.00 | 99.00 | 99.90 |
| $\varphi_p$ | 0.35 | 0.07 | −0.16 | −0.38 | −0.59 | −0.82 | −1.10 | −1.31 | −1.43 | −1.64 | −1.96 |
| $x_p$ | 131.72 | 115.99 | 103.07 | 90.71 | 78.91 | 65.98 | 50.25 | 38.45 | 31.71 | 19.91 | 1.93 |

同样,对于日降雨量极值的10年一遇,20年一遇,50年一遇和100年一遇的重现期,其极端日降雨极值如表6-6所示。可以看出,耿贝尔日降雨量极值与皮尔逊日降雨量极值差别不是很大。

该地不同重现率的极端日降雨量 表 6-6

| 频率 | 10年一遇 | 20年一遇 | 50年一遇 | 100年一遇 |
|---|---|---|---|---|
| 降雨量(mm) | 185.10 | 217.12 | 257.57 | 288.48 |

## 6.4 极值分布模型拟合优度检验

在上文中,分别用皮尔逊-Ⅲ型和耿贝尔分布拟合出某地极端日降雨量极值的概率模型后,该随机变量实际总体分布是否符合所选理论分布模型,还需要以客观判定方法来确定。因此引入$\chi^2$检验法[94],以检验皮尔逊-Ⅲ型和耿贝尔分布对极端日降雨量的拟合效果。

### 6.4.1 $\chi^2$ 检验法

$\chi^2$ 检验是在总体分布为未知时,根据样本 $x_1$、$x_2$、…、$x_n$ 来检验关于总体分布的假设:

$H_0$——总体 $x$ 的分布函数为 $F(x)$;

$H_1$——总体 $x$ 的分布函数不是 $F(x)$。

在用$\chi^2$检验法检验假设 $H_0$ 时,若在假设 $H_0$ 下 $F(x)$ 的形式已知,但其他参数未知,则需用极大似然估计法估计参数,然后再作检验。

$\chi^2$ 检验法的基本思路如下:将随机试验可能结果的全部 $\Omega$ 分为 $k$ 个不相容的事件 $A_1$、$A_2$、…、$A_k$($\sum_{i=1}^{k} A_i=\Omega, A_iA_j=\varnothing, i\neq j, i,j=1,2,\cdots,k$)。于是在假设 $H_0$ 下可以计算 $\hat{p}_i=\hat{P}(A_i), i=1,2,\cdots,k$。在 $n$ 次试验中事件 $A_i$ 出现的频率 $f_i/n$ 与 $\hat{p}_i$ 往往有差异,但一般来说,若 $H_0$ 为真,且试验的次数又甚多时,则这种差异不应该很大。基于这种想法,皮尔逊使用式(6-44)作为检验假设 $H_0$ 的统计量,并证明了定理6.1。

$$\chi^2=\sum_{i=1}^{k}\frac{(f_i-n\hat{p}_i)^2}{n\hat{p}_i} \tag{6-44}$$

**定理 6.1** 若 $n$ 充分大,则当 $H_0$ 为真时(不论 $H_0$ 中的分布属于何种分布),统计量(6-44)

总是近似地服从自由度为 $k-r-1$ 的 $\chi^2$ 分布。其中，$r$ 是被估计参数的个数。

于是，若在假设 $H_0$ 下算得有 $\chi^2 \geqslant x^2\alpha(k-r-1)$，则在显著水平 $\alpha$ 下拒绝 $H_0$，否则就接受 $H_0$。

$\chi^2$ 检验法是基于上述定理得到的，所以在使用时必须注意 $n$ 要足够大，以及 $n\hat{p}_i$ 不太小。根据实践，一般要求样本容量 $n$ 不小于 50，以及每一个 $n\hat{p}_i$ 都不小于 5，而且 $n\hat{p}_i$ 最好是在 5 以上，否则应适当地合并 $A_i$，以满足这个要求。

## 6.4.2　极值分布模型的 $\chi^2$ 检验

在检验极端气温分布情况前，首先需对样本数据分区。由表 6-2 可知，在原始数据中，最小值、最大值分别为 40.7mm 和 312.4mm，即所有样本数据均落在区间[40.7,312.4]之间。对于连续型随机变量进行拟合优度检验时，样本资料的不同分组会对计算结果有很大影响。这里采取等概率分组法取代等距离分组解决这个问题。分组的组数 $k$ 应该满足式(6-45)。

$$k=4\left[\frac{2(n-1)^2}{u_\alpha^2}\right]^{\frac{1}{5}} \tag{6-45}$$

皮尔逊－Ⅲ型分布 $\chi^2$ 检验　　表 6-7

| $A_i$ | $f_i$ | $\hat{p}_i$ | $n\hat{p}_i$ | 合并 $n\hat{p}_i$ | $f_i-n\hat{p}_i$ | $(f_i-n\hat{p}_i)^2/n\hat{p}_i$ |
|---|---|---|---|---|---|---|
| $x<48.5$ | 3 | 0.013 | 0.702 | 6.264 | 5.736 | 5.2525 |
| $48.5<x<52.6$ | 3 | 0.023 | 1.242 | | | |
| $52.6<x<58.4$ | 3 | 0.037 | 1.998 | | | |
| $58.4<x<60.6$ | 3 | 0.043 | 2.322 | | | |
| $60.6<x<72.1$ | 3 | 0.066 | 3.564 | 7.56 | −1.56 | 0.3219 |
| $72.1<x<77.6$ | 3 | 0.074 | 3.996 | | | |
| $77.6<x<87.7$ | 3 | 0.084 | 4.536 | 9.18 | −3.18 | 1.1016 |
| $87.7<x<89.2$ | 3 | 0.086 | 4.644 | | | |
| $89.2<x<100.1$ | 3 | 0.09 | 4.86 | 9.72 | −3.72 | 1.4237 |
| $100.1<x<103.2$ | 3 | 0.09 | 4.86 | | | |
| $103.2<x<109.4$ | 3 | 0.086 | 4.644 | 8.856 | −2.856 | 0.9210 |
| $109.4<x<121.9$ | 3 | 0.078 | 4.212 | | | |
| $121.9<x<133.1$ | 3 | 0.069 | 3.726 | 6.966 | −0.966 | 0.1340 |
| $133.1<x<144.7$ | 3 | 0.06 | 3.24 | | | |
| $144.7<x<161.6$ | 3 | 0.047 | 2.538 | 5.454 | 6.546 | 0.0547 |
| $161.6<x<189.1$ | 3 | 0.03 | 1.62 | | | |
| $189.1<x<205$ | 3 | 0.022 | 1.188 | | | |
| $205<x$ | 3 | 0.002 | 0.108 | | | |
| $\Sigma$ | | | | | | 9.2094 |

式中 $u_\alpha$ 应查正态分布的单侧分位数，其中 $\alpha$ 是所采用的显著性水平。当 $\alpha = 0.05$ 时，$u_\alpha = 1.645$；$\alpha = 0.01$ 时，$u_\alpha = 2.326$。本次计算中 $\alpha = 0.01$，$n = 54$，组数 $k = 16.0447$。由于样本数不能被整除，因此按每组三个样本数进行计算。分成 18 个区间，各区间数据的频数为 3，再确定 $\hat{p}_i$、$n\hat{p}_i$ 等值后，计算得到其 $\chi^2$ 值。

对于皮尔逊－Ⅲ型分布，按上述方法，并取 $n\hat{p}_i > 5$，计算结果如表 6-7 所示。由于皮尔逊－Ⅲ型分布的被估计参数为 3，此种做法将使其自由度 $k - r - 1 = 3$，因此：$\chi^2_{0.01}(k - r - 1) = \chi^2_{0.01}(7 - 3 - 1) = \chi^2_{0.01}(3) = 11.345 > 9.209$。

故认为在水平 0.01 下接受 $H_0$，即极端日降雨量数据符合皮尔逊－Ⅲ型分布。

同理，对耿贝尔分布进行 $\chi^2$ 检验，其被估计参数仅有两个，在实际验证中能保证 $n\hat{p}_i$ 值大于 5。如表 6-8 所示，此时：

$$\chi^2_{0.01}(k - r - 1) = \chi^2_{0.01}(7 - 2 - 1) = \chi^2_{0.01}(4) = 12.277 < 12.2785$$

耿贝尔分布 $\chi^2$ 检验　　表 6-8

| $A_i$ | $f_i$ | $\hat{p}_i$ | $n\hat{p}_i$ | $\Sigma n\hat{p}_i$ | $f_i - n\hat{p}_i$ | $(f_i - n\hat{p}_i)^2/n\hat{p}_i$ |
|---|---|---|---|---|---|---|
| $x < 48.5$ | 3 | 0.047 | 2.538 | 5.4 | 0.6 | 0.0667 |
| $48.5 < x < 52.6$ | 3 | 0.053 | 2.862 | | | |
| $52.6 < x < 58.4$ | 3 | 0.062 | 3.348 | 6.858 | −0.858 | 0.1073 |
| $58.4 < x < 60.6$ | 3 | 0.065 | 3.51 | | | |
| $60.6 < x < 72.1$ | 3 | 0.077 | 4.158 | 8.478 | −2.478 | 0.7243 |
| $72.1 < x < 77.6$ | 3 | 0.08 | 4.32 | | | |
| $77.6 < x < 87.7$ | 3 | 0.08 | 4.32 | 8.64 | −2.64 | 0.8067 |
| $87.7 < x < 89.2$ | 3 | 0.08 | 4.32 | | | |
| $89.2 < x < 100.1$ | 3 | 0.079 | 4.266 | 8.424 | −2.424 | 0.6975 |
| $100.1 < x < 103.2$ | 3 | 0.077 | 4.158 | | | |
| $103.2 < x < 109.4$ | 3 | 0.073 | 3.942 | 7.398 | −1.398 | 0.2642 |
| $109.4 < x < 121.9$ | 3 | 0.064 | 3.456 | | | |
| $121.9 < x < 133.1$ | 3 | 0.054 | 2.916 | 8.802 | 9.198 | 9.6118 |
| $133.1 < x < 144.7$ | 3 | 0.045 | 2.43 | | | |
| $144.7 < x < 161.6$ | 3 | 0.033 | 1.782 | | | |
| $161.6 < x < 189.1$ | 3 | 0.018 | 0.972 | | | |
| $189.1 < x < 205.$ | 3 | 0.013 | 0.702 | | | |
| $205 < x$ | 3 | 0 | 0 | | | |
| Σ | | | | | | 12.2785 |

认为在水平 0.01 下不接受 $H_0$,即极端日降雨量数据不符合耿贝尔分布。

### 6.4.3 极值分布模型的选取

通过上述分析,可以看到,在显著性水平 0.01 上,某地极端日降雨量能满足皮尔逊-Ⅲ型分布,但是不能满足耿贝尔分布。当然通过表 6-7 和表 6-8 的计算可以发现,尽管其日降雨量不能满足耿贝尔分布,但是其 $\chi^2$ 检验非常接近的取舍临界值 $H_0$。这也是为什么很多人在实际应用中仍然采用耿贝尔分布拟合较大日降雨量的原因。由于不同保证率下的极端日降雨量数据的不同,采信何组概率分布仍然值得考虑。

(1)日降雨量的皮尔逊-Ⅲ型分布的满足 $\hat{c}_s \geqslant 2\hat{c}_v$,使得在其计算过程中较大程度上避免了依赖于主观评价,因此在实际操作中可以确保获得最优值,但其计算较为繁琐且难以确保获取最优值。

(2)计算表明皮尔逊-Ⅲ型分布能满足 $\chi^2$ 检验,因此,其数值计算结果的可信度较高。

(3)相对于皮尔逊-Ⅲ型分布而言,极端气温的耿贝尔确定法相对简便,但由于该分布属于渐进式分布,只有在样本容量较大时才能较好地与实际事物相吻合。

(4)在本次研究中,采用的是序列为 54 年的数据,基本能满足耿贝尔分布的要求。但由于其 $\chi^2$ 检验不满足耿贝尔分布,所以没有采用耿贝尔分布。

因此,根据 $\chi^2$ 检验的优度计算,在极端日降雨量的确定上,应使用皮尔逊-Ⅲ型分布来确定日降雨量的极值。

## 6.5 干旱及晴雨转换模型

### 6.5.1 干旱等级的划分

随着干旱时间的持续,膨胀土路基失水收缩引起的裂缝为地表纵深的土体提供了临空面,加剧了裂隙向纵深的发展。因此,预报干旱的持续对膨胀土路基的影响具有一定的实际意义。

干旱与降水量及其分布特征密切相关,而降水量又是季节时间尺度的逐日降水量的累计总和。产生降水的大气系统是一个开放性的巨型系统,在一个季节长度的时间尺度里,大气系统要受到上至天文、下至地理和海洋各种因素的影响[171];其次要受到太阳活动的热力和磁力变化、天体运动的引力和周期变化、下垫面的植被和干湿程度变化、气温和蒸发情况、海洋热状况变化、海陆温度差异变化和大气运动自身规律变化的综合影响,所以干旱等级的划分非常复杂。

不同的研究者从不同的角度出发,对干旱和旱灾有不同的理解,因而对干旱和旱灾有不同的定义,以至于目前国内外常用的干旱指标就有 10 余种,如气象干旱指标、水文干旱指标、农业干旱指标和经济干旱指标等[96,98]。冯利华[97]提出的呈对数函数关系的干旱等级公式计算简单，要求的气象数据不多，因此选用冯利华模型来确定干旱等级。

$$N = 4\lg KT - 9 \tag{6-46}$$

式中：$N$——干旱等级，级；

$K$——降水距平均百分率，这里 $K$ 取正值：$K = |(R_i - R)/R| \times 100\%$，其中 $R_i$ 为干旱时段降水量，$R$ 为平均降水量；

$T$——干旱的持续时间，以天计，d。

冯利华通过分析国内外大量干旱的降水距平均百分率 $K$ 和持续时间 $T$ 的分布情况，拟定：当 $N \geqslant 8$ 级时为巨旱；当 $6 \leqslant N \leqslant 8$ 级时为重旱；当 $4 \leqslant N \leqslant 6$ 级时为中旱；当 $N < 4$ 级时为轻旱。

当干日降水量为 0 时，即 $R_i = 0$ 时，$K$ 取值为 100%。实际上干旱不仅与降水量有关，还与气温、蒸发量等许多因素有关。因此一般日降雨量在 5mm 以内都可以认为是干日。假定计算期 $K$ 取值为 90%。则当 $N \geqslant 8$ 级时，干旱持续时间大于 198 天，当 $6 \leqslant N \leqslant 8$ 级时，干旱持续时间为 63 天到 198 天，当 $4 \leqslant N \leqslant 6$ 级时，干旱持续时间为 20 天到 63 天，当 $N < 4$ 级时，干旱持续时间小于 20 天。

## 6.5.2 干旱等级的模拟

通过某地连续 8 年晴雨的不间断记录，如表 6-9 所示，可以得知该地出现 1 天晴天的日子是 124 天，出现连续 2 天晴天的日子是 76 次，出现连续 3 天晴天的日子是 58 次，依此类推。从表 6-9 可以计算出来，干旱持续时间在 6 天以内发生的概率是 77.7%，干旱持续时间在 7 天以内发生的概率是 82.1%，干旱持续时间在 13 天以内发生的概率是 94.9%，干旱持续时间在 14 天以内发生的概率是 96.2%。因此，可以认为持续时间超过 7 天的干旱发生的概率不到 20% 左右，持续时间超过 14 天的干旱发生概率不到 5%。

**某地晴天持续时间累计次数** 表 6-9

| 晴天持续时间(d) | 1 | 2 | 3 | 4 | 5 | 6 | 7 | 8 | 9 |
|---|---|---|---|---|---|---|---|---|---|
| 累计出现次数 | 124 | 76 | 58 | 48 | 19 | 23 | 20 | 21 | 11 |
| 晴天持续时间(d) | 10 | 11 | 12 | 13 | 14 | 15 | 16 | 17 | 18 |
| 累计出现次数 | 12 | 6 | 4 | 3 | 5 | 2 | 1 | 4 | 2 |
| 晴天持续时间(d) | 19 | 21 | 23 | 25 | 26 | 30 | 40 | | |
| 累计出现次数 | 1 | 1 | 2 | 1 | 2 | 1 | 1 | | |

而按上节所述的干旱等级划分计算方法，假定计算期 $K$ 取值为 80%，则当干旱持续时间为 7 天时，干旱等级的划分为 2 级；当干旱持续时间为 14 天时，干旱等级的划分为 3.1 级，可

以认为是 3 级。因此,按冯利华模型计算结果,以表 6-9 所示数据分析某地发生 2 级干旱的概率是 80%,发生 3 级干旱的概率是 95%。

### 6.5.3　天气预报中的马尔可夫链

马尔可夫过程在天气预报中有着广泛的应用,马尔可夫链在预报晴雨、旱涝等灾害性天气的出现和持续,以及天气形势转变中有着重要意义[172]。马尔可夫过程是:若随机过程 $x(t)$,在时刻 $t$ 系统的状态以 $E$ 表示,对于时刻 $\tau(\tau>t)$ 系统所处状态与时间 $t$ 以前所处状态无关,那么这个过程称为马尔可夫过程。马尔可夫过程有时也称为无后效的随机过程。

一般马尔可夫过程分为三类:

(1)时间连续、状态也连续的马尔可夫过程;

(2)时间连续、状态离散的马尔可夫过程,即状态:

$$E=E_n(n=1,2,3,\cdots)$$

(3)时间离散、状态也离散的马尔可夫过程,即状态:

$$E=E_n(n=1,2,3,\cdots)$$

的转移只能在离散时间 $t=t_n(n=1,2,3,\cdots)$ 才能发生的过程。

马尔可夫链就是时间离散、状态离散的马尔可夫过程。把所有可能状态分别记为 $E_1$,$E_2$,$E_3$,…,把可列个发生转移的时间记为 $t_1,t_2,t_3,\cdots$。用 $P_{ij}$ 表示系统由状态 $E_i$ 经过一次转移达到状态 $E_j$ 的概率。转移概率 $P_{ij}$ 可以排列成一个矩阵:

$$p=\begin{vmatrix} P_{11} & P_{12} & P_{13} & \cdots \\ P_{21} & P_{22} & P_{23} & \cdots \\ P_{31} & P_{32} & P_{33} & \cdots \\ & \cdots & & \end{vmatrix} \tag{6-47}$$

显然,转移转移概率矩阵 $P$ 具有下列性质:

1) $P_{ij}\geqslant 0 \quad (i,j=1,2,3,\cdots,n)$

2) $\sum_j P_{ij} = 1(i = 1,2,3,\cdots,n)$

因此 $P$ 为每行和为 1 的非负元矩阵,这种矩阵称为随机矩阵,当其初始分布已知,马尔可夫链完全可以确定。如果用 $P_{ij}(n)$ 表示 $E_i$ 状态经过 $n$ 个时期转移到 $E_j$ 状态的概率。在马尔可夫链理论中,状态 $E_i$ 经过 $n$ 阶转到状态 $E_j$ 可以看作是它先经过 $m(n>m>0)$ 阶转到状态 $E_r(r=1,2,3,\cdots)$,再由 $E_r$ 经过 $n-m$ 阶达到状态 $E_j$,由于无后效性,这两次转移是独立的,即可以用全概率公式:

$$P_{ij}(n) = \sum_r P_{ir}(m)P_{rj}(n-m)$$

高阶转移概率可以排成高阶概率转移矩阵：

$$P^{(k)} = |P_{ij}^{(k)}| \quad k=1,2,3,\cdots$$

$$= \begin{vmatrix} P_{11}^{(k)} & P_{12}^{(k)} & P_{13}^{(k)} & \cdots \\ P_{21}^{(k)} & P_{22}^{(k)} & P_{23}^{(k)} & \cdots \\ P_{31}^{(k)} & P_{32}^{(k)} & P_{33}^{(k)} & \cdots \\ & \cdots & & \end{vmatrix} \quad k=1,2,3,\cdots \tag{6-48}$$

为了知道经过 $n$ 次转换后的概率性质,需要计算高阶这样概率,由矩阵乘法可得:

$$P^{(n+1)} = P \cdot P^{(n)} \tag{6-49}$$

计算出转移概率和高阶转移概率后,就得到了状态之间的演变规律,从而可以确定出预报了。显然,当一阶转移矩阵确定后,就可以确定出各种状态之间的演变规律了。

### 6.5.4 晴雨转换的马尔可夫链

天气预报中旱涝等天气现象往往交替出现,但是它们的出现变化概率并不相等,这时可以应用马尔可夫链解决这个问题。

设 $D$ 代表晴日,日降雨量 $<5$mm;$M$ 代表雨日,降雨量 $\geqslant 5$mm。可知只要不下雨就是晴天。先计算转移概率。设 $p_0 = P(M/D)$ 代表在前一日为雨日的条件下现转变到晴日的条件概率。$q_0 = P(M/M)$ 代表前一日为雨日,现在仍然为雨日的条件概率,且 $p_0 + q_0 = 1$。$p_1 = P(D/MD)$ 代表前一个晴日的条件下仍出现一晴日的条件概率,$q_1 = P(M/MD)$ 则代表前仅一个晴日的条件下,转移为一个雨日的条件概率,且 $p_1 + q_1 = 1$。$p_k$ 代表前面已持续 $k$ 个晴日的条件下,现仍持续为一个晴日的条件概率。而 $q_k$($q_k = 1 - p_k$)代表前面已经持续 $k$ 个晴日的条件下,现转为一个雨日的条件概率。此外又设 $f_k$($k=1,2,3,\cdots$)代表初始状态为雨日,随后在第 $k$ 日首次出现雨日的条件概率(如当 $k=1$ 时即次日为雨日,$k=2$ 时第三天为雨日,$k=3$ 时第四天为雨日……),即:

$$f_1 = \frac{P(MM)}{P(M)}, f_2 = \frac{P(MDM)}{P(M)}, \cdots, f_s = \frac{P(MD\cdots DM)}{P(M)}$$

$$f_1 + f_2 + \cdots + f_s = 1$$

根据条件概率求得:

$$p_0 = P(D/M) = \frac{P(M) - P(MM)}{P(M)} = 1 - f_1$$

$$p_1 = P(D/MD) = \frac{P(MD) - P(MDM)}{P(M) - P(MM)} = \frac{1 - (f_1 + f_2)}{1 - f_1}$$

$$p_2 = P(M/MMD) = \frac{P(MDD) - P(MDDM)}{P(M) - P(MM) - P(MDM)} = \frac{1 - (f_1 + f_2 + f_3)}{1 - (f_1 + f_2)}$$

等等:

$$p_k = \frac{1 - (f_1 + f_2 + \cdots f_{k+1})}{1 - (f_1 + f_2 + \cdots + f_k)} \tag{6-50}$$

$$q_k = 1 - p_k = \frac{f_{k+1}}{1 - (f_1 + f_2 + \cdots + f_k)} \tag{6-51}$$

这里:

$$k = 0, 1, 2, \cdots, f_0 = 0$$

由于马尔可夫过程仅借前一次天气状态来预报未来天气状态,而不考虑前一次以前的天气情况,为了改进这种近似假设,先根据马尔可夫链理论计算各个状态转移的概率,这里以雨日为初始状态计算晴日与雨日的转移概率。

以雨日为固定起始状态,在序列中凡雨日都划分状态 $s_0$,雨日以后有一个晴日的状态划分为 $s_1$;当 $s_1$ 出现以后又继续一个晴日的状态划分为 $s_2$;当 $s_2$ 出现后又继续一个晴日的状态划分为 $s_3$…;当 $s_y$ 出现后又继续一个晴日的状态划分为 $s_{y+1}$。因此在多个状态 $s_1$、$s_2$ 中考虑了历史演变情况。状态 $s_0$ 由 $s_0, s_1, s_2, \cdots$ 转移而来,其概率也是不同的。此外,晴日的持续时间不可能是无限长的,因此 $s_\infty$ 是不可能事件,其概率为零。对于膨胀土路基而言,当晴日持续较长时间,路基土体水分已经散失到一定程度,继续的干旱对路基土体的干缩作用也可以忽略不计了。因此,晴日持续时间应该是一个有限的数值。

上述 $q_0$ 代表 $s_0 \to s_0$ 的概率 $p_{00}$,$p_0$ 代表 $s_0 \to s_1$ 的概率 $p_{01}$,$q_1$ 代表 $s_1 \to s_0$ 的概率 $p_{10}$,$p_1$ 代表 $s_1 \to s_2$ 的概率 $p_{12}$,$q_2$ 代表 $s_2 \to s_0$ 的概率 $p_{20}$,$p_2$ 代表 $s_2 \to s_3$ 的概率 $p_{23}$,…,若 $k > 1$,则 $s_k \to s_k$ 和 $s_k \to s_{k-1}$ 是不可能的,其概率为 0。于是,晴雨概率矩阵为:

$$P = \begin{vmatrix} q_0 & p_0 & 0 & 0 & 0 & \cdots & 0 \\ q_1 & 0 & p_1 & 0 & 0 & \cdots & 0 \\ q_2 & 0 & 0 & p_2 & 0 & \cdots & 0 \\ & & \cdots & & & & \\ q_y & 0 & 0 & 0 & 0 & \cdots & p_y \\ 1 & 0 & 0 & 0 & 0 & \cdots & 0 \end{vmatrix} \tag{6-52}$$

如果 $n \geqslant 2$ 是,可以根据上式计算出晴雨天随机变化 $n$ 步转移概率所组成的高阶转移矩阵。

### 6.5.5 晴雨转换模型的适用性分析

天气现象是一种随机现象,连雨连晴、持续旱涝都可以用持续性来处理。持续性是大量随机现象中宏观上表现的一种统计规律。气候异常,特别是灾害性气候往往与该天气持续性关系较大。膨胀土路基在持续干旱后经历持续降雨往往会出现破坏的情况。这里主要讨论持续干旱对膨胀土路基稳定的影响。

在天气现象的持续性预报中,晴雨天气往往是一个个离散的状态,以1天为单位,就可以把天气现象看成状态离散、时间离散的马尔可夫过程,就可以运用马尔可夫链计算晴天持续,即出现干旱的问题。

设 $a$ 代表晴天,日降雨量 $<5$mm;$b$ 代表雨天,日降雨量 $\geqslant 5$mm。$a$ 出现的次数为 $n_1$;,$b$ 出现的次数为 $n_2$,且 $n_1+n_2=N$,令 $P(a)=n_1/N$,$P(b)=n_2/N$,则有:

$$P(a)+P(b)=1$$

令第 $i$ 天为 $a$ 状态,而 $i+n$ 天仍为 $a$ 的概率是 $P_{\mathrm{n}}(a|a)$。

同样,第 $i$ 天为 $a$ 状态,而 $i+n$ 天却为 $b$ 的概率是 $P_{\mathrm{n}}(b|a)$。显然必然事件:

$$P_{\mathrm{n}}(a|a)+P_{\mathrm{n}}(b|a)=1$$

持续性可以定义为:

$$P_{\mathrm{n}}(a|a)>P(a)$$
$$P_{\mathrm{n}}(b|a)>P(b)$$

或者令:

$$P_{\mathrm{n}}(a|a)=P(a)\cdot L_{\mathrm{a,a}}^{\mathrm{n}}$$
$$P_{\mathrm{n}}(b|a)=P(b)\cdot L_{\mathrm{a,b}}^{\mathrm{n}}$$

由持续性的定义,只有当 $L>1$ 时才有持续性。由此可知:

$$L_{\mathrm{a,a}}^{\mathrm{n}}=P_{\mathrm{n}}(a|a)/P(a) \tag{6-53}$$

$$L_{\mathrm{a,b}}^{\mathrm{n}}=P_{\mathrm{n}}(b|a)/P(b) \tag{6-54}$$

$P_{\mathrm{n}}(a|a)$是 $N$ 个全体材料中,开始状态为 $a$,经过几天后状态仍然为 $a$ 的概率,因此可以认为开始状态为 $a$,经过几步转移后转到状态 $a$ 的 $n$ 阶转移矩阵概率是 $P_{\mathrm{a,a}}^{(\mathrm{n})}$,故可写成:

$$P_{\mathrm{n}}(a|a)=P_{\mathrm{a,a}}^{(\mathrm{n})} \tag{6-55}$$

实际上,开始为晴天,经过1天后仍为晴天的概率就是 $P_{\mathrm{a,a}}^{2}$,即转移矩阵的二阶转移概率矩阵。于是已知转移矩阵 $P$,便可求出 $P^2$,从而求出 $L$。关于晴雨的持续性可以把矩阵 $P^2$ 中

的所有转向 $s_1, s_2, s_3, \cdots, s_y$ 的概率相加,可以求出转晴、转雨的概率,然后用整个统计区中晴天的气候概率和雨天的气候概率去除相应的转晴、转雨概率,就可以得到两天后的持续性矩阵。从而可以作出旱涝持续的预报了。

以雨日为固定起始状态,在序列中凡雨日都划分状态 $s_0$,雨日以后有一个晴日的状态划分为 $s_1$;当 $s_1$ 出现以后又继续一个晴日的状态划分为 $s_2$;当 $s_2$ 出现后又继续一个晴日的状态划分为 $s_3$…,当 $s_y$ 出现后又继续一个晴日的状态划分为 $s_{y+1}$。因此在多个状态 $s_1, s_2$ 中考虑了历史演变情况。状态 $s_0$ 由 $s_0, s_1, s_2, \cdots$ 转移而来,其概率也是不同的。此外,晴日的持续时间不可能是无限长的,因此 $s_\infty$ 是不可能事件,其概率为零。对于膨胀土路基而言,当晴日持续较长时间,路基土体水分已经散失到一定程度,继续的干旱对路基土体的干缩作用也可以忽略不计了。因此,晴日持续时间应该是一个有限的数值。在膨胀土路基水毁预测中,干旱持续的概率可以由当地实际发生干旱的情况进行统计分析来确定。对连续出现晴日即干旱的持续时间加以描述,从而把久旱多久出现多大雨量的情况考虑到预测模型中去。

天气现象十分复杂,马尔可夫链对于描写天气过程过于简单,但是如果样本相等长,则高阶转移概率的样本值和马尔可夫链的理论值相差较小。干旱对膨胀土路基出现干缩裂缝的影响会随路基含水率降低至某一值后可以忽略,因此运用马尔可夫链预测干旱,并将结果运用到预测膨胀土路基的稳定上是可行的。

# 第七章　膨胀土路基的水毁灾害

我国对膨胀土灾害开展了大量的研究，除了对灾害分布规律、形成机理、趋势预测等方面进行分析之外，灾情评估也开始在膨胀土灾害研究中兴起。但是，对膨胀土灾情评估的研究目前还主要停留在房屋建筑工程地基发生变形，进一步引起房屋沉陷开裂等方面。基于此，本章将讨论膨胀土路基的水毁灾害特点，并根据其灾害特点建立适当的数学模型对其进行水毁灾害预测。

## 7.1　膨胀土灾害概况及成灾特点

### 7.1.1　灾害概况

膨胀土是在自然地质过程中形成的一种多裂隙并具有显著胀缩性的地质体。膨胀土吸水膨胀、失水收缩并且反复变形的性质，以及土体中杂乱分布的裂隙，对建筑物尤其是轻型建筑、路基、机场、渠道边坡以及堤坝等有着严重的破坏作用，如路面开裂、路堤坍塌以及建筑物隆起或沉陷等，特别是对建筑物所产生的变形破坏作用往往具有长期潜在危险。膨胀土使房屋等建筑地基发生变形，进一步引起房屋沉陷开裂，对铁路、公路以及水利工程的危害性也十分严重，导致路基变形、钢轨移动、大坝开裂等，以致影响了建筑物、交通运输和水利工程的安全使用。

1. 房屋建筑工程方面

在工程建设中膨胀土作为建筑物的地基，常会引起建筑物的开裂、倾斜而破坏。房屋建筑工程是涉及膨胀土较早的工程，所以对膨胀土的研究也开展得较早。通过经验的积累以及对膨胀土的大量科学研究，至今取得了不少成果，获得了一些膨胀土特性的规律。同时随着经济的发展，房屋建筑正逐渐向高层发展，作用于地基上的大荷载足以消除膨胀土引起的危害，所以，膨胀土在房屋建筑工程上的危害与过去相比，相对来说有所减少。

2. 铁路、公路工程方面

随着高速铁路和公路建设的发展，在铁路、公路修建过程中，必然要遇到更多的膨胀土问题，如路基填料需要采用膨胀土；膨胀土路基边坡的稳定和处理方案需要认真研究；膨胀土路段的桥涵结构物基础和回填需要特别处理；膨胀土地段防护、排水工程需要仔细设计和施工等。由于膨胀土对建设在其上的路基和构筑物会产生较大的危害，所以按现行的技术规范,膨胀土不能直接用于路基填筑。但若废弃膨胀土的土方,必将导致大量借土和弃土的用地,这将带来工程造价的增加及环保方面的诸多问题。

目前,我国在膨胀土地带修筑的铁路、公路工程已有不少,膨胀土土体中杂乱分布的裂隙对公路路基、路堑边坡等都有严重的破坏作用,为此我国许多地区曾经采用过许多处治方法,也因此耗费了巨大的工程费用。即便如此,也仍然面临着无法施工或无法保证施工质量的局面。铁路工程边坡整治费用惊人,比如襄—渝铁路由于膨胀土的存在,每公里造价提高了 91.64 万元[4]。在公路建设和养护过程中,当遇到膨胀土问题时,所采取的一些措施也往往效果不佳。

3. 水利工程方面

膨胀土一经开挖,随着时间的推移,在渠道或路堑边坡上逐渐产生蠕变,在适当的地质条件及外界条件影响下会进一步发展,直至滑坡失稳。作为堤坝的填土材料,可能在堤坝表面产生裂缝,并引起滑动;作为开挖体介质时,则可能在开挖体边坡产生滑坡失稳等现象。

安徽省淠史杭灌区干渠的总长 138km,截至 1989 年 3 月底共发生滑坡 195 个,滑坡总长约 16000m,平均滑坡分布密度约 1.4 个/10km,渠道破坏率约 1.15%,均属中等程度,至今已治理的滑坡个数约占 40%,仅在上世纪 80 年代中防渗费已耗资千万元以上,经济损失至为巨大。引丹灌区、都江堰灌区、广西上思县那板水库北干渠等,都出现过大量、大规模的渠道切岭段滑坡,并作了多种方案的综合性治理,花费了庞大的费用[123]。

### 7.1.2　成灾特点

膨胀土是特殊岩土中的一种典型的灾害,特殊岩土又是地质灾害中的一个重要类型。与其他地质灾害相比,我国活动的或者具有明显潜在活动危险的膨胀土灾害较多,不同地区发育水平和成灾规模不同。尽管膨胀土单点灾害的危害范围都比较小,但随着社会经济的发展,修建在膨胀土地区的建筑物越来越多,使得发生膨胀土地质灾害的危险性越来越大。膨胀土灾害与其他自然灾害同时或连续发生,具有灾害时间分布不规则的周期性和不断严重化的趋向。

由于形成条件、活动过程、破坏方式等的不同,使膨胀土灾害具有独特的成灾特点。根据地质灾害活动时间的特点,地质灾害分为突发性地质灾害和缓发性或累进性地质灾害。突发性地质灾害一般有岩爆、火山、崩塌、滑坡、泥石流等,缓发性或累进性地质灾害则主要包括地裂缝、地面沉降、海水入侵、水土流失、土地沙漠化、土地盐渍化等。一般认为膨胀土属于缓发性地质灾害[86]。

膨胀土虽然是长期地质作用的结果,但是在膨胀土灾害的影响因子中,降雨是形成时间短暂(几小时、几天内就可能有降雨发生)、发生频率高的一个因子。与膨胀土的矿物来源和地形地貌的稳定性相比,降雨是随时间变化的一个突发性事件,因此对于膨胀土地质灾害的分析不能简单地分成突发性和缓发性两类。从引起膨胀土路基水毁的诱因来看,膨胀土灾害分类应该更倾向于突发性地质灾害范畴。

## 7.2 膨胀土灾害分级

### 7.2.1 地质灾害属性特征

灾害(disaster)是一种自然的或人为因素引起的不幸事件(或过程)。灾害一般对人类的生命财产,社会经济活动和发展基础——资源与环境造成了危害和破坏。如果对人类社会没有造成危害,则把这种事件称为自然灾害(hazard)或变异(variation)。灾害可概略地分为自然灾害和人为灾害两大类。自然灾害是指主要由自然力活动或自然环境的异常变化对人类造成危害的现象。自然灾害的种类十分繁多,它们的空间活动范围和表现形式各异,但是它们的形成必须具备两方面条件:一是具有灾害现象的起源,即自然动力活动或自然环境的异常变化;二是具有受灾害危害的对象,即人类生命财产以及赖以生存与发展的资源、环境。在一个灾害事件中,前者可称为灾害体或致灾体,后者可称为成灾体或受灾体,二者相互作用形成了灾害。以膨胀土为填料的路基既是致灾体又是受灾体。这也是膨胀土成灾的一个特点。

地质灾害是指以地质营力为主要原因引起的自然灾害。根据地质灾害定义分析,地质灾害既是一种自然现象,又是一种社会经济现象,因此,它具有自然属性,也具有社会经济属性。自然属性是指围绕地质灾害的动力过程中表现出的各种自然特征,它反映了内动力地质作用、外动力地质作用和人为地质作用导致地质环境的变化。社会经济属性主要指与成灾活动密切相关的人类社会经济特征,强调灾害事件的后果,即对人类生命财产和生存环境产生损毁的地质事件称为地质灾害。这些灾害仅仅是使地质环境恶化,并没有破坏人类生命财产和生产、生活环境,因而只是一种灾变,不构成灾害。所以,地质灾害是自然动力活动与人类社会经济活动相互作用的结果[173]。

地质灾害从一定意义上说首先是经济问题,它具有以下属性特征:

1. 地质灾害的必然性与可预防性。地质灾害是地壳能量不均衡,导致能量转移或地壳物质运动的过程。地质灾害是一种自然作用的一种形式,是按照一定的规律达到一定程度后发生的一种自然现象,因此是不可避免的。通过研究灾害的基本属性,揭示并掌握地质灾害发生、发展及其空间分布规律,进行预测、预报和防治,就可以对灾害进行控制,并减少和避免灾害造成的损失。

2. 地质灾害的周期性和随机性。地质灾害活动受地质作用周期性的影响,也表现出周期性特征。这种特性既可以由一个具体的灾害体活动表现出来,也可以由地区或区域灾害活动得到反映。地质灾害活动既受地球动力活动控制,又受到地壳物质性质、结构和地壳表面形态等因素影响；既受自然条件控制，又受人类活动影响，因此，地质灾害很大的时间、地点、强度等具有很大的不确定性和随机性。

3. 地质灾害的突发性和渐变性。地质灾害有突发性地质灾害和渐变性地质灾害。灾害的发生往往有一个量变的积累过程，环境恶化到一定程度而形成灾害，环境恶化和灾害是灾害形成的不同阶段。突发性地质灾害有地震、火山、滑坡、泥石流等。渐变性地质灾害有地裂缝、地面沉降、海水入侵等。突发性地质灾害往往危及人类生命安全，造成指定经济损失。渐变性地质灾害属地质环境恶化型，属于发展经济范畴。

4. 地质灾害的群发性和区域性。地质灾害多以灾害点、灾害群的形式发生。就个别而言，其具有偶然性和局限性。但从总体看，它们并不孤立，而是受一定区域性地质构造条件所控制，受降雨、地震、地形等条件制约，具有群发性和区域性。这种区域性特征为地质灾害风险区划的研究奠定了基础。

5. 地质灾害影响的复杂性。随着社会的发展和进步，人类对自然改造和破坏程度越来越大。自然环境受到破坏，大规模的地质环境受到更大的破坏，地质灾害越来越严重、越来越频繁。同时，全球二氧化碳的排放使地球出现温室效应，随着全球变暖加剧，在大气环流异常及厄尔尼诺、拉尼娜现象等因素作用下，大气环境也受到影响，极度干旱和极端降雨的频繁出现对地质灾害的出现起到了推波助澜的作用。使地质灾害变得更加复杂，难以琢磨。

6. 地质灾害防治的迫切性。地质灾害除了造成人员伤亡，破坏房屋、铁路、公路、航道等工程设施，造成直接损失外，还破坏环境和资源，给地区社会经济发展造成广泛而又深刻的影响。而频繁的地质灾害不仅加重了国家和地区的经济负担，还影响全国经济发展宏伟目标的实现。有效地防治地质灾害不但对保护灾区人民生命财产安全具有制约意义，而且对于促进地区经济和全国经济发展具有广泛而又深远的意义[86]。

### 7.2.2　地质灾害等级划分

地质灾害分级是根据主要灾情指标来划分级次、反映灾害程度的。包括地质灾害在内的自然灾害的灾情程度主要取决于两方面条件，即灾害活动程度和灾害影响区受灾体的易损程度。灾害活动越强烈，破坏能力越大。为了区分灾害活动与灾害的成灾后果，把灾害活动程度称为灾变强度，把灾害活动程度的分级称为灾变分级。

为了便于不同灾害之间的对比，统一灾害标度，马宗晋[174,175]等于 1988 年首先提出以灾度作为自然灾害成灾程度的标志，以一次灾害事件中所造成的死亡人数和经济损失额作为灾度指标，将灾害分为巨灾、大灾、中灾、小灾和微灾 5 个等级。

灾度等级与灾变等级既有区别又有联系。灾变等级反映的是灾害动力活动的强度级次，灾度等级反映的是灾害事件发生后所造成的破坏损失程度的级次。一般情况下，灾度等级与灾变等级呈正相关变化。与洪水、地震、台风等自然灾害相比，地质灾害事件的灾害范围和成灾规模小得多,所以地质灾害的灾度分为特大灾害、大灾害、中灾害、小灾害4级,如表7-1所示。

地质灾害灾度等级划分　　表7-1

| 灾度等级 | 死亡人数 | 直接经济损失(万元) |
| --- | --- | --- |
| 特大灾害 | >100 | >1000 |
| 大灾害 | 100~10 | 1000~100 |
| 中灾害 | 10~1 | 100~10 |
| 小灾害 | 0 | <10 |

注:灾度的两项指标不在一个级次时,按从高原则确定灾度等级。

灾度是对灾害发生后所造成的破坏损失程度的度量。在灾害发生以后,对灾情进行统计调查并进行灾度划分,对救灾抗灾固然重要,但如果在灾害事件发生以前就能科学地评估灾害的可能程度,为防治对策和措施提出科学依据。由于一般地质灾害,特别是崩塌、滑坡、泥石流等突发性地质灾害属于随机事件,所以通过地质灾害预评估所得出的是地质灾害的风险程度。因此,用风险等级反映地质灾害的可能程度。标志地质灾害风险程度的指标是期望损失,即在灾害活动公路分析基础上,以核算出的年均期望破坏损失划分风险等级。

为了在灾害事件发生以前就能科学地评估灾害的可能程度,从而提出科学的防治对策和措施,一般是通过地质灾害预评估所得出如表7-2所示的地质灾害风险等级来反映地质灾害的可能程度[87]。

地质灾害风险等级划分　　表7-2

| 风险等级 | | 高度风险 | 中度风险 | 轻度风险 | 微度(无)风险 |
| --- | --- | --- | --- | --- | --- |
| 期望损失 | 年均死亡人数 | >10 | 10~1 | 0 | 0 |
| | 直接经济损失(万元) | >100 | 100~10 | 10~1 | <1 |

## 7.2.3 膨胀土地质灾害的分类

膨胀土作为地质灾害中的一个重要类型,根据我国自然灾害管理的现状和灾情调查、统计及评估的需要,对膨胀土灾害从灾害等级、灾变等级、灾度分级和风险分级也有必要作进一步的分析。尽管国内外对膨胀土这种地质灾害还没有比较统一的分类、分级方法,但是根据膨胀土的胀缩能力,可以将膨胀土分为强膨胀土、中等膨胀土和弱膨胀土。尽管有研究人员将膨胀土分为强(极强)膨胀土、中等膨胀土、弱膨胀土和微膨胀土的,但是公认还是强、中、弱三等。

而根据灾害活动的规模,膨胀土灾害灾变等级按膨胀土的分布面积可以划分为特大型、大型、中型和小型四个等级[88]。如表7-3所示。

膨胀土地质灾害等级划分 表7-3

| 指标 | 特大型 | 大型 | 中型 | 小型 |
|---|---|---|---|---|
| 分布面积($km^2$) | >100 | 100~10 | 10~1 | <1 |

对于膨胀土灾害的灾度等级和风险等级的划分是基于膨胀土灾害主要对经济损失造成影响，一般不会像其他地质灾害一样直接地对人民生命构成威胁，因此，膨胀土灾害的灾度等级和风险等级以表7-2中直接经济损失来划分等级。

### 7.2.4 膨胀土路基损毁等级

铁路、公路养护过程中，按照膨胀土路基地质灾害对铁路和公路运营的影响，一般分为三类[86]：轻微损坏、中等损坏和严重损坏。对铁路路基而言，轻微损坏(Ⅰ级)是铁路局部路基微量下沉、路堤边坡局部溜塌、轨道轻微变形、排水沟局部堵塞；电力设备、通信设备部分轻微损坏；涵洞及防护工程局部开裂、变形，但这些都未超出技术规范允许范围。机车仍能通行，但需要减速或减载，经一定规模维修后可完全恢复正常使用。中等损坏(Ⅱ级)是指铁路路基下沉陷落、路堤边坡局部溜塌、轨道变形、局部钢轨悬空或被大量崩滑流碎屑物掩埋；涵洞变形、开裂；电力设备、通信设备等严重损坏；机车不能行驶、铁路运输中断，但在48小时内能够抢修并可恢复使用。严重损坏(Ⅲ级)是指铁路路基、路堤、路堑垮塌，轨道严重变形或悬空，或被大量崩滑流碎屑物掩埋；涵洞、电力设备、通信设备等严重损坏。机车不能行驶，铁路运输中断，在48小时内无法修复恢复通车。

对公路路基而言，轻微损坏(Ⅰ级)是路基出现小规模冲沟或者发生局部下沉、路面出现少量裂缝，或局部被薄层崩滑流碎屑物覆盖；涵洞、防护工程及沿路设施局部损坏。但一般车辆仍能行驶，经小规模整修可恢复正常使用。中等损坏(Ⅱ级)是路基出现大量冲沟或发生严重下沉；路面出现大量裂缝、沉陷，或1/3以上宽度的路面被崩塌、滑流的碎屑物掩埋；涵洞、防护工程、沿路设施大量损坏。一般车辆无法正常通行，经专门修复后才能恢复使用。严重损坏(Ⅲ级)是路基发生严重坍塌，路面严重开裂、陷落，或1/3以上宽度的路面被崩塌、滑流的碎屑物掩埋；涵洞、防护工程、沿路设施严重损坏。各种车辆无法正常通行，需要进行大规模的专门修复才能恢复使用。

因此，不管是铁路还是公路，膨胀土路基都会对行车有很大的影响。

## 7.3 膨胀土路基灾害评估

### 7.3.1 地质灾害灾情评估

1. 地质灾情评估内容

根据地质灾害灾情的构成和灾情评估过程，将孕育灾害的自然条件和灾变程度的分析称为危险性评价。易损性是指受灾体遭受地质灾害破坏机会的多少与发生损毁的难易程度。地质灾害是灾害体作用于受灾体(或灾害体与受灾体相互作用)的结果。在灾情评估中,通过危险性分析来评价致灾体条件,通过易损性来评价受灾体条件。将灾害对人民生命财产所造成的损失分析称为破坏损失评价。将防灾抗灾过程分析称为防治工程评价,其基本任务是分析地质灾害的可防治性,评价防治工程的经济效益、社会效益和环境效益。其中危险性评价和易损性评价是灾情评估的基础,破坏损失评价或灾害风险评价是灾情评估的核心,防治工程评价是灾情评估的应用。

2. 按评估时间分类的灾情评估

地质灾害灾情评估有许多类型。根据地质灾害灾情评估时间,分为灾前预评估、灾中跟踪评估、灾后总结评估,其评估目标基本相同,但评估的特点和方法不完全一致。

灾前预评估是对一个地区或一个潜在的地质灾后事件的危害程度和可能造成的破坏损失程度的预测性评价。由于地质灾害,特别是崩塌、滑坡、泥石流等突发性地质灾害是具有很大不确定性的随机事件,所以一般采用风险分析方法核算灾害的期望损失,据此评价灾害的风险水平。

灾中跟踪评估和灾后总结评估都是在灾害发生以后,对已经出现的灾情进行调查、统计、分析,其主要目的是为及时、有效地进行救灾、抗灾提供依据。

3. 按评估范围分类的灾情评估

根据地质灾害灾情评估范围或面积,将地质灾害灾情评估分为点评估、面评估、区域评估。点评估是指对一个地质灾害体或一个具有相同活动条件和特征的相对独立的灾害群的灾情进行评估,如一个滑坡或滑坡群、一条泥石流沟或同地区紧邻发育的泥石流群等。点评估的范围一般不超过几十平方公里,其行政区范围一般不超过几个乡镇或一个县市。面评估是对一个具有相对统一特征的自然区域或社会经济区域进行的地质灾害灾情评估。评价区面积一般从几十平方公里到几千平方公里,其行政范围一般为一个县市或几个县市。区域评估是指跨流域、跨地区的大面积地质综合灾情评估。其评估范围为一省或几省乃至全国区域,面积达到几万到几百万平方公里。区域评估区内灾害点成千上万,常常难以统计,涉及几乎所有类型的地质灾害。

如图 7-1 所示的地质灾害灾情评估体系中,根据评估时间将地质灾害灾情评估分为灾前预评估、灾中跟踪评估、灾后总结评估;根据地质灾害灾情评估范围分为点评估、面评估、区域评估;各种类型灾情评估的基本内容为危险性评价、易损性评价、破坏性评价、防治工程评价。这些结合在

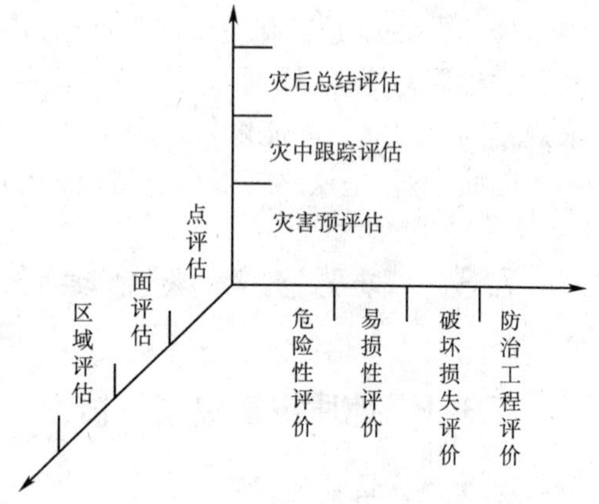

图 7-1　地质灾害灾情评估体系示意图

一起，构成了立体的地质灾害灾情评估体系，它反映了地质灾害灾情评估的总体结构。而点评估和危险性、易损性评估的对象是具体的单一的灾害体或灾害事件，是针对具体工程的防治依据。

### 7.3.2　膨胀土路基水毁评估特点

对膨胀土地质灾害进行评估有以下几个问题难以克服：①膨胀土的危险性跟许多因素有关，其中关于膨胀土胀缩等级的评判就难以确定；②受灾区的社会经济易损性与灾害的作用有较大关系。膨胀土灾害是一种介于缓发性和突发性之间的灾害。其危害对象主要是工业、民用建筑，且为低层或大跨度轻型房屋以及公路、铁路、渠道等。膨胀土经济易损性和物质易损性评价涉及具体的工程，比较好评价，而社会易损性的合理量化也是非常困难的；③膨胀土的破坏损失无法根据危险性、易损性、破坏率等参数求取灾害经济损失。尽管各个不同的部门针对各自建筑物特点，对膨胀土胀缩灾害进行了研究，提出了相应的灾害防治方法，但是由于膨胀土灾害因其危害对象和方式的特殊性，在灾害防治效益判断上不如其他地质灾害那么容易判断。

受灾体价值损失率是指受灾体遭受灾害破坏损失的价值与受灾前受灾体价值的比率。在实际评价中，受灾体价值损失率是核算期望损失的重要数据，因此是易损性评价的重要内容。根据膨胀土历史资料的统计，可以看出受灾体的损失等级、价值损失率与灾害危害强度的对应关系。根据这些对应关系，地质灾害大致分为四种类型：第一类（标准型）受灾体损毁程度及价值损失率与地质灾害危害强度同级次递变。第二类（非标准的不等级递变型）受灾体损毁程度及价值损失率与地质灾害危害等级强度呈同向变化，但两者级次并不严格对等。第三类（不完全确定型），受灾体损毁程度及价值损失率虽然随着灾害的危害等级强度升高而加大，但由于受灾体价值损失除了受地质灾害的危害等级控制外，还与其自身的条件以及其他因素有很大关系。所以，受灾体价值损坏的变化非常复杂，很难找出它与地质灾害的危害强度的普遍对应关系，只能根据评价对象的具体情况进行具体分析。第四类（基本无关型）某类受灾体基本不会受到某种地质灾害的危害。从膨胀土的地质灾害情况来看，膨胀土路基受灾体随道路等级的不同而对交通的影响程度不同，只能根据具体的评价对象具体分析，因此，膨胀土路基水毁的易损性评价应该属于不完全确定型。

滑坡、泥石流[176]等灾害是伴随着不同地质动力活动而不断发展的具有动态变化特征的灾害现象。在灾害危险性评价中，除灾害体积、数量、幅度指标外，还有灾害的发生频次和发展速率指标。膨胀土灾害是一种客观存在而不具有动态特征的潜在灾害体，它与其他灾害有明显差异，只有在膨胀土发育地区进行某些工程建筑时，才有可能发生灾害，所以，膨胀土危险性评价中不存在灾害活动的频次或速率指标。但是，引起膨胀土灾害的重要诱因——降雨和干旱则受到概率因素的影响，因此，进行膨胀土路基水毁的灾害评估是概率型的。

地质灾害灾情评估是对地质灾害灾情进行调查、统计、分析、评价的工作。从一般意义上说,灾情评估的范围应该包括灾害全部过程和各个方面的情况。但是,不同目的的灾情评估,其侧重点不同。以灾害管理服务为中心的灾情评估主要内容是灾害损失情况。然而对灾害破坏损失的分析评价,不能孤立地进行,必须在分析灾害背景条件基础上,深入调查和研究灾害的活动程度以及受灾体破坏损失情况,才能核算灾害经济损失,确定灾度等级和风险等级。

在评价膨胀土路基水毁灾害时要考虑膨胀土的地理分布与严重旱涝的耦合。在我国由暴雨引起的膨胀土路基水毁灾害分布广泛、发生频繁,可以搜集到的资料也较多,如果注意收集整理,可以对膨胀土路基水毁的危险性进行评价。膨胀土的矿物质来源是经过漫长的风化、风力搬运等作用积累起来的,而形成膨胀土的地形地貌条件亦是长期地质作用的结果,在众多膨胀土路基水毁影响因子中,降雨是形成时间短暂(几小时、几天内就可能有降雨发生)、发生频率高的一个因子。因此,对于膨胀土危险性评价来说,与膨胀土矿物质来源和地形地貌相关的因子在评价过程中是稳定的,而降雨作为膨胀土的激发因子是随时间变化的,在评价模型中应充分体现降雨的这一特性及其作为激发因子的作用。干旱也是影响膨胀土路基水毁的一个重要因素,因此,在进行膨胀土路基水毁预测时要考虑到气候的影响。

### 7.3.3 膨胀土路基水毁评估方法

膨胀土路基水毁影响的因子多,而且相互之间各有牵连。其权重无法确定,是一个典型的非线性问题。由于膨胀土呈现出面分布的情形,因而整个膨胀土地区都隐伏着成灾因素。而以气象的影响尺度来分析灾害的影响,通常也是以面分布的形式考虑问题。但是膨胀土灾害的危害对象是建筑物和构造物,而膨胀土路基及其附属工程常以线、点形式存在,所以对膨胀土路基进行灾害预测只是针对某些建筑物和构造物,而不用考虑整个面的防治。

所以说膨胀土路基的水毁不仅受到膨胀土地理分布的影响,还受到干旱、降雨等气候尺度范围内特殊气候的影响。因此,对膨胀土路基水毁的危险性评价要考虑这两方面的耦合影响。同时,膨胀土路基还受到地形、施工方法、设计断面等许多因素的影响,其发生水毁失稳的情况会随这些因素的不同组合而变化难测。很明显,膨胀土路基水毁不适合线评估和面评估,其危险性的评价首先确定的评价范围不可能是非常大面积的范围,因此,其危险性评价应当是点评估。同时,对膨胀土路基的水毁灾害期望损失的预测也有不同的计算方法。

膨胀土灾害具有特殊的成灾条件。其受灾体稳定地潜伏在某个地区,它的破坏作用和损失程度决定于在膨胀土发育地区是否进行工程建设以及从事何种类型的工程建设。一般按部门和工程类别采取不同的防治措施和方法,费用因此也各有不同,可以通过重置成本法核算或评价膨胀土路基水毁灾害期望损失。影子工程法就是采用假设的工程费用代替灾害的经济损失。这种假设的工程有两种:一种是对膨胀土发育区内已有受危害的建筑物实施加固、修复工程,其费用相当于修复成本和重建成本。这种情况下膨胀土灾害的期望损失为:

$$S_q = \frac{S_x}{t} \tag{7-1}$$

式中：$S_q$——膨胀土灾害期望损失；

$S_x$——修复、加固受膨胀土危害建筑物的成本费用；

$t$——修复、加固工程的有效年限。

另一种是膨胀土发育区拟建的受危害建筑物的防灾工程。其费用相当于为防治膨胀土危害而增加的防治工程费用或为防治膨胀土危害而增加的工程成本投入。这里所说的拟建工程根据评价区域规划确定，受危害工程根据膨胀土危害范围确定。受危害工程根据膨胀土危害范围确定，主要是各种轻型建筑物，以及铁路、公路路基等。灾害期望损失按以下公式计算：

$$S_q = \frac{S_f}{t} \tag{7-2}$$

式中：$S_f$——为防治膨胀土危害而增加的工程费用；其他同上。如果评价区内既有已建受害工程，又有拟建受害工程，则应将两种结果相加。

通过对膨胀土路基的水毁特点进行分析之后，可以确定膨胀土路基的水毁评估是点评估，其损失就可以用影子价格的方法来计算。那么，膨胀土路基水毁的风险损失应该通过式(7-3)来计算：

$$S = S_q \times P \tag{7-3}$$

式中：$P$——为膨胀土路基发生水毁的概率；其他同上。

于是，计算发生膨胀土路基水毁的概率就是进行灾害评估和预测的重点了。膨胀土地区隐含着许多成灾因素，其中降雨、干旱等气候因素是主要诱因。如前所述，暴雨、干旱的出现具有概率性质，在此前提下，使得膨胀土路基水毁受到包括干旱持续时间和降雨等级、持时、雨型、雨量等气候因素的影响，所以膨胀土路基水毁的灾害评估受到这些随机特性的影响。因此，膨胀土地区路基的水毁灾害评估受到降雨等气候概率的影响。当然，在非膨胀土地区，路基虽然也受到降雨的影响，但是其水毁概念不属于膨胀土的范畴，因此，可以认为非膨胀土地区的膨胀土路基水毁概率为零。

由于膨胀土地区水毁概率并不只受到降雨、干旱等气候的影响，还受到形成路基本身膨胀土特性的影响。因此，在对膨胀土路基水毁的危险性进行评价时也要既考虑其受到降雨、干旱等气候的随机影响，又要考虑到影响膨胀土路基其他因素对水毁的影响。同暴雨、泥石流一样，膨胀土路基水毁不是一个单纯的随机事件，其水毁灾害预报不仅仅受到暴雨出现概率的影响，还具有模糊性和不确定性。只有弄清了膨胀土路基水毁危险性评价的这种性质，才能在理论研究方面用新的方法准确地评价其危险性，从而准确地对膨胀土路基的水毁做出预测。

# 第八章　极端气候下膨胀土路基的水毁灾害预测

由前所述,影响膨胀土胀缩的因素非常多,而且相互交杂在一起,对膨胀土的胀缩等级有较大影响,膨胀土的裂隙性和超固结性对路基的稳定也有很大的影响。因此,膨胀土路基的稳定是一个复杂的非线性问题。而包括干旱、降雨在内的气候变化是一个典型的随机过程,无论是从理论上还是应用中都难以用常规的线性模型来准确预测。此外,异常气候变化中存在的各种扰动,使得膨胀土路基水毁预测更加具有不确定性。

将这两方面的影响耦合起来,膨胀土路基水毁预测将受到复杂的不确定因素的影响,从而难以用数学模型精确地描述,基于精确数学模型的预测方法在应用中受到很大的限制。而随着交通建设的快速发展,高等级公路、铁路对路基稳定的要求更高,对膨胀土路基水毁的预测准确度要求也更高。如何建立一个数学模型,只依靠过去的经验和对未来一些因素的预测,就可以处理模糊的、非线性的、含有噪音的数据,用于预测膨胀土路基水毁事故的发生是本章需要解决的问题。

## 8.1　人工神经网络

影响膨胀土路基水毁的因素非常多,而且相互交杂在一起。而包括干旱、降雨在内的气候变化是一个典型的随机过程,无论是从理论上,还是应用中都难以用线性模型精确地预测膨胀土路基水毁的发生。随着交通建设的快速发展,高等级公路、铁路对路基稳定的要求更高,对膨胀土路基水毁的预测准确度要求也更高。因此必须要建立一个数学模型,利用以往的气象资料和膨胀土的试验数据,有效地处理模糊的、非线性的、含有噪音的数据,以便对膨胀土路基水毁灾害的发生进行准确的预测。

### 8.1.1　神经网络基本原理及步骤

1. 神经网络的基本原理

人工神经网络(Artificial Neural Network,简称 ANN)是上世纪 80 年代中期兴起的一门非线性科学[133],在模式识别、数据处理、自动控制等领域得到广泛应用,并取得很好的效果。神经网络是在生物技术的基础上借鉴人脑的结构与工作原理,使用数学方法,利用计算机技术发展起来的一项智能技术[177]。神经网络是以网络的结构形式完成输入空间和输出空间的映射，其计算过程中没有显式函数，计算是通过网络结构的不断学习调整而完成的。其并行分布处理，是在现代神经科学研究成果的基础上，依据人脑基本功能特征，试图模仿生物神经系统的功能或结构而发展起来的一种新型信息处理系统或计算体系。

神经网络由许多具有非线性映射的神经元组成，神经元之间通过权系数相连续。一般由一个输入层、一个输出层和一个或多个隐含层构成，其中每一层有一个或多个节点。神经网络方法可以实现聚类学习，能实现信息的并行处理，且具有大规模的复杂系统、很强的适应能力、自学习、自组织的能力和高度非线性动态处理能力，为此，它可以代替复杂的、耗时的传统算法，使信息处理过程更接近于人的大脑思维活动。因而，它成为当今世界关注的高科技热点之一。因此，神经网络方法在岩土工程中应用也比较广泛[178、179]。

膨胀土路基水毁的致灾因素很多，降雨是膨胀土路基发生水毁灾害的直接原因，而路基表面受干旱影响，张开的裂隙极大地促进了路基的破坏。所以，在膨胀土路基水毁模型中选用适当的数学模型来表示降雨量和干旱持时。而包括干旱、降雨在内的气候变化是一个典型的随机过程，无论是从理论上还是应用中都难以运用常规的线性模型来准确预测。为此，便联想到了采用神经网络来进行预测的方法。

2. BP 算法的一般步骤

ANN 的主要模型有误差反向传播模型（简称 BP 模型）、H 离散和连续模型、K 自组织特征影射模型、逆传播模型和自应谐振理论模型等。其中，BP 模型是目前应用最广泛，也是发展最成熟的一种神经网络模型，它实际上是一种快速下降的方法，目的是使实际输出和预期的样本输出之间的均方差最小化，如图 8-1 所示。通常使用 $S$ 逻辑非线性函数，即：

$$f(x)=1/(1+e^{-x}) \tag{8-1}$$

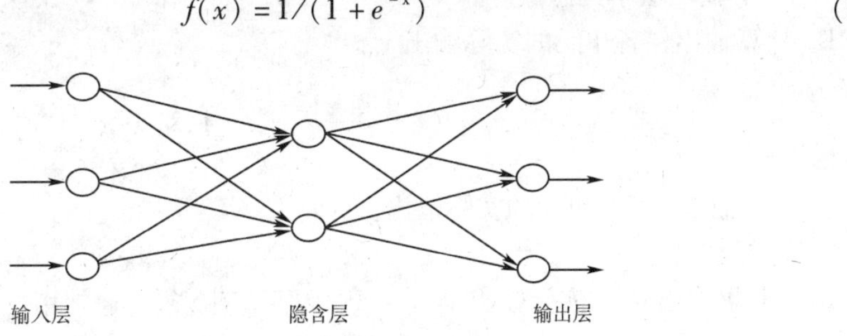


图 8-1　BP 神经网络结构示意图

一般说来，BP 算法的过程可以分为两个阶段。第一阶段是由输入层开始逐层计算各层神经元的净输入 $s_j$ 和输出 $y_j$ 直到输出层为止，这一阶段称为模式前向传输。第二阶段是由输出层开始逐层计算各层神经元的输出误差，并根据误差梯度下降原则来调节各层的联结权重 $W_{ij}$ 及神经元的阈值 $\theta_j$，使修改后的网络的最终输出 $y_t$ 能接近期望值 $d_t$，亦即减小误差

$e_t$。这一阶段称为反向传播,在一次训练以后,还可以重复训练,使输出误差更加减小,直到满足要求为止。

1)模式前向传输

设输入向量为 $X=(x_1,\cdots,x_i,\cdots,x_n)$;期望的输出向量为 $D=(d_1,\cdots,d_t,\cdots,d_q)$;输入层各单元 $u_i$ 只传送输入信息,不起其他作用。

A. 计算隐含层各单元的净输入 $I_j$:

$$I_j = \sum_{i=1}^{n} W_{ij}x_i - \theta_j \qquad j = 1,2,\cdots,p \tag{8-2}$$

式中:$W_{ij}$——输入层第 $i$ 单元与隐含层第 $j$ 单元间的联结权重;

$\theta_j$——隐层第 $j$ 单元的阈值;

$p$——隐层单元总数。

B. 用 $S$ 型函数计算隐层各单元的输出 $y_j$:

$$y_j = f(I_j) = \frac{1}{1+e^{-I_j}}, j=1,2,\cdots,p \tag{8-3}$$

式中:$y_j$——隐层第 $j$ 单元的输出。

C. 计算输出层各单元的净输入 $I_t$:

$$I_t = \sum_{j=1}^{p} W_{jt}y_j - \theta_t, t = 1,2,\cdots,q \tag{8-4}$$

式中:$W_{jt}$——隐层第 $j$ 单元与输出层第 $t$ 单元之间的联结权重;

$\theta_t$——输出层第 $t$ 单元的阈值;

$q$——输出层单元总数。

D. 计算输出层各单元的实际输出 $y_t$:

$$y_t = f(I_t) = \frac{1}{1+e^{-I_t}}, t=1,2,\cdots,q \tag{8-5}$$

式中:$y_t$——输出层第 $t$ 单元的实际输出。

2)误差反向传播

由于期望输出 $d_t$ 与实际输出 $y_t$ 不一致,因而产生误差,通常用方差来表示这一误差:

$$e_t = \frac{1}{2}\sum_{t=1}^{q}(d_t - y_t)^2 \tag{8-6}$$

按照误差 $e_t$ 来修改输出层的权重 $W_{jt}$ 和阈值 $\theta_t$,权重 $W_{jt}$ 和阈值 $\theta_t$ 的修改应使 $e_t$ 最小,因此,$W_{jt}$ 和 $\theta_t$ 应沿 $e_t$ 负梯度方向变化,即修正量 $\Delta W_{jt}$ 及 $\Delta\theta_t$ 应与 $(\partial e_t/\partial W_{jt})$ 及 $\partial e_t/\partial\theta_t$ 成正比,即:

$$\Delta W_{jt} = -\alpha \frac{\partial e_t}{\partial W_{jt}} \tag{8-7}$$

$$-\Delta\theta_t = -\alpha \frac{\partial e_t}{\partial \theta_t} \tag{8-8}$$

式中:$\alpha$——比例常数。

以下分别计算输出层及隐含层的权重和阈值修正

A. 计算输出层任意单元 $u_t$ 的输出 $y_t$ 改变时,误差 $e_t$ 的导数:

$$\frac{\partial e_t}{\partial y_t} = y_t - d_t \tag{8-9}$$

B. 计算输出层任意单元 $u_t$ 的净输入 $y_t$ 改变时,误差 $e_t$ 的导数由式(8-5)及式(8-9)计算:

$$\begin{aligned}\frac{\partial e_t}{\partial I_t} &= \frac{\partial e_t}{\partial y_t}\cdot\frac{\partial y_t}{\partial I_t} = (y_t - d_t)f'(I_t)\\ &= (y_t - d_t)y_t(1 - y_t)\end{aligned} \tag{8-10}$$

C. 计算与输出层任意单元 $u_t$ 的联结权重 $W_{jt}$及 $u_t$ 的阈值 $\theta_t$,改变时,误差 $e_t$ 的导数由式(8-4)和式(8-10)计算:

$$\frac{\partial e_t}{\partial W_{jt}} = \frac{\partial e_t}{\partial I_t}\cdot\frac{\partial I_t}{\partial W_{jt}} = (y_t - d_t)f'(I_t)y_j = (y_t - d_t)y_t(1 - y_t)y_j \tag{8-11}$$

$$\frac{\partial e_t}{\partial \theta_t} = \frac{\partial e_t}{\partial I_t}\cdot\frac{\partial I_t}{\partial \theta_t} = (y_t - d_t)f'(I_t)\cdot(-1) = (d_t - y_t)y_t(1 - y_t) \tag{8-12}$$

在式(8-14)和式(8-15)中令 $\delta_t = -\dfrac{\partial e_t}{\partial I_t} = (d_t - y_t)f'(I_t) = (d_t - y_t)y_t(1 - y_t)$,则由式(8-10)及式(8-11)式可求得:

$$\Delta W_{jt} = \alpha\delta_t y_j \tag{8-13}$$

$$\Delta\theta_t = \alpha\delta_t \tag{8-14}$$

称 $\delta_t$ 为输出层的调整误差。

D. 用同样的方法可以计算与隐层各单元 $u_j$ 相关联的权重修正量 $\Delta W_{ij}$及 $u_t$ 的阈值修正量:

$$\Delta W_{ij} = -\beta \frac{\partial e_t}{\partial W_{ij}} \tag{8-15}$$

$$-\Delta\theta_j = -\beta\frac{\partial e_t}{\partial \theta_j} \tag{8-16}$$

式中$\beta$为比例常数,易知:

$$-\frac{\partial e_t}{\partial W_{ij}} = -\frac{\partial e_t}{\partial I_j}\cdot\frac{\partial I_j}{\partial W_{ij}} = \frac{\partial e_t}{\partial y_j}\cdot\frac{\partial y_j}{\partial I_j}\cdot\frac{\partial I_j}{\Delta W_{ij}} = -\frac{\partial e_t}{\partial y_j}y_j(1-y_j)x_j \tag{8-17}$$

式中 $y_j$ 并不是 $u_j$ 的一个输出,而是与各输出层各单元均有联结的 $y_j$,因此计算$\frac{\partial e_t}{\partial y_j}$时,就要考虑到输出层各单元的联结。

$$-\frac{\partial e_t}{\partial y_j} = \sum_{t=1}^{q} -\frac{\partial e_t}{\partial I_t}\cdot\frac{\partial I_t}{\partial y_j} = \sum_{t=1}^{q}\delta_t W_{jt} \tag{8-18}$$

令:

$$\delta_j = -\frac{\partial e_t}{\partial I_j} = -\frac{\partial e_t}{\partial y_j}y_j(1-y_j) = y_j(1-y_j)\cdot\sum_{t=1}^{q}\delta_t W_{jt} \tag{8-19}$$

则有:

$$\Delta W_{ij} = \beta\delta_j x_i \tag{8-20}$$

同理可求得:

$$\Delta\theta_j = \beta\delta_j \tag{8-21}$$

式中:$\delta_j$——隐层的调整误差;

$\alpha$、$\beta$——学习速率,用来调节学习的收敛速度。

修正了权重及阈值后,可以再次计算各层单元的新的输出,然后再计算新的调整误差 $\delta_t^*$、$\delta_j^*$,再计算新的权重修正量 $\Delta W_{ij}^*$、$\Delta W_{jt}^*$ 及新的阈值修正量 $\Delta\theta_j^*$、$\Delta\theta_t^*$。如此反复,直到误差满足要求(即小于某个给定的值 $\varepsilon$)为止。

### 8.1.2 改进 BP 神经网络及其网络结构

1. 改进 BP 神经网络

由于非线性所固有的复杂性,神经网络也存在一定的局限性。为了提高网络泛化能力和预测精度,在预测之前要尽量增大和扩充训练样本的组数。BP 算法的实质是梯度下降法,它存在着学习收敛速度较慢的问题。BP 算法中,学习率 $\alpha$、$\beta$ 不变是造成 BP 算法收敛慢的重要原因。根据误差函数对网络参数的偏导数符号,在参数的连续几步调节中是否改变,可以决定相应参数的学习率是否增减,从而使这些学习率在训练过程中根据误差曲面上不同区域的曲率变化来自适应地调节最优学习率,大大加快收敛速度。

其具体算法如下：

(1)作用函数采用双曲正切函数形式

$$y = f(x) = \frac{1 - e^{-2x}}{1 + e^{-2x}} \tag{8-22}$$

则其导数通过计算可得：

$$y' = f'(x) = (1 + y)(1 - y) \tag{8-23}$$

(2)调整误差 $\delta_t$、$\delta_j$ 分别为

$$\delta_t = (d_t - y_j)(1 + y_t)(1 - y_t) \tag{8-24}$$

$$\delta_j = \left(\sum_{t=1}^{q} \delta_t W_{jt}\right)(1 + y_j)(1 - y_j) \tag{8-25}$$

即：

$$\delta_j = \begin{cases} (d - y_j)(1 + y_j)(1 - y_j), \text{当 } j \text{ 为输出单元} \\ \left(\sum_t \delta_t W_{jt}\right)(1 + y_j)(1 - y_j), \text{当 } j \text{ 为隐层单元} \end{cases} \tag{8-26}$$

(3)反向调整各层的权重和阈值按下列公式修正权值

$$\begin{cases} W_{ij}(n+1) = W_{ij}(n) + \eta_{ij}(n)\delta_j y_i \\ \theta_j(n+1) = \theta_j(n) + \eta_j(n)\delta_j \end{cases} \tag{8-27}$$

式中 $y_i$ 为该层的输入。当多次模式学习时，则要考虑到各次模式学习的结果加以累加。例如学习到第 K 个模式时，迭代公式为：

$$\begin{cases} W_{ij}(n+1) = W_{ij}(n) + \eta_j(n) \sum_K \delta_{Kj}(n) y_{Ki} \\ \theta_j(n+1) = \theta_j(n) + \eta_j(n) \sum_K \delta_{Kj}(n) \end{cases} \tag{8-28}$$

(4)每次调整时，学习率 $\eta_{ij}(n)$ 要根据误差函数对网络参数的偏导数是否改变符号来决定大小。当符号未变时，这时学习率 $\eta_{ij}(n)$ 可以加大，以便收敛。而符号改变时，则 $\eta_{ij}(n)$ 应取较小值。偏导数包含在调整误差 $\delta_j$ 中，检查偏导数符号是否改变需要检查调整误差的符号是否改变。具体公式如下：

$$\eta_{ij}(n+1) = \begin{cases} \eta_{ij}(n)\alpha, \left(\sum_K \delta_{kj}(n) y_{ki}(n)\right)\Delta_1(n-1) > 0 \\ \eta_{ij}(n)\beta, \left(\sum_K \delta_{kj}(n) y_{ki}(n)\right)\Delta_1(n-1) < 0 \\ \eta_{ij}(n), \left(\sum_K \delta_{kj}(n) y_{ki}(n)\right)\Delta_1(n-1) = 0 \end{cases} \tag{8-29}$$

$$\eta_j(n+1)=\begin{cases}\eta_j(n)\alpha,(\sum_K\delta_{kj}(n))\Delta_2(n-1)>0\\ \eta_j(n)\beta,(\sum_K\delta_{kj}(n))\Delta_2(n-1)<0\\ \eta_j(n),(\sum_K\delta_{kj}(n))\Delta_2(n-1)=0\end{cases}\tag{8-30}$$

式中：

$$\begin{cases}\Delta_1(n)=\gamma\Delta_1(n-1)+(1-\gamma)(\sum_K\delta_{kj}(n)\cdot y_{ki}(n))\\ \Delta_2(n)=\gamma\Delta_2(n-1)+(1-\gamma)(\sum_K\delta_{kj}(n))\\ \Delta_1(0)=\sum_K\delta_{kj}(0)y_{kj}(0)\\ \Delta_2(0)=\sum_K\delta_{kj}(0)\end{cases}\tag{8-31}$$

上式中，$\alpha>1$、$0<\beta<1$、$0<\gamma<1$ 均为选定的常数因子，$W_{ij}(0)$ 和 $\theta_j(0)$ 为初始化的值，在 $[-1,1]$ 内任意选取，$\eta_{ij}(0)$ 和 $\theta_j(0)$ 为预先给定的某个小的正数。

仿真结果表明，上述算法的迭代次数为 BP 算法次数的 1/9 至 1/7[180]。

2. 确定网络结构的难点

改进后的神经网络可以避免收敛速度慢、容易陷入局部极值的问题，但训练时间过于漫长的固有缺点仍然是制约 ANN 实用化的因素之一。神经网络不能确定哪些知识是冗余的，哪些知识是有用的。尽管神经网络对噪声干扰有较好的抑制能力，但不能将其输入的信息空间维数简化，当输入信息空间维数较大时，网络不仅结构复杂，而且训练时间也很长。文献[181]应用粗糙集化简神经网络训练样本数据集，在保留重要信息的前提下消除了多余的数据，使训练速度提高了 4.77 倍，获得了较好的效果。因此，将粗糙集与神经网络结合起来，充分利用粗糙集处理不确定性的特长以增强神经网络的信息处理能力具有广泛的应用价值。

另外，由于神经网络的输入层和输出层的物理意义明确，很容易确定。但是，作为特征提取的关键部位——隐含层的节点数却不容易确定。根据 Kolmogorov 定理，在一定条件下，对于任意给定的 $\varepsilon>0$ 存在一个三层神经网络，它能以 $\varepsilon$ 均方差的精度逼近任意连续函数[178]。因此，根据膨胀土路基水毁试验的实际情况，采用一种具有多输入单元、多隐含层单元和单输出单元的三层改进 BP 神经网络。但是，隐层节点数的确不是根据事物或者说数据本身的规律来确定的，而是由以下式确定的：

$$l=\frac{3\sqrt{nm}}{2}\tag{8-32}$$

式中：$n$ 和 $m$——输入单元个数和输出单元个数；

$l$——隐含层单元个数。

可以想像，如果由一个刻板的公式来确定最能反映数据网络精髓的隐层节点数，肯定有不同数据自身的规律会或多或少地被这个简单的公式所掩盖。那么,用来训练网络的数据特征是否真实、完整地反映数据就值得怀疑了。所以训练后,神经网络的预测效果就会大打折扣。在下面的内容中,本文考虑将粗糙集理论与神经网络法有机地结合起来,则为智能信息的处理开辟了又一个有效解决问题的新途径。

## 8.2　粗糙神经网络

### 8.2.1　粗糙集与神经网络的结合

从大量观察和实验数据获取知识、表达知识、推理决策规则是智能信息处理的重要任务,特别是对于不准确、不完整的知识,*RS* 理论方法和人工神经网络方法都显示了无穷的魅力。神经网络技术由于其具有自学习、非线性模式识别、联想能力,以及很强的泛函逼近能力,因此在仿真技术中得到广泛应用。但是,实践证明,神经网络的联想能力很有限,超过界限,网络以错误的方式联想,决策系统就会产生误判或漏判的现象。另外,常用的 *BP* 神经网络的结构必须预知、训练速度较慢、可能收敛于局部最小值等不利因素制约了该神经网络在故障诊断领域的应用。粗糙集理论是用来研究不完整数据、不精确知识的表示、学习、归纳的方法,它的一个突出优点是具有很强的定性分析能力,即不需要预先给定某些特征或属性的数量描述,如统计学中的概率分布、模糊集理论中的隶属度或隶属函数等,它是直接从给定问题的描述集合出发,通过不可分辨关系和不可分辨类确定问题的近似域,找出问题中的内在规律[182]。

两种方法的主要相同与不同点为:*RS* 方法模拟人类的抽象逻辑思维,神经网络方法模拟形象直觉思维,因而具有不同特点;*RS* 理论是基于不可分辨性的思想和知识简化的方法,从数据中推理逻辑规则作为知识系统的模型;神经网络是利用非线性映射的思想和并行处理的方法,用神经网络本身结构表达输入与输出关联知识的隐函数编码;神经网络一般不能处理具有语义形式的输入,*RS* 理论可以输入定性、定量或者混合性信息;神经网络可以实现无导师聚类学习,但不能确定哪些知识是冗余的,哪些知识是有用的;*RS* 理论方法可以描绘知识表达中不同属性的重要性,简化知识表达空间,但它是从训练数据中推理规则;*RS* 理论的知识简化方法可以用并行算法实现,神经网络实现信息并行处理等等。可见两者既各有特点,又具有很多共同之处,探索两者的有机结合,有望为智能信息处理开拓一个光辉的前景。

把粗糙集与神经网络结合起来,就是用粗糙集方法首先对影响膨胀土路基水毁的因素进行信息预处理,即把粗糙集网络作为前置系统,把可能引起膨胀土路基水毁的诸如土的胀缩等级、日降雨量、干旱持时等信息用粗糙集方法预处理后,构成神经网络输入信息[183]。这样通过粗糙集方法去掉冗余信息后,减少影响膨胀土路基水毁因素的信息表达特征数量,减小神经网络系统构成的复杂性,也减少了后续使用过程中信息作为网络输入时特征值的计算时间,使训练简化,大大减少了网络的训练时间。神经网络作为后置的信息识别系统,不需领域专家从领域知识或案例集中归纳出的经验规则。由于其较强的容错及抗干扰的能力,对于规则或模型中存在的错误不敏感,可以很好地消除粗糙集对噪音敏感的负面影响。

### 8.2.2 粗糙神经网络的建模原理

建立该评价模型有一个前提,即一般都认为要评价的量是很多影响因素变量的非线性函数,建立评价模型即是要确定模型适宜的输入变量和输入——输出非线性函数。而膨胀土路基水毁的预测模型非常符合这个前提。对于定义在一个有界区域上的非线性函数,如果能将其输入空间划分成为若干个区域,在其中每一部分上函数是凸函数,则可以采用定义在这些区域上的某种凸函数的加权和形式来拟合原函数。若能尽量减少这种划分区域的个数,还可得到较为简洁的拟合形式。

对于一般非线性函数,将输入空间划分成若干区域,在每一个区域上的函数是凸(凹)函数,理论上这种可能的划分方法是很多的,但是为了便于使用,自然希望划分方法满足如下条件:

(1)划分方法是规范的;

(2)划分方法是有效的;

(3)划分的区域个数在某种意义下是最少的。

第一条要求划分方法必须能通过算法来描述,这样就可以通过计算机程序来实现;第二条要求在采用此划分方法得到的区域上函数应当是凸(凹)函数;第三条则希望最终得到的模型结构最简,有较好的推广能力[184]。如第二章所述,膨胀土胀缩等级的评判是采用广泛认可的试验指标来进行离散化的,其区域划分完全满足上述条件。

对非线性函数,如果首先对输出空间进行适当划分,再由这些划分决定输入空间划分,则再由这些划分确定各个区域上的函数即为凸函数。以图 8-2 所示,定义在区间$[a,b]$上的一元非线性函数为例,$y_0$ 和 $y_2$ 分别为函数的最小值和最大值,输出空间的分点 $y_1$ 确定了输入空间的三个分点 $x_1$、$x_2$ 和 $x_3$,并且有如下的区间对应:$[a,x_1)\to[y_0,y_1)$,$[x_1,x_2)\to[y_1,y_2]$,$[x_2,x_3)\to[y_0,y_1]$,$[x_3,b]\to[y_1,y_2]$。

以上每个区间对应都确定了一个凸函数,而且对给定的输出空间划分,这种可能的区间对应的个数是最少的。这些区间对应可以看作为对非线性函数结构信息的表征。

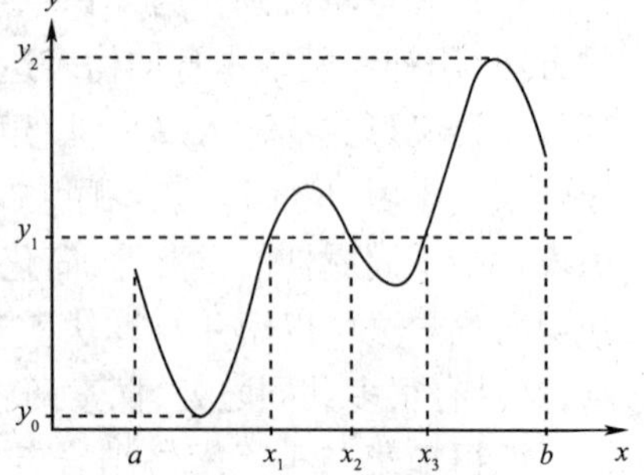

图 8-2 对非线性函数由输出空间划分产生输入空间划分

### 8.2.3　粗糙神经网络的建模方法

按照以上分析,对已知数据样本的一个多维建模问题,首先给出输出空间的一个划分。在做出了输出空间的一个划分后,如何选择最少和最有效的变量并进行划分,以及确定最少的区域对应关系是解决问题的关键。以上问题也等价于如何选择最有效的输入变量及其分点将样本数据分类且分类个数是最少的,而这个问题恰好可以采用粗糙集理论来解决[185]。其过程如下:

第一步:将样本数据组成决策表的形式,即将候选输入变量作为条件属性,输出变量作为决策属性,每一个样本作为一个实例。对于膨胀土路基水毁的模型试验而言,每一次记录的膨胀土胀缩等级、坡度、降雨量和干旱持时都是条件属性。路基发生水毁破坏的情况可以视为决策属性;

第二步:对决策变量离散化(等价于对输出空间进行划分)。由于路基水毁结果可以分为破坏或者不破坏。因此可以对输出空间在[0,1)之间进行划分。如在[0,0.5)之间为不破坏,在[0.5,1)之间为破坏;

第三步:对连续条件属性离散化(等价于对输入空间进行划分)。对于膨胀土试验中的影响因素也可以根据其发生概率在[0,1)之间来确定输入空间;

第四步:对离散化后的决策表进行属性约简,去掉重复的实例。

对决策属性的离散化可以采用等距离划分,也可以采用等频率划分。对连续条件属性离散化可以采用基于属性重要性的离散化算法,也可以采用基于信息熵的离散化算法。

以上过程完成后新决策表保留下来的属性对应的变量即为最终模型的输入变量,保留下来的实例即代表在给定输出空间划分的条件下最少的区域对应。该新决策表中仍然包含着很多冗余信息,再进行值约简即可得到代表最简区域对应的推理规则集,在此基础上即可建立神经网络。网络共由三层组成:输入层、输出层和一个隐层。隐层神经元及其与输入层的连接由膨胀土路基水毁新决策表的推理规则集确定,而隐层与输出层采用全连接方式。假如规则集中的第 $i$ 条规则形式为:

$$(p_{k_1,i} \leqslant u_{k_1} < q_{k_1,i}) \wedge \cdots \wedge (p_{ks,i} \leqslant u_{ks} < q_{ks,i}) \rightarrow (d_{i,1} \leqslant v < d_{i,2}) \tag{8-33}$$

其中 $u_j(j=k_1,k_2,k_3\cdots k_j)$ 为对应属性 $c_j$ 的原始变量(输入变量),$v$ 为原始决策属性变量(即路基是否出现破坏),则对应的隐层神经元输入——输出为:

$$y_i = e^{-z_i} \tag{8-34}$$

$$z_i = \frac{(u_{k_1} - \mu_{k_1,i})^2}{\sigma_{k_1,i}^2} + \cdots + \frac{(u_{ks} - \mu_{ks,i})^2}{\sigma_{ks,i}^2} \tag{8-35}$$

其中 $u_{j,i}=\dfrac{p_{j,i}+q_{j,i}}{2}$，$\sigma_{j,i}=\dfrac{|p_{j,i}-q_{j,i}|}{2}(j=k_1,k_2,\cdots,k_s)$。即神经元非线性函数取为高斯函数，它是一凸函数。此神经元与输出层神经元的连接权初值取为：

$$w_i=\frac{d_{i,1}+d_{i,2}}{2} \tag{8-36}$$

当膨胀土路基水毁决策表经过离散化以后，其属性本身就是离散量时，取 $\sigma_{j,i}=1$。设规则集一共包含有 K 条规则，则隐层神经元个数为 $k$，而网络的输出为：

$$v=\sum_{i=1}^{k}w_i y_i \tag{8-37}$$

如此确定的神经网络，其连接权值和参数仍需通过学习过程进行进一步优化，可以采用加动量项的改进型 *BP* 学习算法。

在一般的建模步骤中，输出空间的划分是非常重要的。理论上说，只要输出空间分得足够细，就可以得到有效的输入空间划分，但是这样会导致过多的区域对应，最终使得网络结构过于复杂，影响泛化能力，因此在达到拟合精度的前提下对输出空间应选取最少的划分。对于膨胀土路基水毁预测在[0,1]之间，输出空间完全可以达到拟合精度要求。

### 8.2.4 适当地选取离散化分点

膨胀土路基水毁预测的粗糙集——神经网络模型的构建过程及其结构如图 8-3 所示。

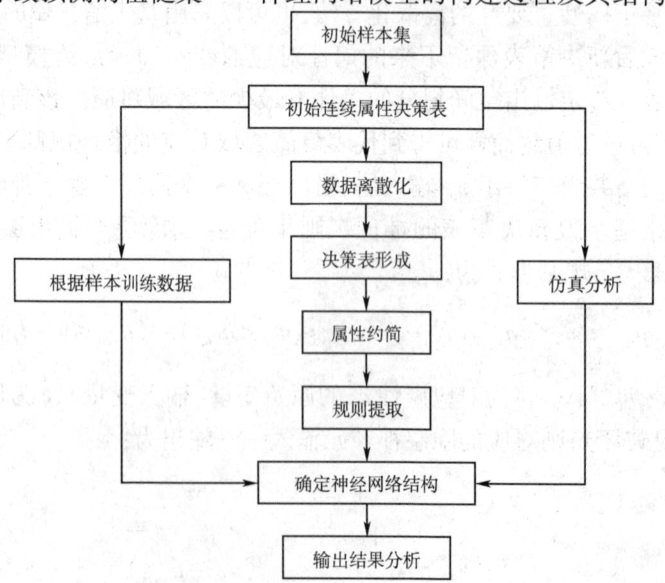


图 8-3 膨胀土路基水毁的粗糙集－神经网络模型的构建

膨胀土路基水毁预测的粗糙－神经网络是先将试验样本数据组成决策表，然后对决策属性和连续条件属性进行离散化，通过约简获得推理规则，根据这些规则建立神经网络模型，然后再利用神经网络学习算法对网络进行优化。这些方法存在两个不足，一是对条件属性离散化采用的是等距离划分，没有采用粗糙集离散化算法，各个连续属性离散化分点取得太多；第二是没有对这种方法进行机理分析，在对决策属性离散化时分点取得过多。以上两点都导致对决策表约简后的规则数过多，神经网络的结构过于复杂，影响到网络的推广能力。

通过深入分析和研究发现，对膨胀土水毁决策表的决策变量离散化时分点不必取得过多，离散化的精度不等价于网络最终的逼近精度。对决策表连续条件属性离散化采用粗糙集离散化算法，会有效地减少离散化的分点个数，同时约简后的规则数也大为减少，这样会大大简化最终的神经网络结构，有助于提高膨胀土路基水毁预测模型的推广。

## 8.3　膨胀土路基的水毁预测

### 8.3.1　试验数据的离散化

神经网络的结构确定之后，可以对其训练数据进行前处理了。根据膨胀土水毁的模型试验，共记录了九组119天的试验数据，神经网络就是以这119天的数据进行训练。现列出第一组试验的14天的数据，如表8-1所示。

第一组模型试验的水毁情况　　表8-1

| 序号 | 时间 | 膨胀土等级 | 坡度 | 降雨量(立方米) | 持续干旱时间(天) | 水毁状况 | 备注 |
|---|---|---|---|---|---|---|---|
|  | 第一组 |  |  |  |  |  |  |
| 1 | 031018 | 1 | 1:0.75 | 0 | 0 | 没有破坏 |  |
| 2 | 031019 | 1 | 1:0.75 | 0 | 1 | 没有破坏 |  |
| 3 | 031020 | 1 | 1:0.75 | 0 | 2 | 没有破坏 |  |
| 4 | 031021 | 1 | 1:0.75 | 0 | 3 | 没有破坏 |  |
| 5 | 031022 | 1 | 1:0.75 | 0 | 4 | 没有破坏 |  |
| 6 | 031023 | 1 | 1:0.75 | 0 | 5 | 没有破坏 |  |
| 7 | 031024 | 1 | 1:0.75 | 0 | 6 | 没有破坏 |  |
| 8 | 031025 | 1 | 1:0.75 | 0.481 | 7 | 没有破坏 |  |
| 9 | 031027 | 1 | 1:0.75 | 0.459 | 0 | 没有破坏 |  |
| 10 | 031028 | 1 | 1:0.75 | 0.718 | 0 | 没有破坏 |  |
| 11 | 031029 | 1 | 1:0.75 | 0.682 | 0 | 没有破坏 |  |
| 12 | 031030 | 1 | 1:0.75 | 0.715 | 0 | 没有破坏 |  |
| 13 | 031031 | 1 | 1:0.75 | 0 | 0 | 没有破坏 |  |
| 14 | 031101 | 1 | 1:0.75 | 0 | 1 | 没有破坏 |  |

粗糙集只能对离散化的数据进行处理,因此首先要做的就是对试验数据进行离散化。由于在九组试验中膨胀土只有两类,一类是常张路弱膨胀土,另一类是南友路中膨胀土,因此按其胀缩等级则以常张路弱膨胀土为0,南友路中膨胀土为1。因为有1∶0.5、1∶0.75、1∶1、1∶1.5、1∶2.0五种不同坡度,所以分别记为0、1、2、3、4五种。降雨量为0时则为0,以0.5$m^3$为界,超过0.5$m^3$算2,小于0.5$m^3$算1。

在“6.5.2”中通过计算可知:某地发生2级干旱即干旱持续7天以内的概率达到80%左右;发生3级干旱,干旱持续14天以内的概率达到95%。因此,干旱持续时间以7天和14天为界。小于等于7天的算0,大于7天小于等于14天的算1,大于14天的为2。对于干旱持续与降雨之间的关系,按照“6.5.3”中晴雨转换的马尔可夫模型进行处理。如第一天降雨量为0,以前没有记录,所以干旱的持续时间为0。由于第二天没有降雨,所以此时干旱的持续时间是1天。依此类推,对于第八天的试验而言,前面干旱已经持续了7天。对于第九天,由于第八天降雨,所以干旱持续时间为0天。

水毁情况分为两类,破坏为1,没有破坏为0。如果输出结果靠近1,说明该膨胀土路基容易出现水毁情况;反之,如果输出结果靠近0,则说明该膨胀土路基比较安全。离散后第一组的试验如表8-2所示。将九组试验全部按同样的方法离散化处理后得到23种样本。

第一组模型试验的水毁情况离散化结果 表8-2

| 序号 | 时间 | 膨胀土等级 | 坡度 | 降雨量 | 干旱持时 | 水毁状况 | 备注 |
|---|---|---|---|---|---|---|---|
| | 第一组 | | | | | | |
| 1 | 031018 | 1 | 0 | 0 | 0 | 0 | |
| 2 | 031019 | 1 | 0 | 0 | 0 | 0 | |
| 3 | 031020 | 1 | 0 | 0 | 0 | 0 | |
| 4 | 031021 | 1 | 0 | 0 | 0 | 0 | |
| 5 | 031022 | 1 | 0 | 0 | 0 | 0 | |
| 6 | 031023 | 1 | 0 | 0 | 0 | 0 | |
| 7 | 031024 | 1 | 0 | 0 | 0 | 0 | |
| 8 | 031025 | 1 | 0 | 0 | 0 | 0 | |
| 9 | 031027 | 1 | 0 | 0 | 0 | 0 | |
| 10 | 031028 | 1 | 0 | 1 | 0 | 0 | |
| 11 | 031029 | 1 | 0 | 1 | 0 | 0 | |
| 12 | 031030 | 1 | 0 | 1 | 0 | 0 | |
| 13 | 031031 | 1 | 0 | 0 | 0 | 0 | |
| 14 | 031101 | 1 | 0 | 0 | 0 | 0 | |

### 8.3.2　粗糙神经网络的结构设计

采用神经网络进行计算时，首先要确定的是神经网络的结构。一般预测结果就是输出结果，这个比较容易确定。输入的节点数即输入数据，如前所述可以确定为膨胀土的胀缩等级、路基的坡度、降雨量的大小和干旱持续时间。在前面几章的讨论中我们可以知道，这几个方面的因素对膨胀土路基发生水毁具有很大的影响。尽管还有温度等因素对膨胀土路基水毁有影响，但是主要的几个因素就是这些。因此，神经网络的输入节点数也可以确定下来，即四个。对于具体的研究内容和侧重点，可以对输入的数据按工程实际情况适当地增加气象资料和膨胀土试验数据，这样就使神经网络的预测具有可扩展性。

神经网络作为数据特征提取器来讲，其隐层节点的个数是非常难以确定的。用粗糙集对输入数据进行前处理，确定网络隐层节点数。根据前面讲的粗糙集的理论，应用粗糙集方法对神经网络的输入和输出的数据进行分析计算。提取相应的预测规则，用这些预测的规则数作为隐层节点数可以较好地解决这个问题。

按照膨胀土胀缩等级(ZS)、坡度(PD)、降雨量(JY)和干旱持时(GH)分别进行分类如下：

$U/\{ZS\}=\{\{1,2,14,15,16,17,18,19,20,21,22,23\},\{3,4,5,6,7,8,9,10,11,12,13\}\}$

$U/\{PD\}=\{\{1,2\},\{3,4,5,14\},\{6,7,8,9,15\},\{10,11,16,17,18,19,20\},\{12,13,21,22,23\}\}$

$U/\{JY\}=\{\{1,3,6,14,15,16,17,21\},\{2,4,5,7,8,10,12,18,19,22\},\{9,11,13,20,23\}\}$

$U/\{GH\}=\{\{1,2,3,5,6,8,9,10,11,12,13,14,15,16,19,20,21,22,23\},\{4,7,17,18\}\}$

约简后，路基损毁结果的分类为：

$U/\{D\}=\{\{1,2,3,5,6,8,10,12,13,14,15,16,17,19,21,22,23\},\{4,7,9,11,18,20\}\}$

经过膨胀土胀缩等级、坡度、降雨量和干旱持时四个指标的重要性计算，发现其中膨胀土胀缩等级这个指标的重要性为0，即该指标可以约简。约简后23个样本由于指标少了一个，又新增了可以合并的样本。最后，样本数由23变成了17。究其原因，是因为在降雨量小于0.5$m^3$时，中、弱膨胀土路基均未发生破坏，而当降雨量大于0.5$m^3$时，中、弱膨胀土路基又都发生破坏，因此，膨胀土的胀缩等级在本次试验中没有明显的差异。

其新的分类如下：

$U/\{PD\}=\{\{1,2\},\{3,4,5\},\{6,7,8,9\},\{10,11,14,15,16\},\{12,13,17\}\}$

$U/\{JY\}=\{\{1,3,6,14,15,17\},\{2,4,5,7,8,10,12,16\},\{9,11,13\}\}$

$U/\{GH\}=\{\{1,2,3,5,6,8,9,10,11,12,13,14,17\},\{4,7,15,16\}\}$

路基损毁结果的新分类为：

$U/\{D\}=\{\{1,2,3,5,6,8,10,12,13,14,15,17\},\{4,7,9,11,16\}\}$

同第三章提取规则类似，对这17个样本一一进行计算，确定其规则数。最后经过合取和析取计算,得到11条规则,其中路基不水毁的规则有7条,路基发生水毁的5条。其中非常明显的是当降雨量为0时,路基是不会发生水毁的;不管坡度如何,当干旱持续时间超过7天同时降雨量小于0.5$m^3$时,路基会发生水毁;降雨量大于0.5$m^3$时,路基也会发生水毁。其余的规则,比如坡度为1:0.5和1:2.0的路基不会损毁的原因是由于试验未进行到路基水毁才终止引起的。但是,作为规则还是要提取,因为规则数就是神经网络的隐层节点数。至此,神经网络的结构就可以确定下来了,膨胀土路基水毁预测的神经网络是4-11-1型的改进型*BP*神经网络。

### 8.3.3 蒙特卡洛方法

神经网络的结构确定之后,就可以进行训练了。MatLab软件有一个人工神经网络的工具箱,选用适当的BP网络后,选定trainlm作为网络训练函数,选用梯度下降动量学习函数learngdm作为学习函数。将模型试验得到了119天的试验数据赋给某个数组,对数据网络进行训练。

但是对于一个训练好的神经网络进行仿真时,每次都会出现同一个输入得到不同的仿真效果,有时候仿真效果还相差较大,这让人对神经网络计算结果的精度产生怀疑。为了解决这个问题,利用前面对降雨量概率分布的计算,知道降雨量符合皮尔逊Ⅲ分布和干旱的概率分布,利用蒙特卡洛(Monte—Carlo)方法对神经网络进行修正。

*1. 蒙特卡洛模拟方法*

蒙特卡洛方法,也称为蒙特卡洛模拟或统计试验方法[186],它是一种通过随机模拟和统计试验来求解数学、物理和工程技术等问题近似解的数值方法。求解随机性问题是蒙特卡洛方法的主要领域。大多工程技术问题中存在着不确定性的一面,应当建立随机模型,用概率论的方法来描述和求解。蒙特卡洛方法就是模拟和近似求解随机问题的有力工具。随着计算机容量和速度的发展,蒙特卡洛法对于精确度要求较高的问题也能得到满意的解。蒙特卡洛法获得了愈来愈广泛的应用。

具体进行蒙特卡洛模拟时,首先是建立与描述该问题有相似性的概率模型,并利用这种相似性把该概率模型的某些特征(如随机变量的均值、方差等)与数学计算问题的解答联系起来,利用电子计算机按人们所关心和讨论的随机变量的某种分布方式产生足够多的随机变数(相当于进行足够多的试验),然后对这些随机变数进行统计推断,将所得的统计估计值作为随机变量统计特征值的近似解。因此,蒙特卡洛方法为解决许多难以用传统的数学方法进行处理的复杂问题提供了一条有效而又可行的途径。

应用蒙特卡洛方法解决的科学技术问题可以分为两类,一类是确定性问题,另一类是随机性问题。求解随机性问题是蒙特卡洛方法的主要领域。如前所述,大多工程技术问题中存在着不确定性的一面,应当建立随机模型,用概率论的方法来描述和求解。蒙特卡洛方法就是模拟和近似求解随机问题的有力工具。

用蒙特卡洛方法模拟和求解随机性问题的基本步骤如下[187]：

(1)根据问题的物理性质建立随机模型,使模型的某些统计特征恰好相当于所需求的问题,这是关键的一步,也是最困难的一步。

(2)根据模型的特点,设计、使用一些加速收敛的方法,以求加快收敛速度,提高精度。

(3)根据模型中各个随机变量的分布,在计算机上产生随机数,给出在计算机上产生各种不同分布随机变量的方法(即抽样方法)。

(4)进行大量的统计试验,取得所求问题的大量试验值,最后由这些试验结果求它的统计特征量(必要时也可求分布),即为问题的解。

2. 蒙特卡洛方法的收敛性

蒙特卡洛法通常是用某个随机变量 $R$ 的简单子样 $r_1,r_2,\cdots,r_n$ 的算式平均值：

$$\overline{r_N} = \frac{1}{N}\sum_{n=1}^{N} r_n \tag{8-38}$$

作为所求解 $I$ 的近似值。由科尔莫哥洛夫加强大数定理可知,当 $E(R)=I$ 时：

$$P(\lim_{N\to\infty}\overline{r_N}=I)=1 \tag{8-39}$$

按照中心极限定理,对于任何 $\lambda_\alpha>0$ 有：

$$P\left(|\overline{r_N}-I|<\frac{\lambda_\alpha\sigma}{\sqrt{N}}\right)\approx\frac{2}{\sqrt{2\pi}}\int_0^{\lambda_\alpha}e^{-\frac{1}{2}t^2}\mathrm{d}t = 1-\alpha \tag{8-40}$$

这表明,不等式：

$$|\overline{r_N}-I|<\frac{\lambda_\alpha\sigma}{\sqrt{N}} \tag{8-41}$$

近似地以概率 $1-\alpha$ 成立。通常显著水平 $\alpha$ 很小,取为 0.05 或 0.01。$\sigma$ 为随机变量 $R$ 的标准差。上式表明,$\overline{r_N}$收敛到 $I$ 的速度的阶为 $O(N^{-1/2})$。

如果 $\sigma\neq0$,那么蒙特卡洛法的误差 $\varepsilon$ 为：

$$\varepsilon=\frac{\lambda_\alpha\sigma}{\sqrt{N}} \tag{8-42}$$

上式中的正态差 $\lambda_\alpha$ 与显著水平 $\alpha$ 是一一对应的,其关系可用 $N(0,1)$ 积分表及公式：

$$\frac{2}{\sqrt{2\pi}}\int_{-\infty}^{\lambda_\alpha}e^{-\frac{1}{2}t^2}\mathrm{d}t = 1-\frac{\alpha}{2} \tag{8-43}$$

算出。由此可知,蒙特卡洛法的收敛与一般数值方法有很大区别,是概率意义下的收敛。其误差以接近 1 的概率不超过某个界限。蒙特卡洛法的收敛速度与一般数值方法相比较慢,其

主阶仅为 $O(N^{-1/2})$，但是，随着计算机容量和速度的发展，蒙特卡洛法对于精确度要求较高的问题也能得到满意的解。并且，蒙特卡洛法的误差 $\varepsilon$ 只与标准差 $\sigma$ 和样本容量 $N$ 有关，而与样本中元素所在空间无关，即其收敛速度与问题维数无关，这就决定了蒙特卡洛法对多维问题的适用性。

3. 任意分布随机数的生成

运用蒙特卡洛法必须根据随机变量的分布给出随机数。现在一般都是采用数学方法，通过计算机产生随机数，由于这种随机数是根据确定的递推公式求得的，存在周期现象，不能满足真正随机数的要求，所以常称为伪随机数。在实际应用中，只要通过一系列的统计检验，还是可以将其看作“真正”的随机数使用。

要产生符合一定分布的随机数，首先生成(0,1)均匀分布的随机数，然后通过一个适当的变换就可以得到所要求的随机数。产生均匀分布随机数的数学方法，有平方取中法、移位指令加法和同余法，其中较为常用的是同余法中的乘同余法和混合同余法。

乘同余法用以产生(0,1)均匀分布随机数的递推公式为：

$$x_i = \lambda x_{i-1} (\mathrm{mod} M), i = 1, 2, \cdots \tag{8-44}$$

式中 $\lambda$、$M$ 和 $x_0$ 是选定的常数。上式的意义是以 $M$ 除 $x_{i-1}$ 后得到的余数记为 $x_i$。利用上式算出序列 $x_1, x_2, \cdots, x_i, \cdots$，再取：

$$r_i = \frac{x_i}{M} \tag{8-45}$$

这就是第 $i$ 个均匀分布的随机数 $r_i$，如此可得一个随机序列 $r_1, r_2, \cdots, r_i, \cdots$。由于 $x_i$ 是除数为 $M$ 的除法中的余数，所以 $0 \leqslant x_i \leqslant M$，故 $0 \leqslant r_i \leqslant 1$。可知序列 $\{r_i\}$ 是在(0,1)上均匀分布的序列。乘同余法只能产生 $L \leqslant M$ 个随机数，如果 $L$ 充分大，则在同一个周期内的数有可能通过数理统计中的独立性和均匀性检验，这取决于参数 $x_0$、$\lambda$、$M$ 的选择。一般方法为试选一组参数后，在计算机上产生序列 $\{r_i\}$，然后用统计方法进行相关检验。一些文献中也列有常用参数 $\lambda$、$M$ 和 $x_0$ 及周期 $L$ 的推荐值。

混合同余法的递推公式为：

$$\left.\begin{aligned} x_i &= \lambda x_{i-1} + C (\mathrm{mod} M) \\ r_i &= \frac{x_i}{M}, i = 1, 2, \cdots \end{aligned}\right\} \tag{8-46}$$

通过适当选取参数可以改善伪随机数的统计性质。例如，若 $C$ 取正奇数，$M = 2^k$，$\lambda = 4q + 1$，$x_0$ 取任意非负整数，可产生随机性好、且具有最大周期 $T = 2^k$ 的序列 $\{r_i\}$。混合同余法的特点是周期长，且若采用移位和指令相加法，则计算速度也较快。

其他的方法尚有组合同余法、加同余法等，可以进一步改善伪随机数的统计性质，在此不再详细介绍。一般在计算机上都备有经过检验的产生(0,1)均匀分布随机数的程序,也可另行自编产生均匀分布的方法,但必须采用统计方法进行参数、均匀性和独立性检验等。

4. 随机数的统计检验

随机数序列的随机数检验,就是按照从(0,1)上均匀分布随机抽样所应具有的性质和规律,来研究所产生的随机数是否与这些性质和规律相符合。检验随机数,常需要同时采用几种不同的检验方法,主要有参数检验、均匀性检验和独立性(或不相关性)检验。

参数检验是对所得子样均值和理论均值的显著性检验。在(0,1)上均匀分布的随机变量 $R$ 的期望值 $E(R)=1/2$,均方根 $E(R^2)=1/3$,方差 $D(R)=1/12$。设随机变量 $R$ 共有 $n$ 个观测值 $r_1,r_2,\cdots,r_n$,由中心极限定理知统计量:

$$u_1=\frac{\bar{r}-1/2}{\sqrt{D(R)}/\sqrt{n}}=\sqrt{12n}\left(\bar{r}-\frac{1}{2}\right) \tag{8-47}$$

渐近服从标准正态分布 $N(0,1)$,式中$\bar{r}$为 $n$ 个随机数的平均值:

$$\bar{r}=\frac{1}{n}\sum_{i=1}^{n}r_i \tag{8-48}$$

此外,对(0,1)均匀分布的随机变量 $R$ 还有:

$$D(R^2)=E(R^4)-[E(R^2)]^2=\int_0^1 r^4\mathrm{d}r-\left(\frac{1}{3}\right)^2=\frac{4}{45} \tag{8-49}$$

$$u_2=\frac{\overline{r^2}-E(R^2)}{\sqrt{D(R^2)}/\sqrt{n}}=\frac{\sqrt{45n}}{2}\left(\overline{r^2}-\frac{1}{3}\right) \tag{8-50}$$

渐近服从标准正态分布 $N(0,1)$,式中:

$$\overline{r^2}=\frac{1}{n}\sum_{i=1}^{n}r_i^2 \tag{8-51}$$

由于 $u_1$ 和 $u_2$ 均渐近服从标准正态分布 $N(0,1)$,可以进行 $u$ 检验。当给定显著性水平后,即可根据正态分布表确定临界值,据此判断$\bar{r}$与 $R$ 期望值 $E(R)$之差异是否显著,以及$\overline{r^2}$与 $R^2$ 期望值 $E(R^2)$之差异是否显著,从而决定能否把 $r_1,r_2,\cdots,r_n$ 看作是(0,1)均匀分布的随机变量 $R$ 的 $n$ 个独立取值。检验时若取显著性水平 $\alpha=0.05$,此时临界值为 1.96,当$|u|>1.96$ 时,差异显著。

均匀性检验又称频率检验,是对经验频率与理论频率的显著性进行检验。把(0,1)区间分成 $k$ 等分,以$\left(\frac{i-1}{k},\frac{i}{k}\right)(i=1,2,\cdots,k)$表示第 $i$ 个小区间,如 $r_i$ 是(0,1)上均匀分布的随机变量 $R$ 的一个取样值,则它落在任一小区间的概率 $P_i$ 均应等于这些小区间的长度 $1/k$,故 $n$

个 $r_i$ 值落在任一个小区间的平均数为 $m_i = nP_i = n/k$。设 $n$ 个 $r_i$ 值落入第 $i$ 个小区间有 $n_i$ 个，则统计量：

$$\chi^2 = \sum_{i=1}^{k} \frac{(n_i - m_i)^2}{m_i} = \frac{k}{n}\sum_{i=1}^{k}\left(n_i - \frac{n}{k}\right)^2 \tag{8-52}$$

渐近服从$\chi^2(k-1)$分布。据此进行显著性检验，取显著性水平 $\alpha = 0.05$，由自由度$(k-1)$的$\chi^2$ 分布表查得临界值$\chi^2_{k-1}(0.05)$，如果$\chi^2 > \chi^2_{k-1}(0.05)$，拒绝均匀性假设。

此外还可以作累积频率检验，这时利用统计量：

$$\sqrt{n}D_n = \frac{1}{\sqrt{n}}\max_{1<s<k}\left|\sum_{i=1}^{s}\left(n_i - \frac{n}{k}\right)\right| \tag{8-53}$$

渐近服从科尔莫哥洛夫－斯米尔洛夫分布这一事实进行显著性检验，取显著性水平 $\alpha = 0.05$，当$\sqrt{n}D_n > 1.35$ 时，拒绝均匀性假设。

独立性检验主要是检验随机数 $r_1, r_2, \cdots$中前后各数的统计相关的显著性。两个随机变量的相关系数 $\rho_k$ 反映它们之间的线性相关程度，若两个随机变量相互独立，则它们的相关系数 $\rho_k = 0$，故可利用相关系数来检验随机数的独立性。设给定 $n$ 个随机数 $r_1, r_2, \cdots, r_n$，计算前后距离为 $k$ 的样本相关系数：

$$\rho_k = \frac{\dfrac{1}{n-k}\sum_{i=1}^{n-k} r_i r_{k+i} - (\bar{r})^2}{s^2}, k = 1,2,\cdots \tag{8-54}$$

式中：

$$s^2 = \frac{1}{n}\sum_{i=1}^{n}(r_i - \bar{r})^2 \tag{8-55}$$

在统计假设 $\rho_k = 0$ 成立时，当 $n$ 充分大（如 $n > 50 + k$）时，统计量：

$$u = \rho_k \sqrt{n-k} \tag{8-56}$$

渐近服从标准正态分布 $N(0,1)$，故可进行 $u$ 检验，具体检验时可对若干个不同的 $k$ 分别进行。

### 8.3.4 路基水毁预测分析

1. 预测分析的计算步骤

用蒙特卡洛方法模拟和求解膨胀土路基水毁预测的基本步骤如下：

（1）根据神经网络各输入值的物理性质建立随机模型，使模型的某些统计特征恰好反映所需求的问题；

（2）根据神经网络的特点，设计、使用一些加速收敛的方法，以求加快收敛速度，提高精度；

(3)按照神经网络中各个输入值的不同分布随机变量的方法(即抽样方法)在计算机上产生随机数,并输入到神经网络;

(4)对神经网络的输出值进行大量的统计试验,求出它的统计特征量(必要时也可求分布),即为膨胀土路基水毁的发生概率。

运用蒙特卡洛法必须根据随机变量的分布给出随机数。现在一般都是采用数学方法,通过计算机产生随机数,由于这种随机数是根据确定的递推公式求得的,存在周期现象,不能满足真正随机数的要求,所以常称为伪随机数。在实际应用中,只要通过一系列的统计变换,还是可以将其看作"真正"的随机数使用。

对服从降雨的皮尔逊Ⅲ型的随机数产生方法如下[188]:

皮尔逊Ⅲ型的分布函数为:

$$P = \frac{\beta^{\alpha}}{\Gamma(\alpha)}\int_{x_{\mathrm{p}}}^{\infty}(x - x_0)^{\alpha-1}e^{-\beta(x-x_0)}\,\mathrm{d}x \tag{8-57}$$

其中 $\alpha$、$\beta$ 和 $x_0$ 为3个参数。服从皮尔逊Ⅲ型的随机数 $x$ 按下述程序抽样:

(1)令 $\alpha = n + p$,其中 $n$ 为整数,$0 < p < 1$;

(2)产生 $n$ 个在[0,1]上均匀分布的随机数 $R_1, R_2, \cdots, R_{\mathrm{n}}$,并计算其和 $y = \sum_{i=1}^{n} R_{\mathrm{i}}$;

(3)生成3个[0,1]上均匀分布的随机数 $R_{\mathrm{n+1}}, R_{\mathrm{n+2}}, R_{\mathrm{n+3}}$,并计算 $S_1 = R_{\mathrm{n+1}}^{1/\mathrm{p}}$ 和 $S_2 = R_{\mathrm{n+2}}^{1/(1-\mathrm{p})}$;

(4)判断 $(S_1 + S_2)$ 是否小于等于1,是则继续往下进行,否则转回(3)重新生成[0,1]上均匀分布的随机数;

(5)按下式计算随机数 $x$:

$$x = \left[\left(\frac{-S_1}{S_1 + S_2}\right)\cdot \ln R_{\mathrm{n+3}} - y\right]/\beta + x_0 \tag{8-58}$$

2. 预测分析

1)一般地区膨胀土路基水毁概率

文献[145]中模型试验干旱持续时间、膨胀土胀缩等级分类和坡度均可按随机数出现在[0,1]区间内不同的位置来确定其数值。如随机数在[0,0.5]上为0,为弱膨胀土;随机数在(0.5,1)之间为1,为中膨胀土。考虑到干旱持续时间在气候异常时有可能超过40天,将出现60天以内的概率和40天的概率一并在[0,1]区间中加以反映。

按上述算法让计算机随机生成300,000组数据,通过训练好的神经网络,对应这些输入,神经网络就有300,000个输出,计算这些输出的概率分布。因为根据大数原理,这300,000个数肯定符合或近似符合正态分布,求出其均值就可以在这种降雨量分布和干旱持续时间的条件下,相对准确地确定对于某些膨胀土胀缩等级的路基的水毁情况。

计算结果表明，该正态分布函数的$\mu$值为0.244，置信区间为95%的$\sigma$为0.3。因此，在满足模型试验的压实度的情况下，该膨胀土路基在某地的降雨量和干旱持续时间的情况下，无论是弱膨胀土路基，还是中膨胀土路基，在各种坡度下出现水毁的可能性不大。按照水毁发生的概率乘以该工程的影子价格，膨胀土路基水毁灾害的工程损失评估价值就不会太大。同样，膨胀土路基水毁发生的概率较小，水毁引起的社会损失价值也相应较小。

2）不同重现期的降雨量时膨胀土路基水毁概率

考虑10年一遇、20年一遇、50年一遇和100年一遇等情况对膨胀土路基的影响，按照本文的计算模型和试验数据，假定路基坡比为1:1，干旱持续时间为20天的情况下计算弱、中、强膨胀土路基的水毁概率，如图8-4所示。

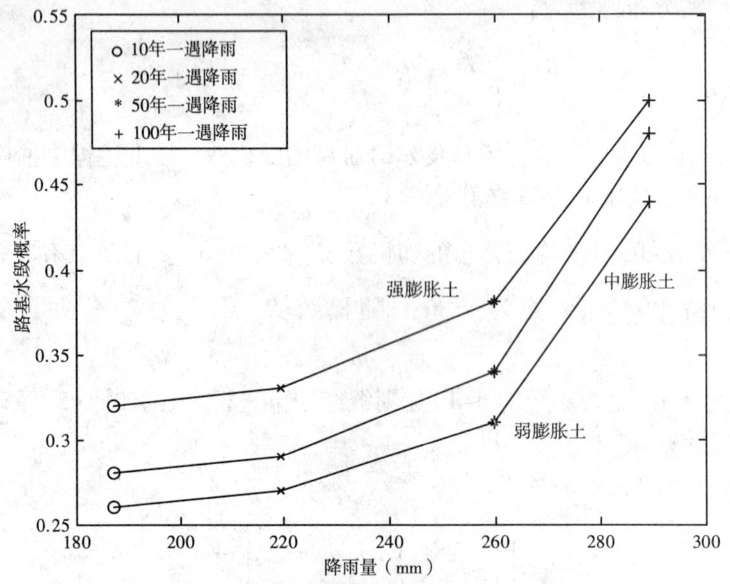


图8-4　不同重现期降雨量对膨胀土路基水毁的影响

从图8-4中可以看出，不同胀缩等级的膨胀土路基水毁概率趋势大致相似，但膨胀土胀缩等级越高，路基发生水毁的概率越大。随着降雨量的增加，路基水毁概率显著提高。

3）不同干旱持续时间条件下膨胀土路基水毁概率

按照本文中某地晴天持续时间，可以得到该地发生轻旱的平均时间为10天、发生中旱的平均时间为42天、发生重旱的平均时间为131天。按照本文的计算模型和试验数据，假定路基坡比为1:1，降雨量为五十年一遇的情况下计算弱、中、强膨胀土路基的水毁概率，如图8-5所示。

从图8.5中可以看出，不同胀缩等级的膨胀土路基水毁概率趋势大致相似，但膨胀土胀缩等级越高，路基发生水毁的概率越大。随着干旱持续时间的增加，路基水毁概率没有出现上升。究其原委，是由于本文的网络训练数据采用都是文献[145]中模型试验数据，该试验中干旱持续时间最长为54天，而仿真中需要计算131天，其计算能力已超出网络的预算能力，所以随着干旱持续时间的增加，路基水毁概率没有出现上升。这是该算法优越之处，它能够随着训练数据的情况更加接近实际。

从以上计算可知，本算法非常容易扩展，可以方便地应用到每个具体工程之中去。输入数据的指标可以根据不同的研究目标任意加减，对确定的工地，降雨量、干旱持时等气象资料容易获得。在气候异常时，降雨量、干旱持时的异常都可以在气象资料的统计中得到反映。而对工程当地的膨胀土胀缩等级的指标可以通过试验获得，还可以根据研究需要加上其它相关的指标，然后对其进行粗糙集的分析，确定神经网络的结构、训练神经网络、模拟降雨量等数据，再根据蒙特卡洛方法生成大量符合各指标概率的随机数，输入到神经网络进行计算，最后对输出结果进行数理统计分析，从而得出预测结果。

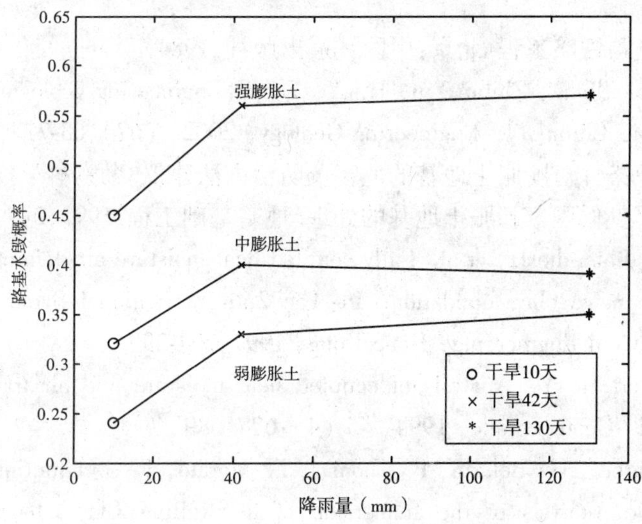


图8-5　不同干旱持续时间对膨胀土路基水毁的影响

# 参考文献


[1] 包承纲. 膨胀土裂隙性研究. 见:郑健龙、杨和平. 膨胀土处治理论、技术与实践. 北京:人民交通出版社,2004:24-35

[2] Bejerrum. Progressive Pailure in Slope of over-consolidated Plastic Clay and Clay Shales. Soil Mechanics and Foudation Division, ASCE, 1967, 95 (5):3-50

[3] 李献民. 膨胀土地区公路修筑成套技术研究调研报告:[内部资料]. 长沙:中南大学,2003

[4] 廖世文. 膨胀土与铁路工程. 北京:中国铁道出版社,1984

[5] Bin Shi, Hongtao Jiang, Zhibin Liu, H. Y. Fang. Engineering geological characteristics of expansive soils in China[J]. Engineering Geology, 2002, (67):63-71

[6] 何运书. 谈气象条件对膨胀土地基的危害及防治方法建议. 勘察科学技术,1989,3:14-19

[7] 朱树森. 半干旱气候国家膨胀土地基的处理. 地基基础工程,1992,2(4):23-28

[8] Daiquan Yang, Rahardjo H, et al. Fully coupled heat-moisture-air-deformation analysis in an unsaturated expansive clay foundation. In:The 2nd International Symp. on structures and Foundations in Civil Engineering, Hong Kong, 1997:294-299

[9] Thomas H R and He Y. Analysis of coupled heat moisture and air transfer in deformable unsaturated soil. Geotechnique, 1994, 45 (4):677-689

[10] V. Médout-Marère, H. Belarbi, P. Thomas, F. Morato, J. C. Giuntini, J. M. Douillard. Thermodynamic Analysis of the Immersion of a Swelling Clay. Journal of Colloid and Interface Science, 1998, 202 (1):139-148

[11] 陈守义. 考虑入渗和蒸发影响的土坡稳定性分析方法,岩土力学,1997, 18 (2):8-22

[12] V. Y. Chertkov. A physically based model for the water retention curve of clay pastes. Journal of Hydrology, 2004, 286:203-226

[13] 袁广林,田立柱. 膨胀土对建筑物的危害及防治. 煤炭设计,1999,4:30-31

[14]《气候变化国家评估报告》编写委员会. 气候变化国家评估报告. 北京:科学出版社,2007

[15] 秦大河. 应对全球气候变化防御极端气候灾害. 求是,2007,8:51-53

[16] 丁裕国. 气候概率分布理论的新内涵及其展望. 沙漠与绿洲气象,2007,1(2):1-5

[17] 丁裕国. 探讨灾害规律的理论基础 - 极端气候事件概率. 气象与减灾研究,2006,29

(1):44-48

[18] 刘吉峰,丁裕国,江志红. 全球变暖加剧对极端气候概率影响的初步探讨. 高原气象,2007,26(4):837-842

[19] 方向池,宗家烈. 云南公路建设中的膨胀土及其工程地质问题. 云南公路科技,1993,48(2):23-26

[20] 杨和平. 西部交通建设科技项目研究大纲–膨胀土地区公路修筑成套技术研究:[内部资料]. 长沙:长沙理工大学,2003

[21] 刘筱川. 膨胀土地基上建筑的工程实践. 广西土木建筑,1999,(24)3:120-123

[22] NISHIDA K, AOYAMA C. Failure Mechanism of a Weathered Residual Soil Slope. Proceeding of the Eighth Asian Regional Conference on Soil Mechanics and Foundation Engineering, 1987, (1):197-200

[23] Lipponen, S. Manninen, H. Niini, E. Rönkä. Effect of water and geological factors on the long-term stability of fracture zones in the Päijänne Tunnel. International Journal of Rock Mechanics and Mining Sciences, 2004, 42:3-12

[24] Alonso E, Gen S, Lioret A and Delahage C. Effect of rain infiltration on the stability of slopes. In:Proc. 1st ICUS. 1995, I:241-249

[25] 赵明华等. 土力学地基与基础疑难释义. 北京:中国建筑工业出版社,1999. 156-163

[26] 王思义、田开明、彭达天. 中国膨胀土工程地质分类分布略图:[内部资料]. 武汉:湖北综合勘察院,1995

[27] Freek van der Meer, Can we map swelling clays with remote sensing? International Journal of Applied Earth Observation and Geoinformation, 1999, 1:27-35

[28] Brand E W. keynote paper:Slope instability in tropical areas. Landslides, 1995, 2031-2051

[29] Barbour S L. 19th Canadian geotechnical colloquium:The soil-water characteristic curve:a historical perspective. Canadian Geotechnical Journal, 1998, 35:873-894

[30] 王美芝、许兆义、杨成永、孙增奎. 胶新铁路施工期路堤水土流失特征. 铁道劳动安全卫生与环保,2003,5:215-217

[31] 李志刚、吴伟、陈云鹤. 高速公路路堤边坡冲刷防护临界高度初探. 公路交通科技,200320(2):24-27

[32] Daniel Pradel, Glen Raad. Effect of permeability on superficial stability of homogeneous slope. Journal of Geotechnical Engineering, 1993, 119 (2):77-80

[33] 李志刚,刘建民. 路堤边坡冲刷量预测方法研究. 华东公路,2003, 6:24-26

[34] 秦禄生,郑健龙. 膨胀土路堑边坡雨季表层滑坍稳定性分析. 长沙交通学院学报,1999,15 (1):76-79

[35] A. K. Helmy. The Limited Swelling of Montmorillonite. Journal of Colloid and Interface

Science, 1998, 207:128-129

[36] Lim T T, Rahardjo H. Effect of Rainfall on Matric Suctions in a Residual Slope. Can. Geotech. J,1996, 33:518-627

[37] Bagge G. Tension cracks in saturated clay cuttings. In:Proc. 11th ICSMFE. San Francisco. 1985, (2):393-395

[38] Chen-Wuing Liu, Shih-Wei Cheng, Wen-Sheng Yu, etal. Water infiltration rate in cracked paddy soil. Geoderma, 2003, 117:169-181

[39] Baker R. Tensile strength tension cracks and stability of slope. Soil and Foundations, 1981, 21 (2):1-17

[40] Drumight E E & Nelson J D. The shear strength of unsaturated tailings sand. The international Conference on Unsaturated Soils, 1995, (5) :45-50

[41] Gardner W R. Some steady state solutions of the unsaturated moisture flow equation with application to evaporation from a water-table. Soil Science, 1958, (85):228-232

[42] Guolin Yang, Yonghe Wang. Displacement Behavior of Wrapped-reinforced Wall Subjected to Cyclical Loading. Geotechnical Engineering, 2001, 32 (1):33-36

[43] Y. H Wang, M C Wang. Internal Stability of Reinforced soil retaining Structures with Cohesive backfills. Transportation Research Record,1993,14:38-47

[44] Y. H Wang, M C Wang. Performance of Polypropylene-strip-reinforced soil retaining structure. Journal of Southeast Asian Geotechnical Society, 1994, 25 (1):39-52

[45] 杨和平,李宇峙,陈虔礼.膨胀土路基病害及防治措施.公路,1995, (5):8-12

[46] Markus Tuller, Dani Or. Hydraulic functions for swelling soils:pore scale considerations. Journal of Hydrology, 2003, 272:50-71

[47] H. R. Thomas, P. J. Cleall. Inclusion of expansive clay behaviour in coupled thermo hydraulic mechanical models. Engineering Geology, 1999, (54):93-108

[48] Frellund D G, Chen Z Y. China-Canada Cooperative research program on expansive soils. In:Report submitted to International Development Research Center (IDRC), 1988

[49] 吴万平,程平.膨胀土的判别与分类的新方法.见:郑健龙、杨和平,膨胀土处治理论、技术与实践.北京:人民交通出版社,2004,12:108-116

[50] 杨涛,纪桂霞.路基膨胀土胀缩等级综合评判.华东公路,2002,136(6):45-47

[51] 柯尊敬,刘楚详.对铁路工程中膨胀土判别和分类的看法.路基工程,1986,4:8-12

[52] 谭罗荣,张梅英等.风干含水量用作膨胀土判别分类指标的可行性研究.工程地质学报,1994, 2 (1):15-22

[53] 李生林等.塑性图在判别膨胀土中的应用.地质论评,1984,(4) :35-39

[54] 梁俊勋.用灰色聚类法评判膨胀土等级的初步尝试.工程勘察,1992,(2):42-47

[55] 陈新民,李生林. 膨胀土判别与分类的灰色关联分析法. 岩土力学,1996, 17(4):30-34
[56] 金波,王桢. 试用模糊数学法对裂土进行判别和分类. 路基工程,1990,(3):35-39
[57] 郭昱葵,熊友山,姚海林,等. 模糊数学在当宜高速公路膨胀土判别和分类中的应用. 岩土力学,1999,20(3):61-65
[58] 傅鹤林,范臻辉,刘宝琛. 利用人工神经网络模型判定膨胀土等级. 中国铁道科学,2002,23(5):118-120
[59] Isabelle Bihannic, Denise Tchoubar, Sandrine Lyonnard, etal. X-Ray Scattering Investigation of Swelling Clay Fabric: 1. The Dry State. Journal of Colloid and Interface Science, 2001, 240:211-218
[60] 中华人民共和国铁道部. TB 10038-2001/J 126-2001. 铁路工程特殊岩土勘察规程. 北京:铁道出版社,2001
[61] Mosleh A. Al-Shamrani, Abdulmohsin W. Dhowian. Experimental study of lateral restraint effects on the potential heave of expansive soils. Engineering Geology, 2003, 69:63-81
[62] Patrick Chege Kariuki, Freek van der Meer. A unified swelling potential index for expansive soils. Engineering Geology, 2004, 72:1-8
[63] E. Czogala, A. Mrózek, Z. Pawlak. The idea of a rough fuzzy controller and its application to the stabilization of a pendulum-car system. Fuzzy Sets and Systems, 1995, 72 (1):61-73
[64] Amer A. Al-rawas, Mohammed Qamaruddin. Construction problems of engineering structures founded on expansive soils and rocks in northern Oman. Building and Environment, 1998, 33:159-171
[65] 卢再华,陈正汉,蒲毅彬. 膨胀土干湿循环胀缩裂隙演化的 CT 试验研究. 岩土力学,2002,23(4):417-422
[66] Braenner R D, Tam H K and Brand E W. Field stress path simulation of rain-induced slop failure. In:Proc. 11th ICSMFE, 1985, (2):991-996
[67] Bronswijk JJB. Modeling of water balance, cracking and subsidence of clay soils. Journal of Hydrology, 1988, 97:199-212
[68] Zhang N and Sheng Z. Probability analysis of rain-related occurrence and revival of landslides. Chrischurch, 1992, (2):1077-1083
[69] Zhu J H and Anderson S A. Determination of shear strength of Hawaiian residual soil subjected to rainfall-induced landslides. Geotechnique, 1998, 48 (1):73-82
[70] Premchitt J, Brand E W & Chen. Rain-induced landslides in Hong Kong. Asian Engineer. Journal of Hong Kong Institution of Engineers, 1994, (6):43-51
[71] R. N. Yong. Soil suction and soil-water potentials in swelling clays in engineered clay barriers. Engineering Geology, 1999, 54:3-13

[72] 林鲁生,蒋刚.考虑降雨入渗影响的边坡稳定分析方法探讨.武汉大学学报,2001,34(1):42-44

[73] 吴宏伟,陈守义,庞宇威.雨水入渗对非饱和土坡稳定性影响的参数研究.岩土力学,1999,20(1):1-14

[74] 姚海林,郑少河,李文斌,陈守义.降雨入渗对非饱和膨胀土边坡稳定性影响的参数研究.岩石力学与工程学报,2002,21(7):1034-1039

[75] 秦禄生,郑健龙.膨胀土路基边坡雨季失稳破坏机理的应力应变分析.中国公路学报,2001,14(1):25-30

[76] 李兆平,张弥.考虑降雨入渗影响的非饱和土边坡瞬态安全系数研究.土木工程学报,2001,34(5):57-61

[77] S. Ruy, L. Di Pietro, Y. M. Cabidoche. Numerical modelling of water infiltration into the three components of porosity of a vertisol from Guadeloupe. Engineering Geology, 1999, 221 (16):1-19

[78] 沈波,郑南翔,田伟平.路基压实黄土坡面冲蚀试验研究.重庆交通学院学报,2003,22(4):64-67

[79] 张颖钧.裂土挡墙土压力分布探讨.中国铁道科学,1993,14(2):90-99

[80] 王协康,方铎.物理基础的坡面雨滴溅蚀模型.四川联合大学学报,1997,1(3):90-102

[81] S Frydaman. An Effective Stress Model for Swelling of Soils. In: Proc 7th International Conference on Expansive Soils, Dallas, 1992, (1):191-195

[82] 殷坤龙,汪洋,唐仲华.降雨对滑坡的作用机理及动态模拟研究.地质科技情报,2002,21(1):75-78

[83] 杨果林,丁加明.膨胀土路基的胀缩变形模型试验,中国公路学报[J],2005 ,19 (4):23-29

[84] 边云峰.石长线膨胀土路堑施工的经验和教训.铁道建筑技术,1999, 1:5-9

[85] 陈虔礼.膨胀土地区公路路基、构造物、路面病害防治措施简介.云南交通科技,1999,15 (2):11-16

[86] 张梁,张业成,罗元华.地质灾害灾情评估理论与实践.北京:地质出版社,1998.167-170

[87] 张晶.我国内生地裂缝灾害概况.地质灾害与环境保护,1992,3(2):10-15

[88] 罗元华.关于地质灾害研究、勘察及防治工作的若干建议.中国地质灾害与防治学报,1992,5(增刊):23-29

[89] 易法洋.膨胀土路基加固技术.公路与汽运,2001,1:26-28

[90] Yao Sun et al. A study on stability analysis of shallow large slope due to raining permeation. Unsaturated Soils. In:Proc. 1st ICUS. 1995, I:315-320

[91] 任晓崧.汕头市降雨量的概率分布模型.灾害学,1999,14(1):11-16

[92] Keefer D K, Wilson R C et al. Real-time landslide warning during heavy rainfall. Science, 1986, (238):921-925

[93] 任伯帜,廖继源. 确定皮尔逊-Ⅲ型分布统计参数的方法研究及其应用. 湘潭矿业学院学报,2000, 15(3):81-86

[94] 盛骤,谢式千,潘承毅. 概率论与数理统计. 北京:高等教育出版社,1997. 78-84

[95] Lee K S. An Approach for Frequency Analysis of Multiyear Drought Durations. Water Resource Research, 1985, 22 (5):131-136

[96] 冯国章. 极限水文干旱历时概率分布的解析与模拟研究. 地理学报,1994, 49(5):457-466

[97] 冯利华. 干旱等级和旱灾程度的定量表示法. 农业系统科学与综合研究,2003, 19(3):230-236

[98] 冯国章. 多年持续干旱历时的概率分布与重现期确定方法的研究. 水文,1995, 6:6-13

[99] 韩万林,张幼蒂. 断层推断的改进 BP 神经网络方法. 合肥工业大学学报,2001,24(5):890-893

[100] 闻新,周露,李翔,张宝伟. MATLAB 神经网络仿真与应用. 北京:科技出版社,2003. 79-90

[101] Chen F H. Foundations on expansive soils. Elsevier Scientific Publishing Company, Amsterdam-Oxford-New York, 1975:67-80

[102] 丁加明,王永和,陈治亚,肖宏彬. 膨胀土路基水毁灾害及其粗糙神经网络预测[J]. 自然灾害学报,2006. 37(6):396-400

[103] 陈洪滨,刁丽军. 2003 年的极端天气和气候事件及其他相关事件[J]. 气候与环境研究,2004. 9(1):218-223

[104] 陈洪滨,刁丽军. 2004 年的极端天气和气候事件及其他相关事件[J]. 气候与环境研究,2005. 10(1):140-144

[105] 陈洪滨,范学花,董文杰. 2005 年的极端天气和气候事件及其他相关事件[J]. 气候与环境研究,2006. 11(2):236-244

[106] 陈洪滨,范学花. 2006 年的极端天气和气候事件及其他相关事件的概要回顾[J]. 气候与环境研究,2007. 12(1):100-112

[107] 潘小华,翟盘茂. 我国极端气候事件的确定选取与分析[J]. 气象,2002. 28 (18):28-311

[108] 王绍武,蔡静宁,朱锦红. 中国气候变化的研究. 气候与环境研究,2002. 7(2):137-145

[109] 马柱国,华丽娟,任小波. 中国近代北方极端干湿事件的演变规律. 地理学报,2003. 58(增刊):69-74

[110] 黄卫,钟理,钱振东. 路基膨胀土胀缩等级的模糊评判. 岩土工程学报,1999,21(4):

408-413

[111] D. L. Olgaard, J. Urai, L. N. Dell'Angelo, R. Nüesch, G. Ingram. The influence of swelling clays on the deformation of mudrocks. International Journal of Rock Mechanics and Mining Sciences, 1997, 34:364-370

[112] Christian Moyne, Márcio A. Murad. Electro-chemo-mechanical couplings in swelling clays derived from a micro/macro-homogenization procedure. International Journal of Solids and Structures, 2002, 39:6159-6190

[113] Pawlak Z. Rough sets. International Journal of Information and Computer Science, 1982, (11):341-356

[114] Pawlak Z. Theoretica Aspects of Reasoning About Data. Kluwer Academic Publisbers, 1991:1-9

[115] Pawlak Z, et al. Rough sets approach to Knowledge-based decision support. European Journal of Operation Reseach, 1997, (99):48-57

[116] 韩祯祥,张琦,文福拴. 粗糙集理论及其应用综述. 控制理论与应用,1999,16 (2): 17-20

[117] Pawlak Z. Rough classification. International Journal of Human-Computer Studies, 1999, 51(2):369-383

[118] Pawlak Z. Rough set approach to knowledge-based decision support. European Journal of Operational Research, 1997,99(1):48-57

[119] 周庆敏,李永生,殷晨波. 粗糙集的知识获取及其应用. 苏州科技学院学报,2003,20 (4):9-13

[120] Pawlak Z. Truth and Flow Graph. Electronic Notes in Theoretical Computer Science. Probability,2003,82(4):1-9

[121] Pawlak Z. Rough sets and intelligent data analysis. Information Sciences, 2002,147:1-12

[122] 陆光辉,肖人彬. 基于粗集理论和神经网络的集成化数据挖掘方法研究. 小型微型计算机系统,2002,23(5):552-557

[123] 李生林. 中国膨胀土工程地质研究. 南京:江苏科技出版社,1992. 45-45

[124] 曾黄麟,曾谦. 基于不确定性问题研究方法评价系统参数的重要性. 系统工程理论与实践,2000,11:94-110

[125] 刘建勤. 粗糙集理论及其最新发展. 计算技术与自动化,1998,17(1):43-48

[126] 彭云,聂承启,万红新等. 粗糙集在决策系统中的应用. 江西师范大学学报(自然科学版),2002,26(3):229-231

[127] Pawlak Z. Decisions rules and flow networks. European Journal of Operational Research, 2004,154(1):184-190

[128] Pawlak Z. An inquiry into anatomy of conflicts. Information Sciences,1998,109:65-78

[129] 马力,焦李成.一种基于粗集理论的知识发现系统的研究与设计.微电子学与计算机,2003,3:8-12

[130] Pawlak Z. Rough sets, decision algorithms and Bayes' theorem. European Journal of Operational Research, 2002,136 (1):181-189

[131] Salvatore Greco, Z Pawlak, Roman Slowioski. Can Bayesian confirmation measures be useful for rough set decision rules?. Engineering Applications of Artificial Intelligence, 2004,17 (4):345-361

[132] 刘柏刚,丁加明.贝叶斯决策在确定复合标底报价中的应用.铁路工程造价管理,2002,5:5-7

[133] 朱剑英.智能系统非经典数学方法.武汉:华中科技大学出版社,2001.125-130

[134] 王永茂,刘克勤.粗糙集理论在电力系统燃料管理中的应用.现代电力,2002,19(5):88-93

[135] 熊樱菲,何文权,王兵.粗糙集理论(RST)及真在古陶瓷分类上应用的初探.文物保护与考古科学,2002,14(增刊):298-308

[136] 石骁,赵庆飞.基于粗糙集理论的模糊综合评判权值确定.西南石油学院学报,2001,23(3):16-18

[137] Fredlund D G,Rahardjo H. Soil Mechanics for Unsaturated Soil Mechanics. New York: Wiley Inter,1993.142-149

[138] 江守一郎.模型试验的理论与应用.郭廷玮,李安定译.北京:科学出版社,1984.56-59

[139] 魏云杰,许模,卢书强,等.西部公路路基内部排水效果模拟研究.中国地质灾害与防治学报,2003,14(1):31-35

[140] 汤立群.坡面降雨溅蚀及其模拟.水动力学进展,1995,6(4):304-310

[141] 曾宪明,林润德.土钉支护软土边壁(坡)机理相似模型实验研究.岩石力学与工程学报,2000,19(4):534-538

[142] 宋或,张贵文,党星海,等.相似模型与缩尺模型特点分析.高等建筑教育,2003,12(4):57-72

[143] 撒民力,赵伟封,江祖铭.非相似模型的设计与研究.西安公路交通大学学报,1999(19):41-47

[144] Patrick Chege Kariuki, Freek van der Meer, Issues of effectiveness in empirical methods for describing swelling soils. International Journal of Applied Earth Observation and Geoinformation, 2003, 4:231-241

[145] 杨果林.西部交通建设项目《膨胀土地区公路构筑物修筑成套技术研究》分题《膨胀土地区公路排水设计研究》中子题《水对膨胀土路基的损害作用机理模型试验研究》

2003 年度研究工作阶段性研究成果报告:[内部资料]. 长沙:中南大学,2003

[146] 郑波. 膨胀土路堤在不同气候条件下的模拟试验研究. 长沙:中南大学土木建筑学院,2007

[147] P. H. Groenevelt, C. D. Grant . Analysis of soil shrinkage data. Soil and Tillage Research,2004,79:71-77

[148] 卢耀东,李淑梅,支兵发. 雷州半岛胀缩土地裂缝及其成因机理. 资源调查与环境,2004,25(4):260-268

[149] 曹东升. 膨胀土地基基础的设计与施工. 安徽建筑,1999,1:82-83

[150] Anderson S A & Sitar N. Analysis of rainfall-induced debris flows. Geotech. Eng. Div. ASCE. 1995,121(7):544-553

[151] Bhandari R K et al. Pitfalls in the prediction on landslide through rainfall data. Proc. 6th Int. Symp. Landslides. Christchurch, 1992,(2):887-890

[152] 李兆平,张弥. 降雨入渗对基坑工程安全性影响的研究. 中国安全科学学报,2000,10(3):16-22

[153] 姚海林,郑少河,陈守义. 考虑裂隙及雨水入渗影响的膨胀土边坡稳定性分析. 岩土工程学报,2001,23(5):606-609

[154] M. J. M. Römkens, S. H. Luk, J. W. A. Poesen , A. R. Mermut. Rain Infiltration into Loess Soils from Different Geographic regions. Geotech,1995,25:21-32

[155] 徐永福. 膨胀土的浸水规律. 河海大学学报,1998,26(5):66-70

[156] Garder W R, Hillel D and Benyamini Y. Post irrigation movement of soil water: I. Redistribution. Water Resource Res. 1970,(6):851- 861

[157] Tan, S. K. Erosion by raindrops. In: Proc. 4th international symposium on river sedimentation,1989,(2):192-1993

[158] Y. Coquet. In situ measurement of the vertical linear shrinkage curve of soils. Soil and Tillage Research,1998,46 (2):289-299

[159] Ng C W W,Zhan L t,Bao C G te al. Performance of an Unsaturated Expansive Soil Slope Subjected to Artificial Rainfall Infiltration. Geotechnique,2003,53(2):200-212

[160] 张嘉翔,姜淑花. 浅谈当宜高速公路膨胀土性质与路基稳定问题. 中国地质大学学报,2001,26(4):424-428

[161] Eltahir EAB. Drought Frequency Analysis of Annual Rainfall Series in Central and Westtern Sudan. Science Journal,1992,37(3):47-54

[162] 张家诚. 中国气候总论. 北京:气象出版社,1991. 147-153

[163] 铁道科学研究院编. 降雨强度公式及气候系数的制定:[内部资料]. 北京:铁道部铁道科学研究院编,1956

[164] 王家祁. 中国暴雨. 北京:中国水力水电出版社,2002. 139-142
[165] 马开玉. 气候统计原理与方法. 北京:气象出版社, 1993. 49-58
[166] 姚允龙. 频率曲线法及皮尔逊 - Ⅲ型曲线在水质评价中的应用探讨. 水文,2001, 21(1):42-44
[167] 任伯帜,周赛军,王云波. 皮尔逊 - Ⅲ型分布曲线的快速通用算法研究. 长沙交通学院学报,2002, 18(1):65-69
[168] 王德翰等. 暴雨分析方法有关物理量的计算. 北京:气象出版社,1985. 48-66
[169] 周玉文,周胜昔,曹丽虹. 极大似然法求皮尔逊 - Ⅲ型分布参数. 给水排水,1997, 23(6):19-21
[170] 屠其璞. 气候应用概率统计学. 北京:气象出版社, 1984. 68-83
[171] 朱廷举,胡和平. 基于随机模拟和模糊聚类的水文干旱特性分析. 清华大学学报(自然科学版),2001,41(8):103-106
[172] 么枕生. 气候统计学基础. 北京:科学出版社,1984. 132-145
[173] 孟庆楠. 灾害及灾害管理研究评介. 辽宁气象,2002,(3):42-43
[174] 马宗晋等主编. 中国灾害研究丛书:中国气象洪涝海洋灾害. 长沙:湖南人民出版社,1998. 165-175
[175] 马宗晋等主编. 中国灾害研究丛书:灾害统计学. 长沙:湖南人民出版社,1998. 53-65
[176] 陈正洪,孟斌. 湖北省降雨型滑坡泥石流及其降雨因子的时空分布、相关性浅析. 岩土力学,1995,16(3):62-69
[177] 赵平,孙树栋. 神经网络建模在工程项目评标中的应用. 西安建筑科技大学学报,2003,35(4):339-342
[178] 邓建,朱合华. 基于神经网络的岩土工程结构随机有限元分析. 同济大学学报,2002,30(3):269-272
[179] 黎金明,李梦龙,袁理想. 改良 ANN BP 算法在炭黑工艺建模中的应用与研究. 四川大学学报,2004,41(3):612-617
[180] 李士勇. 模糊控制、神经控制和智能控制论. 哈尔滨:哈尔滨工业大学出版社,1996. 148-150
[181] Jelonek J, et al. Rough sets reduction of attributes and their domains for neural networks. Computational Intelligence,1995,11(2):339-347
[182] 赵卫东,陈国华. 粗集与神经网络的集成技术研究. 系统工程与电子技术, 2002,24(10):103-126
[183] 朱林,何建敏,常松. 粗集与神经网络相结合的股票价格预测模型. 中国管理科学,2002,10(4):7-12
[184] 郝丽娜,王伟等. 粗糙集 - 神经网络故障诊断方法研究. 东北大学学报,2003,24 (3):

252-255

[185] 凌维业,贾民平,许飞云等.粗糙集神经网络故障诊断系统的优化方法研究.中国电机工程学报,2003,23(5):98-102

[186] 白冰.岩土参数的蒙特卡洛模拟.武汉交通科技大学学报,1996,20(5):632-636

[187] 徐钟济.蒙特卡洛方法.上海:上海科学技术出版社,1985.136-140

[188] 张桂芹.蒙特卡罗法在工程项目经济评价中的应用.北京动力经济学院学报,1994.1:71-77